“十二五”高等院校应用型系列规划教材

培训与开发

Peixun yu Kaifa

主　编　喻红莲
副主编　孙琳琳　彭哨　赵宗泽

西南财经大学出版社
Southwestern University of Finance & Economics Press

图书在版编目(CIP)数据

培训与开发/喻红莲主编．—成都：西南财经大学出版社，2014.6
ISBN 978-7-5504-1447-1

Ⅰ．①培…　Ⅱ．①喻…　Ⅲ．①企业管理—职工培训　Ⅳ．①F272.92

中国版本图书馆 CIP 数据核字(2014)第 128799 号

培训与开发

主　编：喻红莲
副主编：孙琳琳　彭　哨　赵宗泽

责任编辑：孙　婧
封面设计：杨红鹰
责任印制：封俊川

出版发行	西南财经大学出版社(四川省成都市光华村街 55 号)
网　　址	http://www.bookcj.com
电子邮件	bookcj@foxmail.com
邮政编码	610074
电　　话	028-87353785　87352368
照　　排	四川胜翔数码印务设计有限公司
印　　刷	郫县犀浦印刷厂
成品尺寸	185mm×260mm
印　　张	13.5
字　　数	330 千字
版　　次	2014 年 6 月第 1 版
印　　次	2014 年 6 月第 1 次印刷
印　　数	1—3000 册
书　　号	ISBN 978-7-5504-1447-1
定　　价	28.00 元

前言

培训与开发是人力资源管理的一项重要职能和手段，培训与开发课程是人力资源管理专业的核心课程。

本教材主要介绍了以下内容：培训与开发的内涵、培训文化、现代培训与开发趋势；学习理论、培训迁移、有效的培训项目应考虑的因素；培训需求分析的层次、培训需求分析的方法；培训目标的确定、培训课程的设计、培训师的选择、培训的后勤管理；常见培训方法及比较、培训方法的选择；培训评估的流程及方法、培训成果转化及评价；新员工培训、管理人员培训、销售人员培训；等等。同时每章结合内容附有生动的培训案例、相关资料及思考练习题。

本书内容新颖，体系完整，详略得当，理论与案例相互支持，文字通俗简明，适合于人力资源管理专业及管理类专业的学生使用，也可作为人力资源培训教材，同时可供理论工作者和实际工作者参考。

本书由喻红莲担任主编，提出写作思路，设计框架结构并定稿。具体的编写分工如下：第一、二章由彭哨编写；第三、四章由孙琳琳编写；第五章由喻晓艳编写；第六章由周宇编写；第七章由陈建娟编写；第八章由何昆霞编写；赵宗泽老师进行了案例编写。在此对各位老师表示衷心的感谢。此外，还要对给予本书编写工作大力支持的孙婧编辑及出版社相关人员表示衷心的感谢。

由于编者水平有限，且组织的培训与开发工作在实践中不断发生着变化，本书难免存在不足之处，恳请广大读者批评、指正。

编　者

2014 年 3 月

目　录

第一章 培训与开发导论

★本章导读

· 理解培训与开发的含义和意义；

· 掌握培训与开发应遵循的原则；

· 了解培训与开发的趋势；

· 了解培训文化的内涵与特征；

· 熟悉培训与开发的类型。

★案例导入

惠普的员工培训

惠普公司以“不仅用你，而且培养你”的企业文化著称。

初到惠普，首先是“新员工培训”。这将帮助个人很快熟悉并适应新环境。员工通过这个培训，了解公司的文化，确立自己的发展目标，清楚业绩考核办法，明白该如何规划自己的职业生涯。这一阶段的课程主要是与工作紧密相关的技术类培训，比如编程、系统管理等。

当员工通过公司内部招聘成为一线的经理，加入到公司内部管理工作中来的时候，这个阶段的课程主要包括沟通、谈判以及基本的管理培训。

员工进一步升迁为部门负责人后，需要参加什么培训就主要由他本人决定了。为了帮助年轻的经理人员成长，惠普有一个系统的培训方案——向日葵计划（Sunflower Program）。这是一个超常规发展的计划，帮助较高层的经理人员从全局把握职位要求，改善工作方式。

员工进入惠普，一般要经历四个自我成长的阶段。第一个阶段是自我约束阶段，不做不该做的事，强化职业道德；其次进入自我管理阶段，做好应该做的事——本职工作，加强专业技能；再次进入第三阶段——自我激励阶段，不仅做好自己的工作，而且要思考如何为团队做出更大的贡献，思考的立足点需要从自己转移到整个团队；最后是自我学习阶段，学海无涯，随时随地都能找到学习的机会。

第一节 培训与开发概述

当今是全球经济一体化的时代，是高新技术不断更新换代的时代，是竞争日益激烈的时代。身处其中的企业要想跟上时代发展的步伐，要想在激烈的竞争中脱颖而出，就必须不断地更新管理理念，运用现代管理方法，更加注重人力资源的作用，不断开发人力资源的潜力，充分发挥人力资源的优势。因此，很多企业逐渐重视并努力开展员工的培训与开发工作。作为人力资源管理的一项基本职能活动，员工培训与开发是人力资源实现价值增值的一条重要途径。

一、培训与开发的内涵

（一）培训与开发的内涵

培训与开发是指组织通过各种方式使员工具备完成现在或将来工作所需要的专业知识、岗位技能及良好的工作态度，以便改善员工在现在或将来职位上的工作业绩，并最终实现组织整体绩效提升的一种计划性和连续性的活动。

（二）培训与开发的区别

培训与开发是两个既有重叠又有区别的概念。重叠在于两者的出发点是一样的，都是要通过提高员工的能力来提升员工的工作业绩，进而提高企业的整体绩效；实施的主体都是企业，接受者都是企业内部的员工；两者使用的一些方法也是相同的。但是两者之间也存在一定的区别。具体如表 1-1 所示。

表 1-1　培训与开发的比较

	培训	开发
侧重点	当前	将来
工作经验的运用	低	高
目标	着眼于当前工作	着眼于未来变化
参与	强制	自愿

对培训与开发内涵的正确理解，需要把握以下方面：

（1）培训与开发的对象是组织的全体员工，而不是某类人员。在考虑组织培训体系构建及运作具体的培训项目时，应当将全部员工纳入其中。

（2）培训与开发的内容应当与员工当下或未来岗位的工作内容存在关联性。此外，培训与开发的内容还要考虑全面性，既要包括“硬内容”的培训，比如专业知识、岗位技能，也要包括“软内容”，比如工作态度、组织文化等。

（3）培训与开发的目的是改善员工的工作业绩，从而提升组织的整体绩效。改善并提升员工的工作绩效是组织进行培训与开发的初衷和根本原因，在对培训项目的效果进行评估时这恰恰是根本性指标。未能实现此目标，可以判定培训与开发是不成功的。

（4）培训与开发的主体是组织。培训与开发作为组织的人力资源管理的职能之一，应当由组织从管理层面实施。如果实施主体不是组织，可以认为不属于培训与开发的范畴，比如有职业规划意识的员工在工作之余自学业务知识以提高岗位适应性。

二、培训与开发的历史沿革

培训与开发的历史沿革如图 1-1 所示。

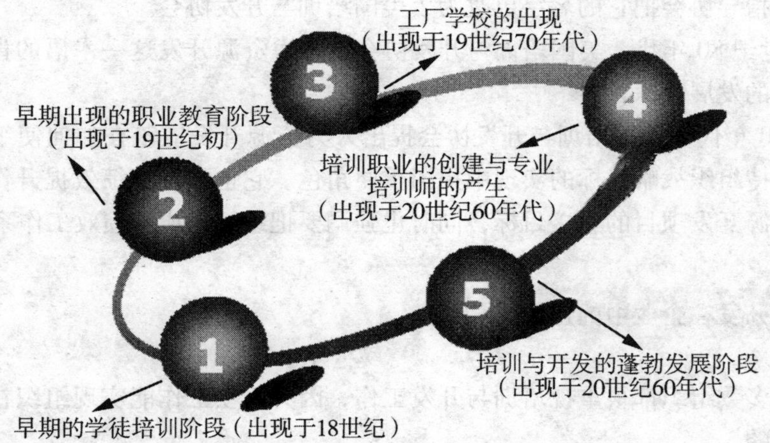

图 1-1 培训与开发的历史沿革

（一）早期的学徒培训阶段

18 世纪，通常由熟练的技术工人经营的小店生产家庭用品。为了满足顾客对商品的不断需求，工艺店主不得不额外雇佣工人。店主们需要自己教授并训练他们的工人。这些学徒向他们的师傅学习手艺，在只拿很少工资的情况下一般在店铺工作几年，直到成为熟练工为止。后来，这种模式不仅局限于手工行业，许多行业都开始纷纷采用学徒培训模式。

（二）早期的职业教育阶段

1809 年，戴维特·克林顿在纽约城建立了第一所公认的私人职业学校，也是一所手工技能培训学校。之后这种手工技能培训学校在美国中西部非常盛行。这种早期手工技能培训学校是职业教育的雏形。

1917 年，美国国会通过了《史密斯—休斯法案》（Smith - Hughes Act）。该法案认可了职业教育的价值，并同意建立基金（当时是每年 700 万美元）用于农业贸易、经济发展、工业和教学等领域的培训项目。

（三）工厂学校的出现

进入工业革命时期，随着制造业的出现，新机器和新技术得到了广泛的应用。一方面，大量新工人不具备操作新机器的知识和技能，另一方面经验丰富的老员工也需要重新参加培训。学徒制培训与职业教育学校毕业生的供给都不能满足对技术工人的需要。为了满足这种需要，工厂开始尝试自行建立机修和机械培训项目。工厂学校更倾向于要求工人在短期内掌握完成某项特定工作所需要的技术，这种培训模式被称为“工厂学校”。

（四）培训职业的创建与专业培训师的产生

二战的爆发使得对军需用品的需求急剧上扬，这需要在大型的组织和工会中建立新型的培训计划。美国联邦政府为此建立了行业内部培训服务机构来组织和协调这些培训计划。

1942年成立的美国培训指导协会为正在兴起的培训行业领域建立了标准。

（五）培训与开发的蓬勃发展阶段

20世纪60年代到20世纪70年代，对人力资源开发专业人员能力的要求也因此扩展到包括人际交往技能：比如员工辅导以及问题解决等各项能力。组织对员工发展的需求也促使美国培训指导协会把它的名字更改为了美国培训与开发协会。

到了20世纪80年代。美国培训与开发协会对人力资源开发这一术语的肯定进一步促进了这一领域的发展和深化。

20世纪90年代，美国培训与开发协会提出人力资源开发应该在如何使组织战略和目标相配合，支持组织战略目标的实现中担当重要角色。它也强调把绩效提升作为大多数培训以及人力资源开发项目的直接目标，同时也强调要把组织建成高绩效工作系统。

三、培训与开发在企业中的作用

目前绝大多数组织都很重视培训与开发工作，因为这项工作能实现组织在人力资源管理中的各项目的。

（一）员工培训在企业中的作用

1. 员工培训可以让员工尽快进入角色

研究发现，新员工在刚进入组织的一个过渡期内，将会依据自己对组织的感受和评价来选择自己如何表现，决定自己是要在组织谋发展还是将其作为跳板。因此，许多发展比较成功的组织会通过系统的导向培训，尽可能消除新员工的种种担心和疑虑，让他们全面、客观地了解其工作环境、组织氛围及新工作所需要的知识和技能，以促使新员工尽快全方位地融入企业中。

2. 员工培训可以提高员工的工作绩效

组织通过对员工的有效培训，使员工的知识结构得到更新，工作技能明显提高，人际关系得到改善，工作思维更加有效，工作动机更加端正、稳固。

3. 员工培训可以为组织造就人才

有效的培训会使员工的知识水平、技术能力及人际关系的处理能力都得到强化，个性特质更加满足岗位需求，从而使员工成为某一领域的专门人才。

4. 员工培训可以增加员工的忠诚度

通过培训，员工可以提高自己胜任工作的能力，也可以帮助组织改变不良的管理实践，从而使员工对组织产生新的认识，在一定程度上改变员工的工作态度，缓解员工队伍的波动情绪，心理契约更加稳定，员工的职业忠诚度得到明显提升。

5. 员工培训有助于提高和增进员工对组织的认同感和归属感

培训可以使组织中具有不同的价值观、信念、工作作风的员工和谐地统一起来，为了共同的目标而各尽其力。

6. 员工培训可以使组织更具有生命力和竞争力

组织发展的内在动力就在于组织的不断创新。通过员工培训，为组织发展提供智力资源，使组织不断地调整自己的战略，朝更高的目标迈进。

（二）员工开发在企业中的作用

1. 帮助促进企业的战略调整与转变

企业的发展是在企业不断创新的基础上实现的。企业创新是通过企业战略的不断调整与转变来完成的。企业战略的调整需要新的人力去开发新产品，开辟市场，这样企业就必须进行有目的、有计划的员工开发工作，以保证企业战略调整对员工的需求。企业进行员工开发，使企业增添了新的员工，这些新的员工是企业战略调整的有力保证。

2. 提升企业的竞争力

企业间的竞争，实际上是员工实力的竞争。从一定意义上说，企业之间人才实力的竞争，实质上就是企业内部员工开发的竞争，是企业持续为员工投入资源的系统工程。

3. 为企业发展提供人力资本

企业发展不仅要依靠先进的技术、性能优良的设备，更重要的是要依靠企业自身的人力资本。妨碍企业发展的原因主要是缺乏高质量的员工，是人才储备的不足。企业对员工的开发，就是要为企业培养高素质的人才，为企业的发展储备员工。

（三）员工培训与开发在企业中发挥的功能

1. 培训与开发能充分开发和利用员工的潜能

未来社会经济的发展，将是科学技术主导下的发展；未来企业间能力的竞争，将是科学技术的竞争。一个企业要在竞争中立于不败之地，就要进一步增强企业的竞争力，就必须充分释放现有员工的潜能。在企业中，任何从事生产经营管理活动的员工都应该具有多种能力，如从事生产技术的能力、经营管理的能力、发明创造能力等。这些能力既可表现为现实能力，又可表现为潜在能力。企业通过对他们的培训与开发，就能挖掘和利用其潜在能力。

2. 培训与开发可以使员工的自身价值得以体现

随着市场竞争的日趋加剧，为充分调动人员的积极性、主动性和创造性，在人员培训与开发上必须建立竞争激励机制。每个员工在企业里都有自己的岗位，大多数员工都会十分珍惜来之不易的岗位，以求自身价值得到实现。所以，企业的员工培训与开发，就要根据工作需要，在思想、文化、科技、管理和身心诸方面全面展开，为员工能实现自身价值奠定基础和创造条件。

阅读材料 IBM（国际商业机器公司）的员工培训

清《励志诗》：“人力不滋培，栋梁安得具?”告诉我们，人才要经过细心地滋养与培育，才能成为真正的栋梁之才。

为了将员工培育成为全球化的一流人才，IBM 奉行科学严谨的人才培养策略：增加资讯科技的应用能力，提升全球智库综合能力，知识管理的落实，跨越疆界的人才培养计划，鼓励多元化的人才发展。

IBM 有着极其出色的员工培训体系，在公司的新员工培训中流行着这样一句话：“无论你进 IBM 时是什么颜色，经过培训，最后都会变成蓝色。”这意味着，每一名进入 IBM 的员工都会在经过培训后，接受 IBM 统一的价值观。将“蓝色血液”注入所有“新蓝”的思维中，让他们成为真正的“蓝色精灵”，成为“蓝色军团”的一部分。

“无论你进入 IBM 时是什么颜色，经过培训，最后都会变成蓝色。”一句话如此形象地说明了 IBM 强大的企业文化与高效的人力资源培训体系。

IBM 公司每年用在员工培训上的投资非常巨大，约占到每年营业额的 1%~2%。每名员工每年至少会有 15~20 天的培训时间。员工培训包括新员工培训、经理培训。

从新员工培训，到经理人培训，到“接班人计划”，最后成为全球化的企业领导人，IBM 竭力为每一位员工提供学习与成长的机会，帮助员工不断获得职业生涯的成功！

重视人才教育的“蓝色精灵”领袖

就像“再造 GE（通用电气公司）”的杰克·韦尔奇，IBM 前任董事长兼 CEO（首席执行官）郭士纳（Louis V. Gerstner, Jr.）是 IBM 的“再造者”。

2002 年 12 月，担任了 9 年 IBM 首席执行官的郭士纳正式卸任，将 IBM 的权杖传到了新任 CEO 彭明盛（Sam Palmisano）手中。在郭士纳执掌 IBM 的 9 年间，公司持续盈利，股价上涨了 10 倍，成为全球最赚钱的公司之一。有人评价，郭士纳的两个最突出的贡献就是：第一，保持了 IBM 这头“企业巨象”的完整；第二，让 IBM 公司成功地从生产硬件转为提供服务，成为世界上最大的一个不制造计算机的计算机公司。而在 1993 年，郭士纳刚刚接手 IBM 时，这家超大型企业因为机构臃肿和孤立封闭的企业文化已经变得步履蹒跚，亏损高达 160 亿美元，正面临着被拆分的危险，媒体将其描述为“一只脚已经迈进了坟墓”。

IBM 公司长期以来执计算机世界之牛耳，被视为美国科技实力的象征和国家竞争力的堡垒，甚至《经济学人》杂志指出，“IBM 的失败总是被视为美国的失败”。

郭士纳是技术的外行，但是他却通过一系列战略性的调整让一家在国际经济舞台上举足轻重的计算机企业重振雄风。

以一本《谁说大象不能跳舞?》，毫不“吝啬”地将他的管理经验娓娓道来，作为他的“卸任演讲”。从 2003 年 1 月起，郭士纳出任卡莱尔集团（Carlyle Group）的董事长，这是一家坐落在华盛顿的全球性私营设备公司。

郭士纳是纽约州米里奥拉（Mineola）人，1963 年获达特茅斯学院（Dartmouth College）工程学学士学位，1965 年获哈佛商学院工商管理硕士学位。郭士纳是美国工程学会成员、美国艺术和科学学会会员，并先后获得多家美国大学的荣誉博士学位。

郭士纳是布里斯托梅尔施贵宝公司（Bristol-Myers Squibb Co.）董事，同时担任戴姆勒-克莱斯勒（Daimler-Chrysler）公司和索尼（Sony）公司的顾问委员会成员。他是纪念丝洛-凯特灵癌症中心（Memorial Sloan-Kettering Cancer Center）的董事会副主席。同时，他还是外交关系理事会成员、商业理事会成员以及美中论坛特别成员。他还曾经担任多家公司的董事会成员，包括纽约时报公司（New York Times Company）、美国万国宝通银行（American Express Company）、美国电话电报公司（AT&T）、宝石公司（Jewel Companies）、梅尔维尔公司（Melville Corporation）和纳贝斯克控股公司（RJR Nabisco Holdings Co.）等。

加入 IBM 之前，郭士纳在纳贝斯克公司（PJR Nabisco, Inc）任董事长、总裁四年。在此之前，他在美国运通公司（American Express）工作 11 年，历任其最大子公司美国运通旅游服务公司董事长、总裁和总公司总裁。此前，他在麦肯锡咨询公司（McKinsey &Co., Inc.）工作，他于 1965 年加入该公司，后任该公司董事。

郭士纳一贯倡导提高教育质量，不久前创立了一个教学委员会，用以制定特殊政策建议来解决美国目前面临的教育危机。从 1996 年到 2002 年，他担任由美国的州长和商界领袖创立的、旨在提高美国公共学校的学术标准的 Achieve（获得）组织的联合主席。在 IBM，他开创了重塑教育计划，支持学校改革。目前通过这个计划，公司同 21 个州和校区建立了战略伙伴关系。这些州和学校使用 IBM 的技术消除教育改革中的主要障碍，改善学生的表现。他曾于 1994 年合著《重塑教育：美国公共学校的创业精神》一书。

由于在教育领域的卓越贡献，他荣获过很多奖项，其中包括哥伦比亚大学教育学院的克立夫道奇教育成就奖章和美国自然博物馆的科学教育成就奖。

鉴于郭士纳为公共教育所做出的努力和他在商业上的成就，2001 年 6 月，郭士纳被英国女王伊丽莎白二世授予“英国皇家名誉爵士”称号。

IBM 培养“新蓝”

——新员工培训

所有的 IBM 新员工都是“新蓝”，包括大学刚毕业就加入 IBM 的“纯蓝”。IBM 的新员工培训一般都在本土进行。IBM 的新员工培训按照新员工的职属不同被分为两类。一类是针对业务支持的员工，主要指行政管理人员，即 Back-Office；另一类则是对销售、市场和服务人员，占公司员工的大多数，称为 Front-Office。社会招聘的新员工培训因为有工作经验，进行的培训要比校园招聘的新员工精简一些。

Back-Office 培训

对新进入 IBM 公司的行政管理人员，要经过两个星期的培训，目的是了解 IBM 的企业文化、政策等公司概况。之后回到自己的岗位上跟着一名指定的“师傅”（Tutor）边工作边学习，这也就是常说的 IBM “师傅徒弟制”，以便于新员工边干边学，尽快熟悉工作。

Front-Office 培训

对新进入 IBM 公司的销售、市场和服务人员，则需要先经过 3 个月的集中强化培训，回到自己的工作岗位之后还要接受 6~9 个月的业务学习。

进入 IBM 的“纯蓝”们不会像一个迷茫无助、不受重视的个体。IBM 首先会对他们进行 4 个月的全面培训，之后，会按照职位需要和个人能力将其分配到 IBM 相关的部门。接着，针对新员工的指导计划会展开，以帮助新员工分享老员工的知识和经验。

不仅如此，以“培养 IBM 的未来之星”为目标的“个人发展链”（EDC）将伴随着新员工在 IBM 成长、成熟乃至担当大任。

宋·董颖《江上》：“摩挲数尺沙边柳，待汝成荫系客舟。”盼柳成荫比喻培育人才之心切。

——首先，每一个新员工接受技能评估（PSU），制订个人发展计划（IDP）；

——其次，在得到充分的培训和指导的情况下实施个人发展计划，人力资源部会跟踪计划的实施，并考评这一目标的实现情况；

——最后，在部门经理和人力资源部的帮助下，每一名员工都会在 IBM 建立新的个人目标计划，以充分发挥个人的才能和智慧。

《淮南子·齐俗训》：“用之于其所适，施之于其所宜。”把人才放在适当的岗位使用，使之发挥其应有的作用。

在 IBM，员工提出加薪，可能会需要一段时间的评估和衡量。但如果员工提出要学习，根据员工个人职业生涯发展的需要，IBM 一般不会拒绝，学费报销计划正是为了鼓励员工扩展知识和技能。丰富的培训和深造机会也成为促使很多优秀人才加入 IBM 的原因。对于刚刚毕业的应届毕业生来说，他们最渴望通过 IBM 健全的培训体系完善自身的技能，适应工作与竞争的需要。而 IBM 所需要的就是那些再学习能力很强的人才。

《论语述而》："默而识之，学而不厌，诲人不倦。"要求我们学习上感到不满足。

我想应该没有任何一个人不愿意拥有学习、培训的机会，通过学习与培训而增长的知识和技能是员工今后职业生涯中有力的筹码。而有了这个筹码，员工离加薪、升职还远吗？

IBM 的学费报销计划为所有员工提供了大量的学习机会，使得 IBM 就像一所学校，你可以在这里体验学习的充实感，更可以品位成功的喜悦。

给员工提供学习、培训机会，靠培训留人，这已经成为众多企业屡试不爽的用人高招。但与 IBM 相比，许多亚洲企业还有很大的差距。

在中国，甚至于还有为数不少的公司不但不愿意接受这种理念，还处处为难，在员工学习、深造的路上设置种种障碍。例如，员工想报考研究生，其公司却万般刁难，扣档案、拒开证明信、以劳动合同要挟等，而到头来，公司却永远失去了员工的心。

四、培训与开发的原则

在实施培训与开发活动时，如果遵循以下六项原则可以充分保证培训与开发的效果。

（一）服务企业整体战略的原则

很多企业在进行培训与开发时很容易忽略的问题是把培训与开发工作仅仅看作人力资源管理职能的一部分，而未意识到培训与开发对企业经营战略的长期的支撑作用。培训与开发作为人力资源管理系统的一个组成部分，自然也要服从和服务于企业的战略和规划。

（二）设置目标原则

具体目标对员工的行为具有明确的导向作用。企业在对员工进行培训与开发之前要设置明确的目标，不仅有助于在培训结束之后进行培训效果的衡量，而且更有助于提高培训的效果。培训目标应当制定得明确、适度，要与员工的具体工作相关，使受训人员在培训中既有压力又有动力。

（三）遵循差异化原则

培训与开发不同于学历教育，在培训的内容及受训对象上要考虑到差异化。一是指培训与开发内容上的差异化。不同岗位的员工在工作内容上不一样，同一岗位上的员工的工作业绩也存在不同，因此在培训项目实施时应当根据员工的实际水平和所处职位确定不同的培训内容，进行个性化的培训；否则企业即使投入了大量的资源，但是效果并不理想。二是指培训资源在不同受训对象上的差异化。在培训过程中不是对全体员工平均使用培训资源。由于不同岗位人员对企业的贡献不同，在培训与开发时要向关键职位倾斜，特别是企业的核心员工。

（四）贯彻激励原则

为了确保培训与开发的效果，在培训与开发过程中要运用有效的激励措施。这种培训激励的方式可以是多种的，可以是正向激励方式，比如对培训成绩好的员工予以奖励、未来内部晋升时优先考虑等；也可以是负向激励方式，比如对考核成绩差的给予惩罚等。只有这样才能更好地调动员工的积极性和主动性。

（五）注重实效原则

很多企业花费了大量的培训费用，但从提升员工绩效及组织整体绩效来说却收效甚微。在培训与开发中，不能只关注培训的形式而忽略培训的内容。制订培训计划时应当结合实际，要有助于绩效的改善。要注重培训迁移，学以致用。培训结束后企业要创造一切条件帮助受训员工实践培训的内容，确保培训收到实际的效果。

（六）讲究效益原则

企业属于经济性组织，它所有的运营活动都要以最小的投入获得最大的收益，因此进行培训与开发工作时同样需要坚持效益原则。即在费用一定的情况下，要使培训的效果最大化；或者说在培训效果一定的情况下，使培训的费用最小化。

五、培训与开发的分类

在人力资源管理实践中，培训与开发有各种不同的形式，按照不同的角度可以将企业的培训与开发划分为如下的类型：

(1) 按照培训对象的不同，可以划分为新员工培训和在职员工培训两大类。

新员工培训是指对刚刚进入企业的员工进行的培训，在职员工培训则指对已经在企业中工作的员工进行培训。按照老员工所处的层次不同，在职员工培训又可以根据在企业中所处的位置不同，进一步划分为基层员工培训、中层员工培训和高层员工培训。

(2) 按照培训的形式不同，可以将培训与开发划分为在职培训和脱产培训两大类。

在职培训指员工不离开工作岗位，在实际工作中接受培训；脱产培训则是指员工离开工作岗位，接受专业培训。具体采用哪种方式企业应根据实际情况进行选择。

(3) 按照培训性质的不同，可以将培训与开发划分为传授性的培训和改变性的培训两大类。

传授性的培训指那些使员工掌握自己本来所不具备的内容的培训。改变性的培训指那些改变员工本来具备的内容的培训。

(4) 按照培训的内容不同，可以将培训与开发划分为知识性培训、技能性培训和态度性培训三大类。

知识性培训是指以业务知识为主要内容的培训；技能性培训是指以工作技术和工作能力为主要内容的培训；态度性培训是指以工作态度为主要内容的培训。三类培训对于员工个人和企业绩效都具有非常重要的意义。

六、培训与开发同人力资源管理其他职能的关系

作为人力资源管理系统的一个组成部分，培训与开发同人力资源管理的其他各项职能活动之间存在着密切的关系。

（一）培训与开发同职位分析的关系

职位分析是资源管理的基础工作，通过职位分析形成的岗位职责说明书是新员工培训

的依据之一。此外，通过职位分析界定的各职位的任职资格条件也是进行培训需求分析的重要考虑因素。

（二）培训与开发同人力资源规划的关系

培训与开发内容是企业人力资源规划中的一项内容，同时培训与开发是人力资源规划得以实现的重要保证。比如人力资源规划中的人员补充计划、人员配置计划、人员接替计划和提升计划等需要培训与开发工作作为有效的基础保障。同时，人力资源规划是培训与开发的前提之一，在人力资源规划的指导下，企业可以更有计划地开展培训与开发工作。

（三）培训与开发同招聘录用的关系

一方面，招聘录用的质量会对培训与开发工作产生影响，比如招聘的质量较低意味着企业的培训与开发任务就比较多。另一方面，培训与开发也会影响到招聘录用，比如刚毕业的职场新人比较在意组织的培训机会，如果提供培训的机会多对这类应聘者的吸引力就大。

（四）培训与开发同绩效管理的关系

培训与开发同组织的绩效管理之间存在很强的呼应关系。一方面，绩效考核结果是确定培训需求的基础之一。另一方面，培训与开发工作可以改善员工的工作业绩，从而实现更好的绩效目的。

（五）培训与开发同员工关系管理的关系

培训与开发对于企业建立良好的员工关系有着巨大的推动作用。通过培训与开发工作，增强了员工的满足感，从而增强企业的凝聚力。此外，培训可以使员工掌握人际关系处理的技巧，培养他们的团队意识，也有助于建立和谐的人际关系。

第二节 培训文化的建立

一、从战略的高度看培训

传统上，人们并不认为对员工的培训可以帮助企业创造价值或赢得竞争优势，然而在今天，这种看法发生了根本性的改变。人们发现，凡重视员工培训与开发工作的企业会比他们的竞争对手表现出更好的经营业绩，更有信心迎接竞争性挑战。顾客需要的是高质量的产品与服务，为此，员工们必须懂得如何调整并不断提高产品与服务质量。有的企业还在尝试应用新的工作设计模式和新的技术，计算机辅助生产过程可以更好地发挥员工的才智，但是员工们可能没有达到使这一系统有效运作所需的技术水平，还没掌握在小组中开展工作所需要的人际关系技巧，或者可能缺乏的就是最基础的质量控制方法和必备的数学技能。

事实的确如此，现代企业的发展特点对员工的素质提出了更高的要求。科技的高速发展使员工的知识变得陈旧，科技的发展同时使员工工作的外部环境发生了变化，如使用电脑、互联网进行日常工作交流，员工不能适应这种变化，以致不能胜任工作导致企业人力资源贬值，培训变成为扭转这种局势的良方，培训在帮助企业迎接这些挑战的过程中扮演着重要的角色。

二、培训文化的内涵与特征

（一）培训文化的内涵

美国培训与发展协会（ASTD）于 2001 年 6 月在奥兰多市召开了 2001 年年会，被称赞为“全球培训界的盛会”。年会率先提出了“培训文化”的新概念，认为“培训文化”是企业文化的重要组成部分，也是知识经济时代企业文化的重要特征之一。“培训文化”是衡量培训工作完整性的工具，更是考察组织中培训现状的重要标志。

我们认为：培训文化就企业而言就是培训机构、培训机制等方面的设置、管理与作用机理以及员工群体对这些方面所持有的价值观、信念。培训的绝对数量、培训的普及度、培训的内容、培训的方法、培训的参与者等因素组成了培训文化。

培训文化是企业文化的重要组成部分，“是知识经济时代企业文化的重要特征之一，是衡量培训工作完整性的工具，更是考察组织中培训发展现状的重要标志。培训文化不仅能够体现培训工作在组织中的重要地位，而且有助于明确培训的资源配置，增强员工积极参与培训的意识”推动良好企业文化的形成与发展。

培训文化是衡量培训工作完整性的工具，更是考察组织中培训发展现状的重要标志，在企业管理人员树立起现代培训理念之后，要把培训理念转化为实际行动并推行到整个企业中，让每一位员工都有培训意识，使培训文化深入人心。

培训文化是在一个企业的核心价值体系基础上形成的一种人力资源开发价值观和行为规范的总和，培训文化是企业组织、企业领导和员工共同参与，受企业培训理念指导的一种培训活动，是属于企业文化的子文化层面。

（二）培训文化的特征

培训文化具有如下特征：

1. 人性化

培训文化的精髓就是提高全员的文化素质，重视全员学习能力和学习价值，尊重人的独立人格，只有在一种全面的人与人之间的信任与平等关系的环境中，人才可能充分发挥自己的才智、潜能和创造性，并强调人的自主管理和自我创新。

2. 创新性

通过培训，形成鼓励创新的环境，以开放坦诚和欢迎新思想、新挑战为特征，开发推广创造性的思考方式与学习方法。爱因斯坦曾经说过：想象力比知识本身更重要。要允许失败或犯错误，并将错误视为学习的良机。

3. 高效性

提倡学习、鼓励学习的目的，最终在于最大限度地提高效率，创造效益。通过建立有效的激励评估考核机制，激励员工学习，并且对学习过程与结果给予评估考核，使学习活动得到强化。优秀的培训文化高度重视员工自我实现和自我完善的需求，并且努力建立与这种需求相适应的培训理念和制度，尽量满足员工的需求。优秀的培训文化对培训予以高度重视，使企业自然加大对培训的投资，创造良好的条件和环境，使培训能持久、有效、健康地开展下去。

建立优秀的培训文化的目的是提高全员的学习力，进而提高企业的核心竞争力和持续发展能力。因此，必须倡导建立学习型企业，制订长远的培训目标和规划，引导员工通过终身学习实现自我价值，在企业内部营造一种浓郁的学习机制。优秀的培训文化并不是自然而然形成的，它是与企业管理者和企业全员素质的提高分不开的。企业要在激烈的竞争中保持可持续竞争力，就必须建立培训文化，树立学习的榜样，支持员工积极参与到学习的活动中，可以内部营造学习文化的环境，培养员工分享知识的兴趣，达成知识共享的目的，可以考虑建立内部讲师制度，纳入绩效考核的范畴内，鼓励员工主动分享与吸收知识。

三、培训文化的发展阶段

培训文化的建立是多层次的，不是培训部门能够独自完成的，它受到来自组织内部各方面的制约和影响。培训文化的建立还是一个渐进的过程，可以粗分为三个阶段：萌芽阶段、发展阶段、成熟阶段。

我们应当先评判一下自己企业处于哪个阶段。

首先要制定相关指标，作为评判企业培训文化发展的标准。考核企业培训文化主要的指标为：

培训的计划性；

培训的参与性；

培训的内容和形式；

培训资源的利用程度；

培训基础管理平台的完善；

培训与企业战略之间的关系。

不同阶段培训文化的特征如表 1-2 所示。

表 1-2　不同阶段培训文化的特征

萌芽阶段	发展阶段	成熟阶段
1. 培训工作只是培训实施者的职责 2. 培训工作没有计划性，且缺乏坚持性 3. 培训管理没有明确的目标和责任 4. 培训活动结束后便无人问津 5. 培训内容单调，多为知识和技术性的内容 6. 培训形式死板，很少激发参与者的兴趣 7. 培训活动与商业目标没有明确的关系 8. 没有过问员工对培训的需要 9. 无人关心管理者以现有素质能否胜任目前的工作并能否满足企业发展的需要 10. 培训资源投入还没有招聘新员工的投入高	1. 培训成为人力资源与销售活动的重要职责 2. 培训工作有计划性，并强调培训的系统性 3. 培训被视为胜任工作的重要途径 4. 培训内容已形成知识、技能、心态三位一体的结合 5. 培训形式灵活多样，给受训者以更多的参与机会 6. 重视培训信息的收集与整理 7. 强调培训需求的确认 8. 对培训效果进行评估 9. 配合人力资源规划的需要 10. 有更多的培训资源可以利用 11. 有明确的培训管理职责和目标 12. 多数人有机会参加在职或脱产培训	1. 将培训与组织目标和组织战略相结合 2. 培训不再只是培训工作者的职责，也成为部门经理的重要职责 3. 培训被视为组织与个人发展的有效途径 4. 培训战略得以体现并不断调整 5. 受训者有很高的选择培训内容、形式、时间、地点的自由度 6. 培训计划更加强调系统性和成长性 7. 完备的培训信息系统得以建立并良性运行 8. 更进一步强调对培训需求的满足和对培训效果的评估

美国培训与发展协会（ASTD）指出，判断从培训文化萌芽阶段进入发展阶段的三个重要标志是：

企业是否真正拥有了对于现代培训的了解与认识；

企业是否真正拥有了自己行之有效的培训计划；

企业是否真正拥有了阶梯化的、与需求匹配的培训课程体系。

因此，作为企业的领导者，应该大力支持并发展企业的培训工作，应当做培训与学习的领导者，加大培训投入力度，加快培训班子建设，推动培训制度改革与完善，敦促各级直线主管人员重视培训，要做培训的宣传者、鼓动者。带头做学习的表率，创造学习的氛围，激发员工学习的热情，使每一位员工都感到自我培养的责任；要做培训的激励者，制定相关培训激励制度。当前的多数中小企业还没有在制度上规定培训的相关细则以及建立相应的阶梯式课程体系来保证实施。企业应当结合本企业实际，把企业内部知识固化下来，逐步建立起一套符合本企业特点的、行之有效的阶梯式培训课程体系。

企业现有的内部网站以及内部刊物等宣传工具在企业文化的宣传和培训文化的建立方面都有着重要作用。这样通过将企业文化融入培训中，逐步建立起企业的培训文化，从转变企业的培训观念入手，通过观念的转变来形成公司高层、普通员工对培训的重要性的深刻认识，为培训体系建立起坚实的基础和前提。

第三节 现代培训与开发的趋势

越来越多的企业已经认识到人力资源开发在现代企业发展中的重要地位，并开始积极探索有效的人力资源开发培训的方式、方法。随着世界经济全球化发展趋势越来越清晰，企业员工的培训教育方式也随之传入我国并被各企业有选择的借鉴。随着技术和理念的不断发展，在企业的员工培训和教育上逐步形成了现代企业员工培训的新趋势。

一、现代培训与开发的趋势

（一）企业借助培训和教育的功能，使企业成为“学习型企业”

成功的企业将培训和教育作为企业不断获得效益的源泉。“学习型企业”的最大特点是：崇尚知识和技能，倡导理性思维和合作精神，鼓励企业通过素质的提高来确保其不断发展。这种学习型的企业与一般的企业的最大区别就是，永不满足地提高产品和服务的质量，通过不断学习进取和创新来提高效率。

（二）企业培训与开发呈现高科技趋势

利用高科技来丰富培训手段和提高培训与开发质量，是近年来国际上兴起的企业培训的潮流。特别是电脑多媒体技术被广泛地运用于企业培训工作，如运用光盘进行人机对话、自我辅导培训、利用终端技术互联网进行规模巨大的远距离培训等，都使培训和教育方式产生质的变化。这种技术创新，使员工获得新知识和新技术的速度大大加快，使企业可以迅速适应市场的快速变化。

（三）企业培训与开发社会化

现代企业的许多要素，如管理、经营、销售，乃至文化理念，都有许多相通之处，这就为培训的社会化创造了基本条件。同时，现代社会的分工和信息交流的畅通，使得培训能以社会化的形式出现，通过培训产品的组合来满足各方面的需求。

（四）企业培训与开发的深层次发展

许多企业已将企业员工的培训与开发向各个领域渗透，其内涵已远远超过培训本身。比如，一些企业除了对员工知识和技能的培训，还通过一定的形式使培训向企业文化、团队精神等方向发展，使企业行为进入更深层次的领域。这是一个具有重要战略意义的发展趋势。

（五）培训与开发质量成为培训的生命

首先，培训者要认清员工培训的特点，在员工的需求和企业的需求之间寻找最佳结合点。其次，培训还要有一个科学规范的组织程序和操作程序，在时间和空间上最大限度地贴近企业管理和业务的实际，用最佳方法帮助员工获得知识和技能。最后，应追求效益的最佳化和成本的合理化。

随着培训与开发的发展，出现了企业大学和学习型组织这两种新的形式，下面将分别介绍。

二、企业大学

近几十年来，为建立以人为核心的企业竞争力，成立企业大学成为企业应对全球经济变革的重要手段。从 1927 年通用汽车公司成立 GM 学院，出现企业大学的雏形，到 1995 年 GE 劳顿维尔管理学院成立，企业大学正式出现，再到 1981 年摩托罗拉大学成立，企业大学在全球进入快速发展时期：企业大学作为应对全球经济变革挑战的新兴产物，已经在全球范围内获得发展，并且成为一股不可逆转的趋势，受到越来越多的关注和重视。

（一）企业大学的定义

企业大学又称公司大学，是指由企业出资，以企业高级管理人员、一流的商学院教授及专业培训师为师资，通过实战模拟、案例研讨、互动教学等实效性教育手段，以培养企业内部中高级管理人才和企业供销合作者为目的，满足人们终身学习需要的一种新型教育、培训体系。

（二）建立企业大学的意义

1. 传统大学的课程不能满足市场的需求

传统的大学教育更多地偏重理论教育，传授的主要是通用的知识和技术，随着新时代对人才要求的变化，我们发现传统的大学管理课程越来越不能满足市场的需求。市场对人才的需要从单一的技术、学历型向综合能力、个性化、培养复合型人才转化，而传统的大学教育对综合能力、个性化的培养明显不足，这一点在中国的大学教育体系中尤为突出。由于特殊的国情，中国的大学教育不可能单纯地为精英教育服务，也不可能对每个学生进行有针对性的培养。而且，在大学学习的知识和实际工作中运用的知识往往有错位，这也就是为什么很多大学生觉得自己所学的知识没有用。

而企业大学可以弥补传统大学的不足，通过企业内部讲师和内部化的课程，针对企业的实际情况和特点，对员工或外部人员进行更有针对性的教育。

2. 企业大学是吸引人才和留住好员工的工具

招聘和留住优秀的人才无疑是企业成功的关键。除了高薪之外，人才越来越注重企业所提供的培训机会和成长空间。有人说“培训是员工最好的福利”，优秀的人才十分注重自己的不断学习和成长，企业不仅仅是他们发挥个人才智的平台，也是不断锻炼成长的平台。企业大学所提供的系统、持续的高品质教育无疑对这些人才是极具吸引力的。

3. 对新技术新产品提升的需求

信息时代，新技术、新产品的更替速度是前所未有的。一个企业能否快速地开发或掌握新的技术，推出新的产品往往决定了企业的成败。如何保持员工不断跟上技术发展的步伐？如何保持员工知识结构的与时俱进？更重要的是如何激发员工的技术创新？答案都在企业大学身上。

企业大学不但会为员工提供最新技术的培训，而且更重要的是在这个教学过程中员工之间思想的激荡和碰撞可能成为创新的源泉。企业大学的另一个重要职能——创新，则可以保持企业的不断学习进而创新的能力，使企业在信息时代屹立于不败之地。

4. 提高团队的综合素质

企业大学是一个全企业平等沟通交流的平台，通过内部充分地学习和交流，企业的信息、知识和经验得到共享。古语说“三个臭皮匠顶个诸葛亮”，这些实操性非常强、非常贴近企业实际的信息、知识或者经验，对于团队的综合素质的提高更是异常迅速。同时，在企业大学的交流互动中，团队成员之间会形成良性的竞争，促使整个团队成员提升学习能力和学习热情，最终实现整个团队的综合素质的提升。

5. 培养并开发领导潜能

企业大学最初建立时通常都是把中高层管理者作为培训对象的，一系列课程的设计也都是针对不同层级的管理者而开发的，所以从课程学习上，企业大学无疑有助于企业培养和开发员工的领导潜能。另外，企业大学为员工提供了除工作之外的另外一个舞台，在这个舞台上员工通过小组任务、团队协作等学习活动有机会充分发挥和锻炼自己的领导力。

6. 企业转型及组织变革驱使

社会经济的飞速发展决定了只有不断创新和变革才能适应这样的环境，才能取得竞争优势。被动的改变，照样会被淘汰，更不要说根本不去改变了。所以变革成为了当今每个企业必须面对的重大问题。企业的变革要求员工有极强的全局化的视野和适应能力，而这种能力除了员工自身的素质外更重要的需要系统化、持续性的培训。正是在这样高速发展的背景下，变革呼唤企业大学的建立。

同时，企业大学往往是转型和变革的推动者和领导者，例如企业大学通过高层培训课程，让高层的思想交流碰撞，最终形成转型和变革的源泉。另外，企业大学的培训和交流可以推动员工对变革的深刻理解，大大减少企业变革中的阻力。

7. 树立企业形象

企业大学往往和优秀、先进、创新等名词联系在一起，企业大学也是伴随着一个个卓越的企业出现在人们的视线中的，如 GE、摩托罗拉、惠普（HP）等。企业大学是根植于企业的，企业有着较高的管理水平，企业大学才能真正有效、顺畅地运转。企业大学的建立本身就是对企业实力的一种证明，这既包括企业盈利能力，也包括企业的管理能力和技术能力。因此，建立企业大学本身就是树立一种追求卓越的企业形象，同时也给人一种不断进取、不断创新的形象。

8. 有效地传播企业文化

企业文化的宣传本身就是企业大学培训体系中的重要一环。尤其对于新员工，企业大学的培训更是他们最初认识企业的窗口，是他们感受企业文化的窗口。另外，企业大学也是培养企业文化的最佳土壤。企业大学是思想交流的场所，学员虽然来自不同部门，但凡是在企业大学培训过的人，潜移默化中会形成一种共同的价值观和理念，这正是企业文化的体现。企业大学为员工营造学校的氛围，这本身就是在向员工传递一种进取创新的组织文化。而企业大学对企业文化传播的持续性、体系性和多样性，也能弥补企业文化现阶段所面临的持续和系统两大难题。

9. 强化企业战略思想的贯彻力和内部沟通能力

企业大学与传统培训的重要区别之一就是站在战略的高度为企业服务，而不是头痛医头、脚痛医脚式的应急式培训。所以企业大学从一开始的成立到各大系统的建立和完善无不体现出企业的战略需求。很多高层领导者是战略的制定者又是企业大学的教师，这样战略制定者直接面对战略执行者，执行者又可以直接和制定者进行反馈并提出建议，使得战略信息的传递更加直接有效。同时，通过长期的培训使员工深刻领悟企业的战略，并且让员工感受到自己参与了战略制定的过程，自然使得战略的贯彻力得到了强化。

阅读材料　中兴通讯：企业大学的定位与价值

早在2000年，时任中兴通讯人力资源中心主任的陈健洲，前往GE的企业大学克劳顿村参观。陈健洲的初衷是想了解GE这个百年老店在核心竞争力方面具有哪些优势和机制。“企业大学应该是企业发展的一个发动机。”陈健洲心有所悟。

“建设企业大学必须具备三个关键因素：第一，合适的定位；第二，明确的内外部业务驱动机制；第三，不断构建核心能力，证明服务价值。”长期在人力资源培训工作领域探索的陈健洲这样总结道。

2002—2003年，中兴通讯国际业务发展十分迅速，经营状况也处于历史性的好阶段。鉴于客户和员工的培训需求均大量增长，中兴通讯于2002年合并了原有的客户培训中心和员工培训部，2003年，中兴通讯学院正式诞生。

理解客户

2003—2010年，陈健洲对两件事情印象深刻。“一是项目化运作，二是如何把中兴通讯学院从一个职能部门定位转变成一个相对独立的内部核算单位。”陈健洲说。

事实上，在创建早期，陈健洲就富有远见，明确指出中兴通讯学院的内外部业务驱动机制还是应该来自客户需求。

第一，如何理解这个“客户”概念？陈健洲认为，它首先是公司外部客户。之所以有内部客户或员工的存在，是因为有外部客户的存在。因此，员工第一还是客户第一，这两者并不矛盾，就像是硬币的两面。员工是为外部客户服务的，首先有外部客户，公司才能产生价值。

第二，基于每位员工的岗位或是将来他准备发展的岗位，构建能力素质模型。

第三，有了模型就可以实施诊断分析，明确培训需求，透过现象看本质，避免培训错位。

第四，当问题找到后，就不能仅仅是做培训，更关键的是要帮助业务部门解决问题。

陈健洲认为，有价值的培训能让参与者受益，所以付费是合理的；反之，大家不愿意付费的培训，价值可能偏低。所以，利用有偿服务能筛选需求，还可以整合优质培训资源。

在陈健洲看来，中兴通讯学院应是一个传递和吸收知识的平台，通过学院，员工可以从内部不同的专业部门以及外部相关的专业机构吸收技术类、管理类知识。他希望学院能具备不断整合内外部知识的能力，通过线上线下的方式，将知识提供给有需求的客户。

"客户接受了中兴通讯学院的培训后，不仅能增长知识，也会提升其对整个中兴通讯公司的认可度和信任度。"陈健洲说。

做公司的战略伙伴与战略参与者

陈健洲指出，作为企业大学，中兴通讯学院是公司发展的战略伙伴。这就要求自身做到：必须充分理解公司战略，必须紧密结合公司的经营需求，必须构建自身的核心能力，提供显著的价值服务。

对于学院的定位问题，陈健洲认为，一般可以从内部与外部客户、技术与管理、成本与利润、实体与虚拟四个方面来定位未来的发展方向。在国内，企业大学的定位大致可分成三个层次：

一是内部培训机构，企业大学根据业务部门的需求，被动地执行企业的培训业务；

二是企业发展的战略伙伴，企业大学不断理解企业战略和业务，通过主动服务来促进企业发展，其规模按照需要来扩展；

三是企业战略参与者，这时，企业大学组织并参与企业战略研讨，利用群策群力等多种方式，提高公司战略的质量及执行力。

"中兴通讯学院已经处于企业大学发展的第二、三层级，担负着企业发展顾问、业务伙伴和变革推动者的三重角色。"陈健洲说。

基于这样的定位，中兴通讯学院一直致力于自身核心能力的构建，其中，讲师体系、课程体系、信息化平台建设、质量评估体系等是学院与众不同的核心竞争力与优势。并且，自2008年以来，学院基本确定了培训、文档、咨询、学习型酒店、教育合作、语言支持等特色业务服务。

知识服务业绩喜人

据陈健洲介绍，2012年中兴通讯销售收入已达842亿元，其海外销售收入占比超过50%，已进入全球电信业第一阵营。而中兴通讯学院也已为全球近60万的内外部客户和合作伙伴提供知识服务，2008—2012年销售复合增长率高达79%，知识服务合同持续增长。

陈健洲表示，中兴通讯学院的这十年，比较成功的特色之一，就是公司给予了学院一定的资源和空间，让学院可以带领团队朝着专业化的方向去尝试。例如文档开发，学院引入了全新的专业系统进行尝试，同时也会触及新的知识领域。

"新兴技术在企业大学建设中的应用也很重要。"陈健洲强调，由于平台在不断演进，科技在不断进步，中兴通讯学院还将坚持开发新的系统工具，让需要技术支持的业务争取达到知识能够一次提炼，多次应用。

培养国际化人才的三个素质

“在这个全球化时代，企业大学需要紧密配合企业的战略，推动企业发展，并且利用自身的专业能力帮助企业进行分析评估，参与到公司的战略制定中，引领企业的发展。”这是陈健洲对于当今企业大学在全球化背景下发展的建议。

目前，中兴通讯正处于国际业务迅速发展的新时期，鉴于此，掌管整个公司人力资源的陈健洲指出，学院未来为公司培养国际化人才要具备以下三大素质：

一是全球化视野，包括对行业发展的洞见、对机会的捕捉。这对于管理干部来说，层级越高，就越发重要。不仅上级要考察下级，下级或第三方也会评估上级。

二是创新和风险管理能力。

三是扁平化管理和无边界的协作能力。每个人在公司都有一个具体且明确的位置，但是工作当中，人们是动态的，不一定要墨守职位的等级，即内部沟通无须对等级别。通过扁平化管理，可以越过中间很多层级，快捷、直接、方便地去沟通解决问题。

除了以上三大素质，陈健洲也特别提及领导力的新计划。他希望，中兴通讯学院能面对未来5~10年的发展，提前准备管理队伍，加强面向未来的领导力。

“学院的发展关乎整个公司的发展状况。我期待看到学院在总结过去10年成果经验的同时，未来能更加开放和进取。站在公司长远发展的角度，用专业化的能力来实现它的独特价值并服务社会。”陈健洲说。

三、学习型组织

1990年，麻省理工学院斯隆管理学院的彼得·圣吉出版了《第五项修炼——学习型组织的艺术与实务》（以下简称《第五项修炼》）一书，掀起了组织学习和创建学习型组织的热潮。通用电气、摩托罗拉、联邦快递、英国石油等都在积极创建学习型组织。他指出现代企业所欠缺的就是系统思考的能力。它是一种整体动态的搭配能力，因为缺乏它而使得许多组织无法有效学习。之所以会如此，正是因为现代组织分工、负责的方式将组织切割，而使人们的行动与其时空上相距较远。当不需要为自己的行动的结果负责时，人们就不会去修正其行为，也就是无法有效地学习。

《第五项修炼》提供了一套使传统企业转变成学习型企业的方法，使企业通过学习提升整体运作“群体智力”和持续的创新能力，成为不断创造未来的组织，从而避免了企业“夭折”和“短寿”。该书一出版即在西方产生了极大的反响，彼得·圣吉也被誉为20世纪90年代的管理大师。学习型组织的提出和一套完整的修炼方法的确立，实际上宣告整个管理学的范式在彼得·圣吉这里发生了转变。正是在这个意义上，不少学者认为，《第五项修炼》以及随后的《第五项修炼·实践篇》、《变革之舞》的问世，标志着学习型组织理论框架的基本形成。

（一）内涵

知识经济迅速崛起，对企业提出了严峻挑战，现代人工作价值取向的转变，终身教育、可持续发展战略等当代社会主流理念对组织群体的积极渗透，为组织学习提供了理论上的支持。

1. 学习型组织的方法——发现、纠错、成长

组织学习普遍存在“学习智障”，是由于个体思维的误区，没有找到关键的要点。如何去除其中的限制因素障碍，获得组织肌体的修复，找到合适的成长环路，这需要个体之间不断去学习、探索，达到互动的目的。一切心理和机构层面的考量都不是学习的关键元素，修复和行动力才是主导。所以，方法只能在动态的过程里找到，最后成长。发现、纠错、成长是一个不断循环的过程，也是学习的自然动力。

2. 学习型组织的核心——在组织内部建立“组织思维能力”

学会建立组织自我的完善路线图。组织成员在工作中学习，在学习中工作，学习成为工作新的形式。

3. 学习型组织的精神——学习、思考和创新

此处学习是团体学习、全员学习，思考是系统、非线性的思考，创新是观念、制度、方法及管理等多方面的更新。

4. 学习型组织的关键特征——系统思考

只有站在系统的角度认识系统，认识系统的环境，才能避免陷入系统动力的旋涡里去。

5. 组织学习的基础——团队学习

团队是现代组织中学习的基本单位。许多组织不乏就是组织现状、前景的热烈辩论，但团队学习依靠的是深度会谈，而不是辩论。深度会谈是一个团队的所有成员，摊出心中的假设，而一起思考。深度会谈的目的是一起思考，得出比个人思考更正确、更好的结论，而辩论是每个人都试图用自己的观点说服别人的过程。

（二）五项要素

1. 建立愿景（Building Shared Vision）

愿景可以凝聚公司上下的意志力，透过组织共识，大家努力的方向一致，个人也乐于奉献，为组织目标奋斗。

2. 团队学习（Team Learning）

团队智慧应大于个人智慧的平均值，以做出正确的组织决策，透过集体思考和分析，找出个人弱点，强化团队向心力。

3. 改变心智（Improve Mental Models）

组织的障碍，多来自个人的旧思维，例如固执己见、本位主义，唯有透过团队学习以及标杆学习，才能改变心智模式，有所创新。

4. 自我超越（Personal Mastery）

个人有意愿投入工作，专精工作技巧，个人与愿景之间有种“创造性的张力”，正是自我超越的来源。

5. 系统思考（System Thinking）

应透过资讯收集、掌握事件的全貌，以避免见树不见林，培养综观全局的思考能力，看清楚问题的本质，有助于清楚了解因果关系。

学习是心灵的正向转换，企业如果能够顺利导入学习型组织，不只能够达到更高的组织绩效，更能够增强组织的生命力。

（三）属性

1. 适用性

管理理论的发展是为了适应社会进步的需要，战略的柔性要求企业成为学习型组织，由于社会环境、管理基础、制度效率等因素，引入学习型组织的时候，需要考虑其适用性。

（1）要与社会环境及相关背景相适应，学习型组织的五项修炼不是拿来即用，学习型组织这一尚未成熟的理论在我国企业中的运用必须有一个本土化的过程。

（2）要与企业管理的基础相适应。在学习型组织案例中，都是管理基础比较好的企业。学习型组织是众多组织形式中的一个，并不是每一个企业都适合建立。

（3）要与企业的发展阶段相适应。从制度效率角度来看，一个企业在生命周期的不同阶段，应采取一个能够实现其效用最大化的组织形式，不要刻意追求最先进的，而是应该采取最合适的组织形式。

2. 特点

学习型组织具有如下特点：

（1）共同的愿景

组织的共同愿景，来源于员工个人的愿景而又高于个人的愿景。它是组织中所有员工愿景的集合和升华，是他们的共同理想。它能使不同个性的人凝聚在一起，朝着组织共同的目标前进。

（2）创造性

企业的工作有两类，一类是反映性的，一类是创造性的。反映就是上级来检查，下级反映一下。出了事故反映一下，反映有什么作用？最多能维持现状，绝大多数人、绝大部分精力都用于反映，而没有用于创造。企业的发展是创造性的工作。没有创造，企业就会被淘汰。

（3）不断学习

这是学习型组织的特征。所谓“善于不断学习”，主要有以下四点含义：

一是强调“终身学习”。即组织中的成员均应养成终身学习的习惯，这样才能形成组织良好的学习气氛，促使其成员在工作中不断学习。

二是强调“全员学习”。即企业组织的决策层、管理层、操作层都要全心投入学习，尤其是经营管理决策层，他们是决定企业发展方向和命运的重要阶层，因而更需要学习。

三是强调“全过程学习”。即学习必须贯彻于组织系统运行的整个过程之中。约翰·瑞定提出了一种被称为“第四种模型”的学习型组织理论。他认为，任何企业的运行都包括了准备、计划、推行三个阶段，而学习型企业不应该是先学习然后进行准备、计划、推行，不要把学习和工作分割开，应强调边学习边准备、边学习边计划、边学习边推行。

四是强调“团队学习”。即不但重视个人学习和个人智力的开发，更强调组织成员的合作学习和群体智力（组织智力）的开发。在学习型组织中，团队是最基本的学习单位，团队本身应理解为彼此需要他人配合的一群人。组织的所有目标都是直接或间接地通过团队的努力来达到的。

学习型组织通过保持学习的能力，及时铲除发展道路上的障碍，不断突破组织成长的极限，从而保持持续发展的态势。

阅读材料 学习型组织的神话

1983 年，壳牌石油公司的一项调查表明，1970 年名列《财富》（Fortune）杂志“500 家大企业”排行榜的公司，有 1/3 已经销声匿迹了。依壳牌石油公司的估计，大型企业的平均寿命不及 40 年。总结正反两方面的经验，人们发现，大部分公司失败的原因在于，组织学习的障碍妨碍了组织的学习及成长。因此，20 世纪 90 年代最成功的企业将会是“学习型组织”，正如壳牌石油公司的德格（De Geus，1988）所说：“比竞争对手学得更快的能力也许是唯一持久的竞争优势。”以下是 Rover（罗孚）公司通过学习型组织建设摆脱困境，全面提升竞争力、建立市场优势的案例，希望能给致力于学习型组织建设的公司以借鉴。

一、Rover 崛起于混乱之上

20 世纪 80 年代晚期，Rover，英国最大的汽车制造厂商陷入了困境：每年亏损超过一亿美元，内部管理混乱，产品质量江河日下，劳资矛盾恶化，员工士气低落，前景一片黯淡。而之后，Rover 摇身一变成为全球最富生命力的汽车制造厂商之一。在北美和亚洲，其产品供不应求；在过去的几年里，Rover 汽车全球销量几乎扩大了一倍；产品质量优异，几乎囊括了业界所有的质量奖；Rover 豪华系列一跃成为新的“马路之皇”，而 Rover 600 则跻身世界最畅销的汽车排行榜。到 1996 年，年产汽车 500 多万辆，销往全球 150 多个国家和地区，年销售额超过 80 亿美元。在全球汽车市场刚刚复苏的 1993—1994 年，Rover 的销售额竟增长了 16%！不仅一举扭转了巨额亏损，而且盈利颇丰（1994 年盈利 560 万美元）；人均创收增长了 4 倍！与此同时，员工的满意度和生产率也创历史新高，并且持续高涨；最近的一次对 Rover 公司 34 000 名员工的调查表明，超过 85%的员工对自己的工作感到满意，认为受到了良好的培训，并且愿意齐心协力提高团队的绩效。这与几年前的境况差异甚大，而这一切变化竟然发生在如此短暂的时间内，更是令人匪夷所思。

Rover 振兴的秘诀是什么呢？调查显示，从高层领导到一线职工都一致认为，Rover 重振雄风最大的“功臣”首推公司致力于成为学习型组织的努力。

二、Rover 建立学习型组织的历程

（一）决心与观念

1. 置之死地而后生

20 世纪 80 年代末期，Graham Day（格雷汉姆·戴）先生临危授命，成为 Rover 集团董事会主席。上任伊始，他就深切地感受到全球汽车业动荡的环境给 Rover 带来的巨大压力——日益激烈的全球竞争、新技术日新月异、高素质人才的匮乏以及顾客对产品的挑剔等。Day 和其他高层管理者认为，面对“巨鲸”，Rover 这只小鱼如果游不快，就会葬身鱼腹。因此，只有奋力拼搏，才有望在激烈的市场竞争中得以生存和发展。凭着对企业的透彻了解和远见卓识，Day 先生认为，除了成为学习型组织，Rover 别无选择。

2. 建立学习事业部

Rover 走的第一步是于 1990 年 5 月在公司内部成立了专司学习管理的机构——学习事业部（Rover Learning Business，RLB）。在成立大会上，Day 先生说：“我们别无选择，只有破釜沉舟，矢志成为学习型组织，才有出路。”当天，公司即向全体员工和世人公开宣布，组织学习将成为Rover生存与复兴的基石。作为一个独立的实体，RLB的主要职责是促进全公司范围内的学习，力求使学习成为公司内每个人和每个单位乃至全公司工作不可分割的一部分，并为学习提供必要的支持与帮助。通过RLB的工作，员工、团队、部门乃至全公司都可以从不断增长的知识、经验中获益，从员工之间的交流之中获益，从而使公司不断进步。下面是RLB的主要工作：

（1）倡导学习

刺激、鼓励和扶持员工、团队克服思维局限，不断拓展自我，强化个人与集体的协同。

（2）学习过程辅导

为了指导员工与团队顺利学习，RLB要给予其必要的工具、技术与物质支持。

（3）标杆管理

通过设定标杆，引导、支持员工与团队向公司内外先进的生产、管理实践学习，并在公司内合理分配、使用这些知识，在不同部门之间达成知识、技术、数据的共享。

（4）与供应商、分销商和顾客一起成长

塑造世界一流的企业，离不开供应商、分销商和顾客等外部环境的配合。为了提高组织的学习能力，必须提高它们的学习能力，并把它们纳入企业考虑的范围，使它们与企业协调起来，共同进步。

（5）负责内外的沟通与交流

RLB很重要的一项任务就是负责内外的沟通与交流，以便使员工认识到学习的重要性，在公众心目中树立“业界最佳学习型组织”的形象。

RLB的建立揭开了Rover人称为“公司内真正意义上的革命”的序幕。通过RLB的努力，学习逐渐在全体员工心中扎下根来。

3. 建立组织学习的观念和信仰

Rover公司的领导对组织学习看得很重，他们认为这是使公司振兴的唯一法宝。为了显示公司成为学习型组织的信心，Rover在公司内部大力推广关于组织学习的观念与信仰，并在此基础上推行全面质量管理和顾客满意项目。以下是Rover关于组织学习的观念和信仰：

（1）学习是人类的天性；

（2）学习和发展是创造性、凝聚力与贡献的“燃料”；

（3）每个人都有两项工作——现在的工作和改善它；

（4）谁发明，谁受益；

（5）要重视人、尊重人；

（6）创造性和独创性说起来容易，用起来难；

（7）管理不能解决所有的问题。

（二）措施

1. 把公司目标与组织学习联系起来

在建立了组织学习的新观念以后，Rover意识到，还有必要把更明确的目标与组织学习联系起来，并依靠学习来完成这些任务，以达到提高公司绩效的目的。

这些目标包括：

内部目标：

(1) 通过更好地学习，使成本节约200万美元；

(2) 每两年使员工态度好转10%；

(3) 提供足够的物资和技术支持公司的学习过程；

(4) 使500名管理者成为合格的教练；

(5) 使1 000名雇员制订个人发展计划；

(6) 通过平等竞争，使2 000名员工有信心走上他们认为适合自己的岗位；

(7) 使10 000名员工都参加公司内外的培训与学习。

外部目标：

(1) 使外界知道本公司致力于成为学习型组织；

(2) 获得全国职工培训奖。

2. 把组织学习与全面质量管理活动结合起来

Rover认识到，产品、过程和服务的质量对于公司的成败具有举足轻重的作用。而组织学习的原理与全面质量管理活动的精髓有着显著的类似。这体现在：

(1) 持续改善；

(2) 管理引导；

(3) 全员参与；

(4) 注重成效。

3. 领导率先垂范

领导者通过角色变更和身体力行，对组织学习表示明确的支持和坚定的信心。其中，“第一把火”是集团全体董事会成员烧起来的：他们不仅兼任RLB主任委员会成员，而且积极参与RLB的工作。公司高层管理者还率先垂范，作为学习型领导，身兼数职：

(1) 公司学习活动的发起人；

(2) 致力于学习的倡导者；

(3) 员工学习的赞助者；

(4) 积极学习的急先锋；

(5) 学习新型领导方式的冠军；

(6) 把学习成果作为激励与考核的重要依据的开拓者。

4. 组织结构变革

Rover组织结构变革主要集中在以下几方面：

(1) 精简组织层次。将过去僵硬的管理层次转变为扁平化组织，给个人留出更大的责任和自由余地。

(2) 加强团队建设。团队可以克服学习障碍，有利于建立人与人之间相互信任、团结互助的工作关系和宽松的工作环境，有助于个人发展多方面的知识、技能和管理能力。

(3) 删除繁文缛节，取而代之以大原则、目标、方针和政策，给管理者留下适当的自由处置的余地，增强了公司应变的能力，也在很大程度上调动了员工的积极性。

(4) 方便组织沟通。良好的内部沟通机制可以极大地提高学习效果。为此，Rover创立了一种内部沟通战略，包括员工可以定期得到学习产品，设立公开记事牌、电子公告牌以及人员流动和工作轮换等。

5. 授权赋责与“以人制胜”的哲学

Rover之所以取得成功的一个重要原因是它坚持“以人制胜”的管理哲学。公司相信员工有能力、有责任心、愿意干好工作，因此，要授权赋责，让有能力的员工放手去干；要帮助员工成长；公司的成功与员工的个人成功是紧密相连的。因此，Rover为每位员工制订了工作保障计划和员工个人发展计划，实行浮动的工作职责（能上能下），鼓励每一位员工全心全意投入工作，充分调动每一位员工的积极性和创造性，不仅提高了员工的满意度，而且在公司内形成了良好的学习气氛，为每一位员工的学习创造了机会与条件。

Rover十分注意为员工个人学习创造条件。公司采取了两项措施：

（1）由管理者协助员工制订个人发展计划书，明确提出自己通过实践和教育、培训要达到的学习目标，使之不仅有利于个人事业成功，也有利于员工符合公司发展需要；

（2）员工助学工程（Rover Employee Assisted Learning Program），公司每年支付员工175美元津贴用于员工个人学习，鼓励员工发展多方面的技能技巧，不仅鼓励员工学习与本职工作有关的知识、技能，而且鼓励、允许员工掌握新知识、新技术，拓展个人和公司的视野，创造出有利于创新的环境和机会。

在对待员工个人学习的问题上，Rover的基本原则是：主动参与，反馈机制，学习转移，行为强化，激励，变革的意愿，反复练习，留出时间，并为员工学习提供必要的物质帮助。例如，公司编制印发学习手册——《学习是生活的一部分》，回答了员工为什么要学习和怎样学习的问题；向员工赠送内容丰富多彩的学习日记。如1995年的学习日记中包括：有力的学习工具；如何管理个人学习；学习计划和评估工具；控制紧张的方法；学习格言；改善学习技巧的实用方法；学习源泉以及增强组织学习能力的机会和奖励措施等内容。

6. 把学习扩展到顾客、分销商和供应商

Rover认识到，一个致力于成为具有世界级竞争力的企业，离不开它的顾客、分销商和供应商的支持与配合。在激烈的市场竞争中，企业不能仅仅满足于适应其顾客、分销商和供应商的需要，还必须能与他们一起成长。因此，Rover不仅虚心向它的顾客、分销商和供应商学习，而且让他们与自己一起学习。

本章小结

员工培训是指企业向员工传授其完成本职工作、提高工作能力所必须掌握的各种知识和技能（如与工作相关的知识、技能、价值观念、行为规范等）的过程。从某种意义上讲，员工培训是组织人力资产增值的重要途径，是组织效益提高的重要过程。员工培训是一种系统的、有计划、有组织的人力资源管理活动，需要按照一定的程序进行。一般把员工培训分为：分析培训需求，确定培训目标，拟订培训计划，实施培训计划，评估培训效果这五个步骤。

在实践中，培训的方法多种多样，企业应当根据具体情况选择合适的培训方法。组织者应根据自身特点、不同员工、不同类型培训的实际加以选择确定。

虽然说员工培训并不是提高企业竞争力的唯一途径，但员工培训却是提高企业竞争力的重要途径之一。只有通过培训才能使员工的素质得到提升；只有通过培训才能使管理者的意图得到贯彻；只有通过培训才能使公司的制度得到具体落实；只有通过培训才能形成可持续发展的优势。所以，员工的培训不仅仅是必须的，而且还是非常必要的。

案例　各大公司的员工培训

一、松下

松下认为，公司既是“制造电器用品”的公司，又是“造就人才”的公司。事业是人为的，而人才则可遇而不可求，培养人才是当务之急，如果不培养人才，事业成功也就没有希望。

松下公司课长、主任以上的干部，多数是公司自己培养起来的。为了加强经常性的教育培训，总公司没有“教育训练中心”，而是下属八个研修所和一个高等职业学校。为了适应事业的发展，松下公司人事部门制定了社内留学制度和海外留学制度。松下公司的培训：一是注重人格的培养。名刀是由名匠不断锻炼而成的，同样，人格培养，也要经过千锤百炼。二是注重员工的精神教育和人才培养。对员工精神和常识上的教导，是身为经营者的责任。松下力主培养员工的向心力，让员工了解公司的创业动机、传统、使命和目标。三是要培养员工的专业知识和正确的价值判断。没有足够的专业知识，不能满足工作上的需要，但如果员工不能正确判断事物的价值，也等于乌合之众。四是训练员工的细心。细心体贴，看起来似乎是不足以挂齿的小节，其实是关键，往往足以影响大局。五是培养员工的竞争意识。松下认为，无论政治或商业都因比较而产生督促自己的力量，一定要有竞争意识，才能彻底地发挥潜力。

二、LG（乐金）

在LG，每个员工的培训机会不是均等的。

新员工只有一些最基本的培训，而做到高层管理者的员工，则有去韩国总部培训中心，或去国外参加专门培训，或去进修MBA（工商管理硕士）之类的机会。公司的很多课程都是专门为“核心人才”设立的。“让有能力的人先培训”，有发展潜力的员工的培训机会更多。这是鼓励员工努力工作的一种很好的方式。

LG培训式不仅仅限于“大家坐在教室里集中听课”。有相当一部分培训已经采用最新的网络工具来实现，如使用在线培训课堂软件进行远程教育等。其培训的新渠道是IBL课程（Internet Based Learning），即基于互联网的学习。

公司设计了以网络为基础的学习软件，活用网络提供的资源，以远程教育的形式营造有利的环境促进学习。目前LG开发的课程有“新人社员课程”、“社员能力向上课程”、“超一流亲切课程”。把培训的课程输入软盘里，每个员工可以随时随地按照自己的方式和进度进行自我培训，完成课程中的课题，最后指导人员会把这种学习的效果评估反馈给员工。另外，LG有全球性的网络，中国和韩国可直接交流课程的各种设置、培训的方式和方向等。例如在中国可以查看韩国培训中心的课程运营表，决定是否参加某个课程。

三、麦当劳

多样化的人才组合是麦当劳普通员工的一大特点。

麦当劳不同于其他公司，真正毕业于饮食服务学校的只占员工的30%，而40%的员工来自商业学校，其余的则由大学生、工程师、农学家和小学毕业后进修了2~5年的人组成。

麦当劳如何把一个普通毕业生培养成为成熟的管理者的？原来，麦当劳实行一种快速晋升的制度：一个刚参加工作的出色的年轻人，可以在18个月内当上餐馆经理，可以在24个月内当上监督管理员。而晋升对每个人是公平合理的，既不做特殊规定，也不设典型的职业模式。每个人主宰自己的命运。适应快、能力强的人能迅速掌握各个阶段的技术，从而更快地得到晋升机会。这个制度可以避免有人滥竽充数。每个级别的经常性培训只有有关人员获得一定数量的必要知识，才能顺利通过阶段考试。公平的竞争和优越的机会吸引着大量有文凭的年轻人到此，实现自己的理想。麦当劳公司的重要特点是，如果人们没有预先培养自己的接替者，那么他们在公司里的升迁将不被考虑。麦当劳公司的一项重要规则强调，如果事先未培养出自己的接班人，那么无论谁都不能获得提级晋升机会。

四、海尔

海尔集团自创业以来就将培训工作放在首位，上至集团高层领导，下至车间一线操作人员。集团根据每个人的职业生涯设计为每个人制订个性化的培训计划，搭建了个性化发展的空间，提供了充分的培训机会，并实行培训与上岗资格相结合。

海尔培训工作的原则是："差什么学什么，缺什么补什么，急用先学，立竿见影。"在此前提下首先是价值观的培训，"什么是对的，什么是错的。什么该干，什么不该干"，这是每个员工在工作中必须首先明确的内容，这就是企业文化的内容。海尔的人力资源开发思路是"人人是人才"，"赛马不相马"。在具体实施上给员工作了三种职业生涯设计：

一种是对着管理人员的，一种是对着专业人员的，一种是对着工人的。每一种都有一个升迁的方向，只要是符合升迁条件的即可升迁入后备人才库，参加下一轮的竞争，跟随而至的就是相应的个性化培训。"海豚式升迁"，是海尔培训的一大特色。海豚是海洋中最聪明、最有智慧的动物，它下潜得越深，则跳得越远。如一个员工进厂以后工作比较好，但他是从班组长到分厂厂长干起来的，主要是生产系统；如果现在让他干一个事业部的部长，那么他对市场系统的经验可能就非常缺乏，就需要到市场上去。市场一线的锻炼才是炼金的地方。

五、三星

培训骨干推销员。

首先，明确训练对象是骨干推销员，在公司工作已有13~15年，长期在营业部第一线工作，管理一定数量的下属，在实际中担任部分经理职责，却并不是完全的管理者。

其次，本次训练要达到的目的，是缩短预期销售量与实际销售量之间的差距，并可以当场反映效果究竟如何。

最后是训练计划安排，时间为三天两夜，所有参加者集体住宿，采用授课法、分组讨论法和角色演求法进行。

在明确了以上三点之后，接着要做的是制定本次训练的内容及侧重点：首先是让骨干员工了解为达到目标应有的角色意识和执著追求的精神，其次是如何根据自己的能力设定适当的目标，再次是学习有效的商业谈判技巧，最后才是具体的个人为达到目标所制订的行动方案，如采取何种推销手段、有效的访问次数、推销数量及开拓新的市场等。

由于训练分三天进行，所以他们对训练内容作出如下安排：

第一天：

上午：骨干员工到集训地报到，熟悉环境。

下午：讨论为什么要达到一定的目标。训练负责人可启发员工从三方面加以讨论。

(1) 从自身来说，是实现自我成长的途径，是自我生存的要求，体现自我价值，成为下属追随的对象，成为公司发展史上光荣的开拓者，与公司紧密相连。

(2) 从公司来说，是公司存在的根本，是提高市场占有率的关键。

(3) 从社会来说，贡献社会的指标，提供社会最好的产品。

可将所有人员分为八人一组，用自我提示法、KJ 法（亲和图法）进行小组讨论。

晚上：为自己设定要达到的目标。其步骤如下：

(1) 用最正确的方法，确定自己的目标，并明确自己与目标之间的差距。

(2) 采取的方法有现有资料使用法、价值判断和援助其他部门计划法等。

以资料使用法来说，将其他公司的数据资料同本公司进行比较，分析本公司在占有率、成长率、商品数量、性能方面的地位，从而确定本人想拜访的顾客数量，要实现的经济目标、销售数量等。

(3) 个人提出自己成功的方法的范例，交流心得。

第二天：

上午：用角色演示法来学习推销技巧的初次演示。

由指导员进行角色分派，决定顾客和推销员的人选，然后设置演出场景，就可以开始第一次演示了。在演示完毕以后，由观察员针对各演出角色进行评论，对于扮演推销员者，至少提出三项优点和三项须改进的方面，进行综合评价。

下午：针对上午演示中暴露出来的问题，进行第二次演示，指导员做总结发言。

第二次演示的角色应进行互换，由上午扮演顾客者来扮演推销员，而原来扮演推销员的扮演顾客，以便更好地体会角色差异。

晚上：由个人针对本人特点，制订工作计划表，说明进行推销活动的战略战术，例如拜访客户的时间、想要达到的目的、推销技巧等。

第三天：

上午：每个人说出自己的行动方案和计划状况，由指导员进行评论，指出应该注意的地方。

应注意的地方有：

(1) 该计划是否针对本人特点？

(2) 是否贯彻了角色演示中学到的技巧与技能？

(3) 是否融入了个人的心得体会？

下午：由指导员将个人计划表以及指导员所作的评述交给其上级指导员，解散员工，回到各自的工作岗位。

经过培训，员工是否将学习成果运用到实际工作中去了呢？这次训练是否有必要呢？这些问题，都需要通过追踪检测来实现。

也许这项工作耗时长，实施起来非常困难，但却是骨干员工培养不可缺少的一环，是提高负责人培养员工能力的重要途径。

训练部门负责人拟定了一张图表，作为评价骨干员工工作能力的训练力法有效与否的标准。一般在训练开始两个月后使用。

案例分析与讨论题：

运用所学知识，试评价几大公司的培训有何特点。

复习思考题

1. 如何理解培训与开发的区别？
2. 培训与开发的原则有哪些？
3. 培训文化的内涵是什么？

参考文献

[1] 雷蒙德·A. 诺伊. 雇员培训与开发［M］. 徐芳，译. 北京：中国人民大学出版社，2007.

[2] 顾沉珠. 人力资源管理［M］. 上海：复旦大学出版社，2006.

[3] 董克用. 人力资源管理概论［M］. 北京：中国人民大学出版社，2011.

[4] 赵曙明. 人力资源管理［M］. 北京：电子工业出版社，2003.

[5] 徐芳. 培训与开发理论及技术［M］. 上海：复旦大学出版社，2006.

[6] 曹振杰，等. 人力资源培训与开发教程［M］. 北京：人民邮电出版社，2006.

[7] 黄维德. 人力资源管理［M］. 上海：上海财经大学出版社，2006.

[8] 杨路. 复制惠普式员工［M］. 广州：广东经济出版社，2011.

[9] 丁会仁. 员工入职、培训与薪酬管理实务操作与典型案例全书［M］. 北京：中国法制出版社，2013.

[10] 顾邦交，厉琨. 企业大学的定位与价值［J］. 培训，2013（11）.

[11] 赵耀编. 员工培训与开发［M］. 北京：首都经济贸易大学出版社，2012.

第二章 学习理论与培训迁移

★本章导读

·理解几种主要的学习理论观点；

·掌握学习迁移和培训迁移理论；

·了解设计有效培训项目应考虑的因素。

★案例导入

日本丰田公司员工培训制度

作为日本丰田公司的员工培训是全员、全过程的，从新员工被录用直到退休，每个人，无论是领导还是工人，都要不断地接受培训，并已经形成一套完整的培训体系。

丰田公司的培训体系由公司、分厂、车间组成三级培训网络。公司培训由人才开发部和国际人力资源部组织，分厂培训由工务部或质量保证部牵头管理，车间培训由实习工厂组织实施。公司除对员工进行在职教育培训外，还培训与公司有密切关系的外部人员，如全国各地的销售点经理、推销员等。

丰田公司的员工培训有三大主要目标：

首先，公司把培养具有独立思考信念作为人才培养的首要目标，并把研究与创造精神贯穿于企业活动的各个方面，提出了“一流的产品，一流的信念”的口号。公司内流传着“思考五次”这样一句话，即某一问题发生时，不仅要着眼于采取对策，还要提出“何故如此”的疑问，寻求真正的原因。针对原因采取实质性的对策，有效地防止问题再次发生。

其次，造就有朝气、有作为的人。公司将培训立足于企业的实际需要，并着眼于企业的未来发展，坚持培养和造就员工具备充满活力的企业素质。

最后，培养企业人的意识。即注重把培养员工热爱本企业的情感贯穿在培训中。

总之，通过培训提高员工的工作能力，并使这些能力真正得到发挥，是丰田公司最根本的目标。

为实现上述目标，公司在培训实践中注重以下几方面的内容：

(1) 重视企业精神和道德教育

公司有一条人人皆知的经营观念，那就是“将更好的东西，以更便宜的价格，提供给更多的人，对社会有所贡献”。该公司自创业以来始终以此理念作为经营和思想教育的基础。这些思想不仅教育经营者，也教育工人。车间标语牌到处可见“站在买方立场上，从心里想着用户来用心制造”、“好的产品，好的思考”等口号。新工人一入厂，为期五天的入厂教育第一课就是这种精神的教育，使之从入厂第一天起就牢记这些要求，为企业的发展而努力工作。同时，公司还鼓励员工积极研究和创新，并推行了合理化的建议制度，以培养员工的高度使命感和责任感，发挥每个员工的积极性和创造性。这种企业主人翁精神的教育不仅是丰田公司发展的原动力，而且也是造就和培养员工的基础。

(2) 重视实践能力，培养多技能的员工

公司把员工的实践能力作为选拔和任用的基本标准，并为员工创造实践条件，努力开发培养人才资源。做法如下：

对于进入公司的新员工，经过短期入厂教育后，均分配到车间生产一线工作，在实践中锻炼，培养员工最基本的生产技能。即使是新毕业的大学生或招聘来的管理人员，也要锻炼两个月到半年，使其在工作中了解、体会丰田的经营思想，并在工作中发现每个人的特长，以便量才使用。

对于岗位一线工人，公司注意培养和训练多功能作业员。采用工作轮换的方式来训练工人，提高工人的实际操作能力并培养多方面技能。对这些人员的培训大致可分为两个层次。第一是对基层管理人员（班组长、工长等）的培训，这主要是让他们在工作现场内以组为单位顺序调整，使其熟悉所有组内的任务，并且要向一般工人证明自己的能力。第二是对各岗位作业工人的培训，这主要是让他们在班组作业中轮换，直到对厂内工作都熟悉为止。通过轮换使一些资深的技术工人和生产骨干把自己的所有技能和知识都传授给年轻工人，因而使这些技能和知识在公司内扩散，达到使工人提高操作技能、开阔视野、提高工作效率的目标。

对于中高级管理人员，公司采取五年调换一次工作的方式进行重点培养，每年1月1日进行调换，调换的幅度在5%左右。调换的工作一般以本单位内相关部门为对象，如生产管理部门向生产准备部门或质量管理部门的调动，设计人员向研究开发或生产准备部门调动。这样，通过几年的岗位轮换，使其全面掌握各方面的知识，逐步成为一名全面的管理人才。

(3) 强调自我学习和传帮带

公司要求员工通过日常的业务工作，不断更新知识和技能，实现自我提高，并做好传帮带工作。在丰田公司，对每个员工来讲，既要当学生，又要当先生；既要在工作中学习前辈的经验，也有义务向后辈进行传授。这已在公司中形成一种风气。这种日常业务中的指导教育，使每个人能感到自己身上的不足，从而产生一种知识和技能的危机感、紧迫感，促使员工进行自我学习，不断提高。

第一节 学习理论

员工培训与开发在本质上是一种学习实践活动。学习理论作为探究学习本质及内在规律的理论成为员工培训与开发最基本的理论基础。

一、行为主义学习理论

(一) 行为主义学习理论的主义思想

行为主义者认为，学习是刺激与反应之间的连接。他们的基本假设是：行为是学习者对环境刺激所做出的反应。他们把环境看成刺激，把伴随的有机体行为看成反应，认为所有行为都是习得的。行为主义学习理论应用在学校教育实践上，就是要求教师掌握塑造和矫正学生行为的方法，为学生创设一种环境，尽可能在最大程度上强化学生的合适行为，消除不合适行为。

（二）行为主义理论的主要类型

1. 强化理论

强化理论由美国心理与行为科学家斯金纳等人提出。斯金纳在对学习问题进行了大量研究的基础上提出了强化理论，十分强调强化在学习中的重要性。强化就是通过强化物增强某种行为的过程，而强化物就是增加反应可能性的任何刺激。斯金纳把强化分成正强化和负强化两种。正强化是获得强化物以加强某个反应，如鸽子啄键可得到食物。负强化是去掉可厌的刺激物，是由于刺激的退出而加强了那个行为。如鸽子用啄键来去除电击伤害。教学中的正强化是教师的赞许等，负强化是教师的皱眉等。这两种强化都增加了反应再发生的可能性。斯金纳认为不能把负强化与惩罚混为一谈。他通过系统的实验观察得出了一条重要结论：惩罚就是企图呈现负强化物或排除正强化物去刺激某个反应，仅是一种治标的方法，它对被惩罚者和惩罚者都是不利的。他的实验证明，惩罚只能暂时降低反应率，而不能减少消退过程中反应的总次数。在他的实验中，当白鼠已牢固建立按杠杆得到食物的条件反射后，在它再按杠杆时给予电刺激，这时反应率会迅速下降。如果以后杠杆不带电了，按压率又会直线上升。斯金纳对惩罚的科学研究，对改变当时美国和欧洲盛行的体罚教育起了一定作用。

斯金纳认为行为之所以发生变化，是由于强化作用的结果，人的学习是否成立关键在于强化与否。当一个操作发生之后，紧接着呈现一个强化刺激时，那么，这个操作的强度（概率）就增加。这里所增加的不是刺激—反应的连接（因为操作不需要特定的激发性刺激），而是使反应发生的一般倾向性增强，即反应发生的概率增强了。他认为在学习中，练习虽然是重要的，但关键的变量却是强化。练习本身并不提高速率，它只是为进一步强化提供机会。不过，他对强化的解释与巴甫洛夫的解释不同。他认为凡能增强反应概率的刺激，都可叫作条件的、二级的、后继的或派生的强化物。这后继的强化物可以在它同反应重复联合而无原始的、一级的强化物时归于消失。他认为，后继强化物容易发生泛化，后继强化物同原始的强化物发生联合时，就可以引起种种不同的活动。例如金钱可以使各种行为起到强化的作用。在斯金纳看来，教育就是塑造行为，成功的教学和训练的关键就是分析强化的效果以及设计精密的操纵强化过程的技术。他说："只要我们安排好一种被称为强化的特殊形式的后果，我们的技术就会容许我们几乎随意地塑造一个有机体的行为。"

2. 社会学习理论

社会学习理论是由美国心理学家阿尔伯特·班杜拉于 1977 年提出的。该理论在反思了行为主义所强调的刺激—反应的简单学习模式的基础上，接受了认知学习理论的有关成果。它着眼于观察学习和自我调节在引发人的行为中的作用，重视人的行为和环境的相互作用。按照班杜拉的观点，以往的学习理论家一般都忽视了社会变量对人类行为的制约作用。他们通常是用物理的方法对动物进行实验，并以此来建构他们的理论体系，这对于研究生活于社会之中的人的行为来说，似乎不具有科学的说服力。由于人总是生活在一定的社会条件下的，所以班杜拉主张要在自然的社会情境中而不是在实验室里研究人的行为。

班杜拉（1969）指出，行为主义的刺激—反应理论无法解释人类的观察学习现象。因为刺激—反应理论不能解释为什么个体会表现出新的行为，以及为什么个体在观察榜样行为后，这种已获得的行为可能在数天、数周甚至数月之后才出现等现象。所以，如果社会学习完全是建立在奖励和惩罚之结果的基础上的话，那么大多数人都无法在社会化过程中生存下去。为了证明自己的观点，班杜拉进行了一系列实验，并在科学的实验基础上建立起了他的社会学习理论。

班杜拉认为儿童社会行为的习得主要是通过观察、模仿现实生活中重要人物的行为来完成的。任何有机体观察学习的过程都是在个体、环境和行为三者相互作用下发生的，行为和环境是可以通过特定的组织而加以改变的，三者对于儿童行为塑造产生的影响取决于当时的环境和行为的性质。

按照班杜拉的理解，对于有机体行为的强化方式有三种：一是直接强化，即对学习者作出的行为反应当场予以正或负的刺激；二是替代强化，指学习者通过观察其他人实施这种行为后所得到的结果来决定自己的行为指向；三是自我强化，指儿童根据社会对他所传递的行为判断标准，结合个人的理解对自己的行为表现进行正或负的强化。自我强化参照的是自己的期望和目标。

阅读材料　某公司员工培训奖惩管理制度

1. 目的

为严肃培训纪律，奖优罚劣，保障培训管理制度的顺利执行。

2. 适用范围

均豪公司参加各级培训的所有员工。

3. 职责

（1）公司行政人事部负责全公司内部助理级别以上人员的培训奖惩工作。

（2）项目行政管理部负责项目部范围内的培训奖惩工作。

4. 术语

（1）“培训奖励”是指对培训工作业绩突出的员工进行精神或物质上的鼓励而采取的各种激励措施。

（2）“培训惩处”是指对公司培训造成不良影响的员工而采取的各种惩处措施。

5. 程序

（1）培训奖励的种类与标准

①表彰：颁发奖状、证书或一次性奖金，并通报表彰。

②嘉奖

A. 最佳管理者：公司按年度培训管理效果及参训情况评选，授予最佳管理者称号，颁发荣誉证书和奖金并通报表彰。

B. 优秀培训教师：公司按年度评选，授予优秀培训教师称号，颁发公司特聘证书并实行课时补助制度。

（2）奖励执行程序

①由公司行政人事部制定评选办法和标准，经审批后，下达至各项目部作为评选的依据。

②由公司行政人事部和项目行政管理部组织全体员工参加公开评选工作，当场投票。

③公布名单，经行政人事部审核，报行政总监审批。

④由公司行政人事部和项目行政管理部颁发荣誉证书和奖金，并通报表彰。

⑤凡获得公司培训表彰的人员，其事迹记入个人档案，作为今后考核与使用的参考依据。

（3）培训奖励的对象及行为

①组织培训者

A. 计划、组织、实施培训工作及时到位，具有实用性和创造性。

B. 各项目部培训工作负责人能够及时上报“月培训计划”及“月培训实施表”。

C. 作为培训教师能够认真负责，撰写教案，备课详尽，专业知识水平较高，所讲内容具有实用性。

②参加培训者

A. 积极参与公司及项目部组织的培训。

B. 不迟到早退，自觉维护课堂纪律。

C. 学习态度积极，并能提出合理化建议和意见。

（4）培训惩处

①过失惩处对象及过失行为

A. 一类过失

a. 受训者

第一，培训无故迟到、早退或替他人签到者。

第二，培训期间交头接耳、大声喧哗、吃食物、咀嚼口香糖或在培训过程中接打手机、吸烟等对培训讲师做出不礼貌的行为。

第三，未经许可擅自带外公司人员参加培训。

b. 项目部培训负责人不按公司规定及时上报培训计划及培训实施表。

B. 二类过失

a. 受训者

第一，连续两次培训课程迟到或早退。

第二，培训课程旷课。

第三，培训过程中睡觉。

第四，未参加或未按规定通过指定的岗位培训课程的培训及考核。

b. 培训负责人对培训工作态度消极、抵触，工作效率低下。

C. 三类过失

a. 受训者

第一，连续两次培训课程旷课。

第二，故意损坏培训教具、培训设备。

第三，经免薪培训及补考后，仍未达到指定的岗位培训课程的培训要求。

b. 培训组织者

不能胜任培训工作，工作能力有限。

②培训惩处形式与程序

一类过失报项目行政管理部培训负责人。

二类过失报总部部门经理、培训经理或项目执行总经理。

三类过失 0~3 级员工部门经理报行政总监（或项目执行总经理）批准，4~8 级管理人员由行政总监审核后报公司总经理批准。

A. 奖惩单由签发部门交过失员工签字，再送项目行政管理部或公司行政人事部，行政人事部根据过失类别的轻重程度分别由相关负责人进行处罚，由行政人事部负责存档。

B. 对员工反映部门经理以上人员过失行为经核实后，由行政总监或总经理视情节轻重给予相应处罚。

③惩处标准

参见《奖惩管理制度》。

④申诉

参见《奖惩管理制度》。

6. 监督执行

公司行政总监。

7. 相关/支持性文件

《员工手册》

《奖惩管理制度》

《培训管理制度》

《各类培训管理规定》

《员工入职/岗前培训管理规程》

8. 质量记录及表格

《奖惩单》

二、认知主义学习理论

认知主义学习理论与行为主义学习理论相对立，源自格式塔学派的认知主义学习理论，经过一段时间的沉寂之后，再度复苏。从 20 世纪 50 年代中期之后，随着布鲁纳、奥苏贝尔等一批认知心理学家的大量创造性的工作，学习理论的研究自桑代克之后又进入了一个辉煌时期。他们认为，学习就是面对当前的问题情境，在内心经过积极的组织，从而形成和发展认知结构的过程，强调刺激反应之间的联系是以意识为中介的，强调认知过程的重要性。因此，认知主义学习理论在学习理论的研究中开始占据主导地位。

（一）认知主义学习理论的主要观点

1. 克勒的顿悟说

学习的认知理论起源于德国格式塔心理学派的完形理论。格式塔心理学的创始人是德国心理学家魏特墨（M. Wertheimer）、科夫卡（K. Koffka）和克勒。克勒历时 7 年，以黑猩猩为对象进行了 18 个实验，依据其结果，撰写了《猩猩的智慧》一文，他发挥了格式塔理论，提出了顿悟说。主要观点：第一，学习是组织、构造一种完形，而不是刺激与反应的简单连接。第二，学习是顿悟，而不是通过尝试错误来实现的。顿悟说重视的是刺激和反应之间的组织作用，认为这种组织表现为知觉经验中旧的组织结构（格式塔）的豁然改组或新结构的顿悟。

2. J. 皮亚杰的认知结构理论

认知结构理论的代表人物是瑞士心理学家J. 皮亚杰、美国的心理学家J. S. 布鲁纳。他们认为认知结构，就是学习者头脑里的知识结构，它是学习者全部观念或某一知识领域内观念的内容和组织。他们认为，学习使新材料或新经验和旧的材料或经验结合为一体，这样形成一个内部的知识结构，即认知结构。皮亚杰指出，这个结构是以图式、同化、顺应和平衡的形式表现出来的。布鲁纳认为，学习不在于被动地形成反应，而在主动地形成认知结构。学习由一系列过程组成，要重视研究学生的学习行为，教学应注意学习各门学科的基本结构。他们重视教材的知识结构。这个学派还系统地阐述了认知结构及其与课堂教学的关系。近些年来的教学实践和实验研究表明：采用一定手段有意控制学习者的认知结构，提高认知结构的可利用性、稳定性、清晰性和可辨别程度等，对于有效的学习和解决问题是有作用的。

3. J. S. 布鲁纳的认知发现说

布鲁纳的认知学习理论受完形说、托尔曼的思想和皮亚杰发生认识论思想的影响，认为学习是一个认知过程，是学习者主动地形成认知结构的过程。而布鲁纳的认知学习理论与完形说及托尔曼的理论又是有区别的。其中最大的区别在于完形说及托尔曼的学习理论是建立在对动物学习进行研究的基础上的，所谈的认知是知觉水平上的认知，而布鲁纳的认知学习理论是建立在对人类学习进行研究的基础上的，所谈认知是抽象思维水平上的认知。其基本观点主要表现在三个方面：第一，学习是主动地形成认知结构的过程。第二，强调对学科的基本结构的学习。第三，通过主动发现形成认知结构。布鲁纳认为发现学习的作用有以下几点：一是提高智慧的潜力。二是使外来动因变成内在动机。三是学会发现。四是有助于对所学材料保持记忆。所以，认知发现说是值得特别重视的一种学习理论。认知发现说强调学习的主动性，强调已有认知结构、学习内容的结构、学生独立思考等的重要作用。这些对培育现代化人才是有积极意义的。

4. 奥苏伯尔的认知同化论

奥苏伯尔与布鲁纳一样，同属认知结构论者，认为“学习是认知结构的重组”，他着重研究了课堂教学的规律。奥苏伯尔既重视原有认知结构（知识经验系统）的作用，又强调关心学习材料本身的内在逻辑关系。认为学习变化的实质在于新旧知识在学习者头脑中的相互作用，那些新的有内在逻辑关系的学习材料与学生原有的认知结构发生关系，进行同化和改组，在学习头脑中产生新的意义。奥苏伯尔的认知同化论的主要观点是：第一，有意义的学习过程是新的意义被同化的过程。奥苏伯尔的学习理论将认知方面的学习分为机械的学习与有意义的学习两大类。机械学习的实质是形成文字符号的表面联系，学生不理解文字符号的实质，其心理过程是联想。有意义学习的实质是个体获得有逻辑意义的文字符号的意义，是以符号为代表的新观念与学生认知结构中原有的观念建立实质性的而非人为的联系。第二，同化可以通过接受学习的方式进行。接受学习是指学习的主要内容基本上是以定论的形式被学生接受的。

5. 加涅的学习条件论

加涅认为学习是一种将外部输入的信息转换为记忆结构和以人类作业为形式的输出过

程，要经历接受神经冲动、选择性知觉、语义性编码、检查、反应组织、作业等阶段，反馈及强化贯穿于整个学习过程。学习受外部和内部两大类条件制约。外部条件主要是输入刺激的结构与形式，内部条件是主体以前习得的知识技能、动机和学习能力等。加涅认为，教育是学习的一种外部条件，其成功与否在于是否有效地适合和利用内部条件。

6. 加涅的信息加工学习论

加涅被公认为是将行为主义学习论与认知主义学习论相结合的代表。加涅认为，学习是学习者神经系统中发生的各种过程的复合。学习不是刺激反应间的一种简单连接，因为刺激是由人的中枢神经系统以一些完全不同的方式来加工的，了解学习也就在于指出这些不同的加工过程是如何起作用的。在加涅的信息加工学习论中，学习的发生同样可以表现为刺激与反应，刺激是作用于学习者感官的事件，而反应则是由感觉输入及其后继的各种转换而引发的行动，反应可以通过操作水平变化的方式加以描述。但刺激与反应之间，存在着"学习者"、"记忆"等学习的基本要素。学习者是一个活生生的人，他们拥有感官，通过感官接受刺激；他们拥有大脑，通过大脑以各种复杂的方式转换来自感官的信息；他们有肌肉，通过肌肉动作显示已学到的内容。学习者不断接受到各种刺激，被组织进各种不同形式的神经活动中，其中有些被贮存在记忆中，在做出各种反应时，这些记忆中的内容也可以直接转换成外显的行动。

（二）认知主义学习理论的贡献

认知派学习理论为教学论提供了理论依据，丰富了教育心理学的内容，为推动教育心理学的发展立下了汗马功劳。认知派学习理论的主要贡献是：

（1）重视人在学习活动中的主体价值，充分肯定了学习者的自觉能动性。

（2）强调认知、意义理解、独立思考等意识活动在学习中的重要地位和作用。

（3）重视了人在学习活动中的准备状态。即一个人学习的效果，不仅取决于外部刺激和个体的主观努力，还取决于一个人已有的知识水平、认知结构、非认知因素。准备是任何有意义学习赖以产生的前提。

（4）重视强化的功能。认知学习理论由于把人的学习看成一种积极主动的过程，因而很重视内在的动机与学习活动本身带来的内在强化的作用。

（5）主张人的学习的创造性。布鲁纳提倡的发现学习论就强调学生学习的灵活性、主动性和发现性。它要求学生自己观察、探索和实验，发扬创造精神，独立思考，改组材料，自己发现知识、掌握原理原则，提倡一种探究性的学习方法。强调通过发现学习来使学生开发智慧潜力，调节和强化学习动机，牢固掌握知识并形成创新的本领。

三、建构主义学习理论

20 世纪 80 年代末，随着心理学家对人类学习过程认知规律研究的不断深入，建构主义学习理论逐渐开始流行。随着信息技术的发展以及在教育中的应用，建构主义学习理论正越来越显示出其强大的生命力，并在世界范围内日益扩大其影响。

（一）建构主义学习理论的主要观点

1. 知识观

知识不是对现实的纯粹客观的反映，任何一种传载知识的符号系统也不是绝对真实的表征。它只不过是人们对客观世界的一种解释、假设或假说，它不是问题的最终答案，它必将随着人们认识程度的深入而不断地变革、升华和改写，出现新的解释和假设。

知识并不能绝对准确无误地概括世界的法则，提供对任何活动或问题解决都适用的方法。在具体的问题解决中，知识是不可能一用就准，一用就灵的，而是需要针对具体问题的情境对原有知识进行再加工和再创造。

知识不可能以实体的形式存在于个体之外，尽管通过语言赋予了知识一定的外在形式，并且获得了较为普遍的认同，但这并不意味着学习者对这种知识有同样的理解。真正的理解只能由学习者自身基于自己的经验背景而建构起来，取决于特定情境下的学习活动过程；否则，就不叫理解，而是叫死记硬背或生吞活剥，是被动的复制式的学习。

显然，这种知识观是对传统课程和教学理论的巨大挑战。建构主义认为，课本知识，只是一种关于某种现象的较为可靠的解释或假设，并不是解释现实世界的“绝对参照”。某一社会发展阶段的科学知识固然包含真理，但是并不意味着终极答案，随着社会的发展，肯定还会有更真实的解释。更为重要的是，任何知识在为个体接收之前，对个体来说是没有什么意义的，也无权威性可言。所以，教学不能把知识作为预先决定了的东西教给学生，不要以我们对知识的理解方式来作为让学生接收的理由，用社会性的权威去压服学生。学生对知识的接收，只能由他自己来建构完成，以他们自己的经验为背景，来分析知识的合理性。在学习过程中，学生不仅理解新知识，而且对新知识进行分析、检验和批判。

2. 学习观

当代建构主义者主张，世界是客观存在的，但是对于世界的理解和赋予意义却是由每个人自己决定的。我们是以自己的经验为基础来建构现实，或者至少说是在解释现实，每个人的经验世界是用自己的头脑创建的，由于个人的经验以及对经验的信念不同，于是个人对外部世界的理解便也迥异。所以，学习不是由教师把知识简单地传递给学生，而是由学生自己建构知识的过程。学生不是简单被动地接收信息，而是主动地建构知识的意义，这种建构是无法由他人来代替的。

学习过程同时包含两方面的建构：一方面是对新信息的意义的建构，同时又包含对原有经验的改造和重组。这与皮亚杰关于通过同化与顺应而实现的双向建构的过程是一致的。只是建构主义者更重视后一种建构，强调学习者在学习过程中并不是发展起供日后提取出来以指导活动的图式或命题网络；相反，他们形成的对概念的理解是丰富的、有着经验背景的，从而在面临新的情境时，能够灵活地建构起用于指导活动的图式。

任何学科的学习和理解都不像在白纸上画画，学习总要涉及学习者原有的认知结构，学习者总是以其自身的经验，包括正规学习前的非正规学习和科学概念学习前的日常概念，来理解和建构新的知识和信息。即学习不是被动接收信息刺激，而是主动地建构意义，是根据自己的经验背景，对外部信息进行主动的选择、加工和处理，从而获得自己的意义。外部信息本身没有什么意义，意义是学习者通过新旧知识经验间的反复的、双向的相互作用过程而建构成的。因此，学习不是像行为主义所描述的“刺激—反应”那样。学习意义的获得，是每个学习者以自己原有的知识经验为基础，对新信息重新认识和编码，建构自己的理解。在这一过程中，学习者原有的知识经验因为新知识经验的进入而发生调整和改变。所以，建构主义者关注如何以原有的经验、心理结构和信念为基础来建构知识。

3. 教学观

建构主义者强调学习的主动性、社会性和情境性，对学习和教学提出了许多新的见解。主要有：

由于事物的意义并非完全独立于我们而存在，而是源于我们的建构，每个人都以自己的方式理解事物的某些方面，教学要增进学生之间的合作，使学生看到那些与他不同的观点的基础。因此，合作学习（Cooperative Learning）受到建构主义者的广泛重视。这些思想是与维果斯基对于社会交往在儿童心理发展中的作用的重视的思想相一致的。学习者以自己的方式建构对于事物的理解，从而不同的人看到的是事物的不同的方面，不存在唯一的标准的理解，通过学习者的合作使理解更加丰富和全面。

教学不能无视学习者的已有知识经验，简单强硬地从外部对学习者实施知识的“填灌”，而是应当把学习者原有的知识经验作为新知识的生长点，引导学习者从原有的知识经验中，生长新的知识经验。这一思想与维果斯基的“最近发展区”的思想相一致。教学不是知识的传递，而是知识的处理和转换。

教师不单是知识的呈现者，不是知识权威的象征，而应该重视学生自己对各种现象的理解，了解他们时下的看法，思考他们这些想法的由来，并以此为据，引导学生丰富或调整自己的解释。教学应在教师指导下以学习者为中心，当然强调学习者的主体作用，也不能忽视教师的主导作用。教师的角色从传统的传递知识的权威者转变为学生学习的辅导者，成为学生学习的高级伙伴或合作者。教师是意义建构的帮助者、促进者，而不是知识的提供者和灌输者。学生是学习信息加工的主体，是意义建构的主动者，而不是知识的被动接收者和被灌输的对象。简言之，教师是教学的引导者，并将监控学习和探索的责任也由教师为主转向以学生为主，最终使学生独立学习。

4. 构架

建构主义认为，学习者的知识是在一定的情境下，借助他人的帮助，如人与人之间的协作、交流、利用必要的信息等，通过意义的建构而获得的。理想的学习环境应当包括情境、协作、交流和意义建构四个部分。学习环境中的情境必须有利于学习者对所学内容的意义建构。在教学设计中，创设有利于学习者建构意义的情境是最重要的环节或方面。协作：应该贯穿于整个学习活动过程中，包括教师与学生之间，学生与学生之间的协作。交流：交流是协作过程中最基本的方式或环节。其实，协作学习的过程就是交流的过程，在这个过程中，每个学习者的想法都为整个学习群体所共享。交流对于推进每个学习者的学习进程，是至关重要的手段。意义的建构是教学活动的最终目标，一切都要围绕这种最终目标来进行。

同时，教学应使学习在与现实情境相类似的情境中发生，以解决学生在现实生活中遇到的问题为目标，为此学习内容要选择真实性任务（Authentic Task），不能对其做过于简单化的处理，使其远离现实的问题情境。由于具体问题往往都同时与多个概念理论相关，所以，他们主张弱化学科界限，强调学科间的交叉。这种教学过程与现实的问题解决过程相类似，所需要的工具往往隐含于情境当中，教师并不是将提前已准备好的内容教给学生，而是在课堂上展示出与现实中专家解决问题相类似的探索过程（甚至有人主张教师不要备课），提供解决问题的原型，并指导学生进行探索。建构主义者主张提供建构理解所需的基础，同时又要留给学生广阔的建构空间，让他们针对具体情境采用适当的策略。

在教学进程的设计上，建构主义者提出如果教学简单得脱离情境，就不应从简单到复杂，而要呈现整体性的任务，让学生尝试解决问题，在此过程中学生要自己发现完成整体任务所需实现完成的子任务，以及完成各级任务所需的各种知识技能。教学活动中，不必非要组成严格的直线形层级，因为知识是由围绕着关键概念的网络结构所组成，它包括事实、概念、概括化以及有关的价值、意向、过程知识、条件知识等。学生可以从知识结构网络的任何部分进入或开始。即教师既可以从要求学生解决一个实际问题开始教学，也可以从给一个规则入手。在教学中，首先选择与儿童生活经验有关的问题（这种问题并不是被过于简单化），同时提供用于更好地理解和解决问题的工具，而后让学生单个地或在小组中进行探索，发现解决问题所需的基本知识技能，在掌握这些知识技能的基础上，最终使问题得以解决。

5. 学习的两种层次

学习可以分为初级学习与高级学习两种层次。初级学习是学习中的低级阶段，教师只要求学生知道一些重要的概念和事实，在作业中学生只要将他们所学的东西按原样再生出来。为此，初级学习的内容主要是结构良好的领域（Well-structured Domain）。

传统教学往往混淆了初级学习与高级学习之间的界限，将初级学习阶段的教学策略（如将整体分割为部分、着眼于普遍原则的学习、建立单一标准的基本表征等）不合理地推及高级学习阶段的教学中；同时，教学设计从低到高、由局部到整体地展开学习过程的做法，使得教学过于简单化。这种简单化使得学生的理解简单片面，妨碍了学习在具体情境中更广泛而灵活地迁移。

6. 建构主义的目的

建构主义的目的就是要寻求适合于高级学习的教学途径。其中适合于高级学习的教学途径之一就是随机通达教学（Random Access Instruction）。随机通达教学认为，对同一内容的学习要在不同时间多次进行，每次的情境都是经过改组的，而且目的不同分别着眼于问题的不同侧面。这种反复绝非为巩固知识技能而进行的简单重复，因为在各次学习的情境中会有互不重合的地方，而这将使学习者对概念知识获得新的理解。这种教学避免抽象地谈概念的一般运用，而是把概念具体到一定的实例中，并与具体情境联系起来。每个概念的教学都要涵盖充分的实例（变式），分别用于说明不同方面的含义，而且各实例都可能同时涉及其他概念。在这种学习中，学习者可以形成对概念的多角度理解，并与具体情境联系起来，形成背景性经验。这种教学有利于学习者针对具体情境建构用于指引问题解决的图式。可以看出，这种思想与布鲁纳关于训练多样性的思想是一致的，是这种思想的深入发展。

（二）建构主义的积极性

建构主义者在吸收维果斯基、认知信息加工学说、皮亚杰、布鲁纳等思想的基础上提出的许多富有创见的教学思想（如强调学习过程中学习者的主动性、建构性；对于学习做了初级与高级学习的区分，批评传统教学中把初级学习的教学策略不合理地推及高级学习中；提出合作学习、情境性教学等），对深化当前的教育教学改革具有深远的意义。

四、激励理论

激励理论论述了如何满足人的各种需要、调动人的积极性的原则和方法。其主要包括维克托·弗鲁姆的期望理论、洛克和休斯的目标设置理论、斯塔西·亚当斯的公平理论等。

（一）期望理论

期望理论（Expectancy Theory），又称作“效价—手段—期望理论”，是由北美著名心理学家和行为科学家维克托·弗鲁姆（Victor H. Vroom）于1964年在《工作与激励》中提出来的激励理论。这个理论可以公式表示为：激动力量=期望值×效价。期望理论是以三个因素反映需要与目标之间的关系的，要激励员工，就必须让员工明确：①工作能提供给他们真正需要的东西；②他们欲求的东西是和绩效联系在一起的；③只要努力工作就能提高他们的绩效。

在这个公式中，激动力量指调动个人积极性，激发人内部潜力的强度；期望值是根据个人的经验判断达到目标的把握程度；效价则是所能达到的目标对满足个人需要的价值。这个理论的公式说明：人的积极性被调动的大小取决于期望值与效价的乘积。也就是说，一个人对目标的把握越大，估计达到目标的概率越高，激发起的动力越强烈，积极性也就越大，在领导与管理工作中，运用期望理论对于调动下属的积极性是有一定意义的。

（二）目标设置理论

美国马里兰大学管理学兼心理学教授洛克（E. A. Locke）和休斯在研究中发现，外来的刺激（如奖励、工作反馈、监督的压力）都是通过目标来影响动机的。目标能引导活动指向与目标有关的行为，使人们根据难度的大小来调整努力的程度，并影响行为的持久性。于是，在一系列科学研究的基础上，他于1967年最先提出“目标设定理论”（Goal Setting Theory）。他认为目标本身就具有激励作用，目标能把人的需要转变为动机，使人们的行为朝着一定的方向努力，并将自己的行为结果与既定的目标相对照，及时进行调整和修正，从而能实现目标。这种使需要转化为动机，再由动机支配行动以达成目标的过程就是目标激励。目标激励的效果受目标本身的性质和周围变量的影响。

许多学者作了进一步的理论和实证研究，如尤克尔（Yurl）和莱瑟姆（Latham）认为，目标设置应与组织成员参与、注意个别差异和解决目标艰巨性等因素结合运用，并提出了目标设置的综合模式；班杜拉（Bandura）和洛克（Locke）等人则认识到目标对动机的影响受自我效能感等中介变量的影响；德韦克（Dweck）及其同事在能力理论基础上，区分了目标的性质，并结合社会认知研究的最新成果，提出了动机的目标取向理论等。

洛克和莱瑟姆设计了一种个体目标设置与绩效的复杂模型。从该模型可以看出导致个体高绩效水平的变量及其关系。该模型的基本观点是把目标看作一种激励因素，因为它可以让人们对目前的绩效与期望达到的目标进行比较。从某种程度上说，人们一般会认为，如果他们目前的水平还达不到目标的要求，他们就不会感到满足。但只要他们相信，通过努力是可以达到目标的，他们就会努力工作并实现目标。制定了目标就能够提高自己的绩效水平，因为目标可以使所期望的绩效类型和水平变得更加明确。

（三）公平理论

公平理论又称社会比较理论，它是美国行为科学家斯塔西·亚当斯在《工人关于工资不公平的内心冲突同其生产率的关系》（1962，与罗森合写），《工资不公平对工作质量的影响》（1964，与雅各布森合写）、《社会交换中的不公平》（1965）等著作中提出来的一种激励理论。该理论侧重于研究工资报酬分配的合理性、公平性及其对职工生产积极性的影响。

公平理论指出：人的工作积极性不仅与个人实际报酬多少有关，而且与人们对报酬的分配是否感到公平关系密切。人们总会自觉或不自觉地将自己付出的劳动代价及其所得到的报酬与他人进行比较，并对公平与否作出判断。公平感直接影响职工的工作动机和行为。因此，从某种意义来讲，动机的激发过程实际上是人与人进行比较，做出公平与否的判断，并据以指导行为的过程。公平理论研究的主要内容是职工报酬分配的合理性、公平性及其对职工产生积极性的影响。

五、成人学习理论

成人学习理论是在满足成人学习这一特定需要的理论基础上发展起来的。

（一）成人学习的特点

1. 成人学习的终身性

人从生命过程来看，可以划分为非成人与成人两个大的阶段。终身学习概念更多的是从成人阶段提出来的。在快节奏发展的今天，面对知识经济时代日新月异的变化，年纪大、经验多的传统优势已经不再明显，在把握新知识、新技术的竞赛中，不同年龄段的人们几乎处在同一条起跑线上。为了避免被社会淘汰，人们会随着年龄和工作阅历的增加而逐渐增强不断“充电”的愿望。

2. 成人学习的自主性

非成人学习者的学习相对被动，而成人则通常有着明确的学习目标，是学习的主动者。非成人学习者通常在学习过程中，学习的内容、学习的方式和学习的目的几乎完全要由他人加以安排，成人学习者则通常自己来选择学习环境、学习内容和学习方式等。非成人学习者通常是通过教育者释疑解惑的单向传播活动进行学习的，而成人学习者则注重自我学习的过程。

3. 成人学习的开放性

与非成人相比较，绝大多数成人在社会组织中都扮演着一定的角色，通常既承担着相应责任，又享有不同程度的相应权利，其工作和生活的时间和空间是相对固定的，很难在固定的时间和相对封闭的空间进行系统的学习，由此使成人学习呈现出开放性的特点。

4. 成人学习的实用性

现实中，对于绝大多数成人个体来说，推动他们学习的动力主要来自对现代社会谋求生存和发展的现实考虑。这些考虑体现着现代成人学习具有实用性的特点。特别是当这种需要必须通过付出金钱、时间、经理的代价才可能获得满足的时候，成人学习的实用性就会变得更加明显。

（二）员工培训与开发中成人学习理论应遵循的规律

（1）激发学员对过去经历的回忆。

（2）鼓励学员对过去的经历进行反思。

(3) 引导学员着力去发现自己还缺少哪些走向成功的理念、思维方式、知识和技能，即明确学习目标。

(4) 积极促使学员进入学习理论、技巧、方法和工具的过程。

(5) 推动学员将新学的内容进行模拟运用。

经过这样几个阶段之后，才能说完成了一个简单的学习过程。而实际的学习，则须经上述五个阶段的不断循环、提高。

阅读材料　西门子的员工培训

是什么造就了西门子150多年的辉煌？高质量的产品、完善的售后服务、不断创业和创新以及高效的人才培训，被认为是西门子成功的关键。在人才培训方面，西门子创造了独具特色的培训体系。西门子的人才培训计划从新员工培训、大学精英培训到员工再培训，涵盖了业务技能、交流能力和管理能力的培训，为公司新员工具有较高的业务能力，大量的生产、技术和管理人才储备，员工知识、技能、管理能力的不断更新和提高提供了保证。因此西门子长年保持着公司员工的高素质，这是西门子强大竞争力的来源之一。

（一）新员工培训

新员工培训又称第一职业培训。在德国，一般从15~20岁的年轻人，如果中学毕业后没有进入大学，要想工作，必须先在企业接受三年左右的第一职业培训。在第一职业培训期间，学生要接受双轨制教育：一周工作五天，其中三天在企业接受工作培训，另外两天在职业学校学习知识。这样，学生不仅可以在工厂学到基本的熟练技巧和技术，而且可以在职业学校受到相关基础知识教育。通过接近真刀实枪的作业，他们的职业能力及操作能力都会得到提高。由于企业内部的培训设施基本上使用的是技术最先进的培训设施，保证了第一职业培训的高水平，因此第一职业教育证书在德国经济界享有很高的声誉。由于第一职业培训理论与实践相结合，为年轻人进入企业提供了有效的保障，也深受年轻人欢迎。在德国，中学毕业生中有60%~70%接受第一职业培训，20%~30%选择上大学。

西门子早在1992年就拨专款设立了专门用于培训工人的学徒基金。现在公司在全球拥有60多个培训场所，如在公司总部慕尼黑设有韦尔纳·冯西门子学院，在爱尔兰设有技术助理学院，它们都配备了最先进的设备，每年培训经费近8亿马克。目前共有1万名学徒在西门子接受第一职业培训，大约占员工总数的5%。他们学习工商知识和技术，毕业后可以直接到生产一线工作。

在中国，西门子与北京市国际技术合作中心合作，共同建立了北京技术培训中心，西门子投资4 000万马克。合同规定，中心在合同期内负责为西门子在华建立的合资企业提供人员培训，目前该中心每年可以对800人进行培训。

第一职业培训（新员工培训）保证了员工正式进入公司时就具有很高的技术水平和职业素养，为企业的长期发展奠定了坚实的基础。

（二）大学精英培训

西门子计划每年在全球接收3 000多名大学生，为了利用这些宝贵的人才，西门子也制订了专门的计划。

进入西门子的大学毕业生首先要接受综合考核，考核内容既包括专业知识，也包括实际工作能力和团队精神，公司根据考核的结果给他们安排适当的工作岗位。此外，西门子还从大学生中选出 30 名尖子进行专门培训，培养他们的领导能力，培训时间为 10 个月，分三个阶段进行。第一阶段，让他们全面熟悉企业的情况，学会从因特网上获取信息；第二阶段，让他们进入一些商务领域工作，全面熟悉本企业的产品，并加强他们的团队精神；第三阶段，将他们安排到下属企业（包括境外企业）承担具体工作，在实际工作中获取实践经验和知识技能。目前，西门子共有 400 多名这种精英，其中 1/4 在接受海外培训或在国外工作。

大学精英培训计划为西门子储备了大量管理人员。

（三）员工五级别在职培训

西门子人才培训的第三个部分是员工在职培训。西门子公司认为，在世界性的竞争日益激烈的市场上，在革新、颇具灵活性和长期性的商务活动中，人是最主要的力量，知识和技术必须不断更新换代，才能跟上商业环境以及新兴技术的发展步伐，所以公司正在努力走上一个学习型企业之路。为此，西门子特别重视员工的在职培训，在公司每年投入的 8 亿马克培训费中，有 60%用于员工在职培训。西门子员工的在职培训和进修主要有两种形式：西门子管理教程和在职培训员工再培训计划，其中管理教程培训尤为独特和成效卓著。

西门子员工管理教程分五个级别，各级培训分别以前一级别培训为基础，从第五级别到第一级别所获技能依次提高。其具体培训内容大致如下：

第五级别：管理理论教程。

培训对象：具有管理潜能的员工。

培训目的：提高参与者的自我管理能力和团队建设能力。

培训内容：西门子企业文化、自我管理能力、个人发展计划、项目管理、了解及满足客户需求的团队协调技能。

培训日程：与工作同步的一年培训，分别为为期三天的两次研讨会和一次开课讨论会。

第四级别：基础管理教程。

培训对象：具有较高潜力的初级管理人员。

培训目的：让参与者准备好进行初级管理工作。

培训内容：综合项目完成、质量及生产效率管理、财务管理、流程管理、组织建设及团队行为、有效的交流和网络化。

培训日程：与工作同步的一年培训，为期五天的研讨会两次和为期两天的开课讨论会一次。

第三级别：高级管理教程。

培训对象：负责核心流程或多项职能的管理人员。

培训目的：开发参与者的企业家潜能。

培训内容：公司管理方法、业务拓展及市场发展策略、技术革新管理、西门子全球机构、多元文化间的交流、改革管理、企业家行为及责任感。

培训日程：一年半与工作同步的培训，为期五天的研讨会两次。

第二级别：总体管理教程。

培训对象：必须具备下列条件之一：①管理业务或项目并对其业绩全权负责者；②负责全球性、地区性的服务者；③至少负责两个职能部门者；④在某些产品、服务方面是全球性、地区性业务的管理人员。

培训目的：塑造领导能力。

培训内容：企业价值、前景与公司业绩之间的相互关系、高级战略管理技术、知识管理、识别全球趋势、调整公司业务、管理全球性合作。

培训日程：与工作同步的培训两年，每次为期六天的研讨会两次。

第一级别：西门子执行教程。

培训对象：已经或者有可能担任重要职位的管理人员。

培训目的：提高领导能力。

培训内容：根据参与者的情况特别安排。

培训日程：根据需要灵活掌握。

培训内容根据管理学知识和西门子公司业务的需要而制定，随着二者的发展变化，培训内容需要不断更新。

第二节 培训迁移

一、学习迁移

（一）学习迁移的概念和种类

1. 概念

人们通常把学习的迁移定义为一种学习对另一种学习的影响。这个定义既包括前一种学习对后一种学习的影响，又包括后一种学习对前一种学习的影响。其中“影响”一词有积极的影响和消极的影响两个含义。

2. 种类

既然学习的迁移是指一种学习对另一种学习的影响，那前一种学习对后一种学习的影响称为顺向迁移。例如，学习素描会对以后学习油画产生积极影响。后一种学习对前一种学习的影响称为逆向迁移。例如，后学习汉语拼音会对以前学习的汉字发音产生积极的影响。当一种学习对另一种学习产生积极的促进影响时，称为正迁移。上述两个例子都属于正迁移。在技能学习方面，正迁移的实例很多。例如，棒球选手打高尔夫球，也会打出专业级水平，懂得英语的人很容易掌握法语等。当一种学习对另一种学习产生消极的影响时，称为负迁移。负迁移的事例也很多。中国司机在日本驾驶汽车时，有驾驶习惯的困难。在中国驾驶汽车是右侧通行，而在日本驾驶汽车则是左侧通行。这样在中国学习右侧行驶对在日本学习左侧行驶就带来负迁移，即产生干扰学习的现象。

美国心理学家加涅把学习迁移分为横向迁移和纵向迁移。所谓横向迁移是指先行学习向在难度上大体属于同一水平的相似而又不同的后续学习发生的迁移。例如，阅读报纸时看到在课堂上学习过的新词汇，就属于横向迁移。数学课上学习了三角方程式后有效地利用这一公式计算斜面上下滑物体的加速度，也属于横向迁移。

所谓纵向迁移是指先行学习（某种下一级能力的学习）向不同水平的后续学习（更高一级的能力学习）发生的迁移。例如，作为先行学习的加法、减法的学习，对以后更高级的乘法、除法的学习具有促进作用。可见，纵向迁移指的是由简单的技能或知识的学习向复杂的技能或知识的学习的迁移。

在学习迁移的理论和实验研究中，我们主要考虑的是顺向正迁移。因为正迁移是促进学习的迁移，对学习和教育有积极意义。而负迁移对学习造成干扰，是要避免和控制的迁移。在教学中，我们总是希望先行的学习给以后的学习带来帮助和促进作用，所以，在后面介绍的迁移理论中考虑的主要是学习的顺向正迁移。

（二）学习迁移的意义

学习迁移的研究十分重要，历来受到教育工作者、学者和研究家们的重视。这主要是因为学习迁移是一种普遍现象，广泛地存在于各种学习材料和各种形式的学习和训练中，其中尤其以知识的学习和技能的学习最为显著。学习迁移的意义不仅在于它能给学习者带来事半功倍的学习效率，而且能够充分地发挥教学的有效作用。在当今知识激增的时代，人们不可能在学校里学完全部的知识和技能，学生希望通过学校的学习对以后工作中的学习产生积极的影响，教师们也希望通过自己的有效教学，使学生们在以后的工作和学习中发挥出更大的学习潜力。因此，在教学理论研究和教学实践中，“为迁移而教”成为当今的热门话题。

学习迁移的研究不仅具有十分重要的实践意义，还具有十分重要的理论意义。学习迁移的实质是什么？为什么一种学习会对另一种学习产生影响？学习迁移的条件和因素是什么？对这些问题的回答无疑要涉及学习的过程、学习的机制、学习的条件等多方面的基本理论问题。因此，学习迁移的研究所要解决的不仅仅是一个实践问题，而且更重要的是通过学习迁移的研究探讨学习的实质和不同学习间的内在联系。可以说，学习迁移的研究是整个学习理论研究的一个重要组成部分，它对回答学习内容对学习过程的影响、学习过程的内在联系等问题有十分重要的启示和帮助。

二、培训迁移

（一）培训迁移的定义

培训迁移是指员工持续有效地将所学的知识、技能、态度和行为方式等运用到工作中的过程。培训迁移一般指的是正迁移，也成为培训成果迁移。

（二）培训迁移的阶段

在培训迁移的过程中，主要经历四个阶段：培训前动机（趋向于掌握培训课程的有意努力）、学习（掌握培训课程内容的过程）、培训绩效（对在培训中所学内容的测量）和迁移结果（受训者接受培训后在实际工作中的表现）。这样完整的四个阶段，正好符合PDCA循环，在其任何一处环节出现问题都可能导致培训效果打折扣。

（三）培训迁移的种类

从培训迁移的类型来看，一方面是近迁移，将学习运用于相似的情境。近迁移的理论依据是等同因素理论，是培训可以通过改进与实际情境相对应的刺激、反应和条件等因素的程度来增强培训效果，这就需要实战派的经验分享和课程中的演练；另一方面是远迁移，通过培训掌握原理以便能够解决新情境中的问题，培养举一反三的能力。远迁移的理论依据是原理理论，是培训应该关注解决问题所必要的一般原理，以帮助学员在迁移环境中运用原理解决问题。

（四）影响培训迁移的主要因素

1. 个人动机

员工都是以各种途径得到参加培训的机会，或者是主动报名，或者是上级指派，或者是“随大流”，甚至有人抱着“不去白不去”的思想。这些方式中，有的是自愿的，也有的是非自愿的，后者的参加动机显然没有前者强，自然会影响培训迁移的行为，进而影响培训迁移的效果。“那就做一次培训需求调查，把动机强的员工与动机不强的员工区分开来，然后让动机强的员工参加培训……”，那些没有动机的人该怎么办？“区别对待”不是不待，而是需要找到动机产生的原因。

2. 组织学习氛围

卢梭（1997）曾指出，想要存活下来并能兴旺发展的企业需要以更快的速度进行学习。不断地学习是企业不断进步的必要条件，组织的学习氛围直接影响企业员工的学习思想与学习行为。

组织学习氛围是企业文化的一种重要表现形式，从一个侧面表现企业的价值观念和精神。它体现在企业文化的物质层中，以一种潜移默化的方式影响员工的思想和行为。在学习氛围浓郁的组织中，管理者重视企业的可持续发展，关注员工的不断提高，能随时随地地对员工进行指导，把下属的进步看作对自己工作的肯定；员工上进心强，能够抓住一切可以利用的机会进行学习提高，并乐于将学习所得迁移到工作中，创新性与协作性高。但是在缺少学习氛围的组织中，管理者只看中眼前的利益，认为学习是个人的事情，而且总有“官本位”的思想，生怕下属的能力超过自己，有意无意地扼杀员工学习的积极性。员工在这种“风吹墙头草，棒打出头鸟”的感知中也毫无学习动力，组织也缺少生机与活力。

持续学习是组织学习氛围最突出的特征。研究表明具有这种特征的工作环境有利于员工在工作中迁移培训所学（Noe&Ford，1992）。1995 年，翠茜和卡瓦纳盖尔开发了一套测量组织持续学习文化（Continuous Learning Culture）的问卷，题目描述了支持获得并应用知识、技能的各种表现，以此测量组织的实际情况与这些描述的符合程度，例如“在你的公司里，自主或革新的想法得到上级的支持与鼓励”。统计分析显示：支持性（Social Support）、持续发展性（Continuous Improvement）、持续竞争性（Continuous Competitiveness）三个因素是企业或组织持续学习氛围的外在表现形式，只要注意在营造组织学习氛围时，努力培养企业的这“三性”，就能显著提高培训迁移的效果。

3 培训迁移气氛

如前所述，员工面临的一个问题是他们需要在一个环境中学习，而在另一个环境中应用学习到的知识，这就意味着在知识的转移和应用过程中，后一个情境的环境因素将对其产生重要的作用。

培训迁移气氛指阻碍或促进组织成员将其在培训中的所学运用到实际工作中去的组织环境（Rouiller，1993）。培训迁移气氛与企业文化在一些因素上有相似性，但是，前者涉及的是组织成员感知到或分享的抽象、综合的组织特征，包括基于各种组织变量交互作用而产生的价值观、信念、期望或行为模式，而后者涉及的是具体、精确、外显的组织特征。

培训迁移气氛是组织成员对那些具体的促进或阻碍使用培训所学的工作环境的感知，它反映的是与培训相联系的员工认知模式。对培训迁移气氛的研究成果能帮助企业或组织在更加具体而外显的可控范围内促进培训成果转化为现实价值。

4. 组织工作节奏

组织工作节奏（the Pace of the Workflow）的快慢能够影响在一段具体的时间内员工完成工作任务的数量和质量（Ford & Quinones，1992）。在工作节奏快的组织中，有经验的员工可能很少有时间帮助新来者完成更多、更复杂且有一定难度的工作，于是，新来者就只能被安排去完成那些简单的任务，长此以往，他们就会很少获得在实践中运用培训所得的机会。当然，也有相反的情况，一个组织的工作节奏快，新来者很可能被要求尽快地适应工作环境，甚至没有过渡阶段地就被安排到相应的岗位上，去完成那些本应该由更有经验的员工来完成的工作，从而获得更多的运用培训所学来完成复杂、困难、有挑战的任务的机会。

Ford 与 Quinones 在他们的研究中，用问卷法测量在组织中是否有很多工作要做，或者员工是否经常没事可做等，得到了类似的结果：工作节奏越快，员工可以应用培训所得的实际工作任务的数量就越少（任务广度），在工作中应用培训所得的次数就越多（任务活动水平），任务就越难、越复杂（任务类型），即组织工作节奏越快，受训员工就越可能在比较狭窄的工作范围内频繁地运用培训所学。虽然有执行复杂任务的机会，但是缺乏任务的多样性，培训迁移的范围有限。

第三节　有效的培训项目应考虑的因素

培训效果取决于整个培训项目的设计和安排。如何进行有效的培训与开发项目的设计与开发？我们需要对设计培训项目所面临的各种具体情况做出具体的分析，以最终确定培训项目的各个细节。大致上需要考虑的因素包括以下几个部分：

一、培训范围

培训规划针对一个企业不同层次的培训对象可以分成三个层次：个人、部门、整个组织。

岗位培训注重个人，即偏重于个人能力和技能的提高。这种培训要求培训师对受训者进行单独的辅导，具体分析其所从事的工作并作出分析和指导。

培训项目也可针对某组织内的一个部门来设计。这个部门的人员也可能只有几个人，也可能有几千人。通常，大多数技能培训师在这个层次上进行。

培训项目的对象还可以是整个组织。这时的培训可以是职业精神培训、企业文化教育以及思想教育、安全教育等。在这个层次上设计必须重视规模经济的作用，注意战略的正确运用。

二、培训规模

培训规模受很多因素的影响。比如它可能由接受培训的企业规模、经营方向决定，也可能由培训本身的性质、培训力量的强弱、培训场所的大小、培训工作的性质和培训费用的多少来决定。

如果只要少数员工接受培训，就可以进行个人培训，可以不需要或者只要少量的专门教师。对于集体培训，培训师必须考虑两个因素：培训的费用和培训策略。想降低费用就应该提高培训的规模，而培训策略是决定培训规模的另一个重要因素。例如，使用计算机进行培训，培训的规模通常就会比较小。

三、选择和准备培训场地

培训场地指实施培训的场所。一个好的培训场所应当是：①舒适且交通便利的；②安静、独立且不受干扰的；③为受训者提供可以自由移动的足够空间。

表 2-1 列示了会议室的特征，培训者、培训项目设计者或管理者可以应用它来评估培训场地。

表 2-1　　会议室的特征

项目	特征
噪音	检查来自空调系统、邻近房间和走廊及建筑物之外的噪音
色彩	轻淡柔和的色彩，如橙色、绿色、蓝色和黄色属于暖色。不同类型的白色显得冷而呆板。黑色和棕色会产生心理上的封闭感，容易使人疲惫。
房间结构	使用接近于方形的房间。过长或过窄的房间都会使受训者难以看见、听见对方和参与讨论。
照明	光源应主要是日光灯。白炽灯应分布于房间四周，并且在须投影时用作微弱光源。
墙与地面	会议室应铺地毯，使用相同色调，避免分散注意力。只有与会议有关的资料才可以贴在墙上。
会议室的椅子	椅子应有轮子，可旋转，并有靠背可支撑腰部。
反光	检查并消除金属表面，电视屏幕和镜子的反光。
天花板	天花板最好有 10 英尺（1 英尺≈0.304 8 米）高。
电源插座	房间里间隔 6 英尺设置一个电源插座。电源插座旁还应该放一个电话插头。培训者应该能够很方便地使用电源插座。
音响	检查墙面、天花板、地面和家具对声音的反射和吸收情况。与三四个人共同调试音响，调节其声音清晰度和音量。

四、培训时间

培训时间从几十分钟到数周不等。培训内容、费用都能影响培训时间。为期一个小时至半天的短期培训可以用来介绍主要议题和当今技术发展状况，也可用来讨论简单的议题。有时半天时间不够用，可以将培训分成几个阶段来进行。在学习同一段内容时，如果时间超过了三四个小时，那么即使教师采取一定的策略来激发受训者的兴趣，受训者的学习能力仍不可避免地会下降。这是短期培训的一个短处。

系列培训能为受训者提供终结和再强化的机会，因而适用于传授较深和较难的内容。

封闭式培训要求受训者在培训地吃住，影响此类培训时间的主要因素是费用。

影响培训时间的还有受训者的工作时间和业余时间的分配。

五、培训者

显然，公司可以选择专业的培训者或咨询专家来进行培训。培训者无论来自公司内部还是外部，都需要有专业的技能和培训经验。把管理者和雇员作为培训者，可以使培训内容显得更有意义。因为雇员和管理者了解公司的业务，所以他们试图使培训内容与受训者的实际工作更接近。同样，把雇员和管理者作为培训者，还能够增加他们对学习的支持，减少公司对高成本的外部咨询师的依赖。如果雇员和管理者能够得到公司的认同，或者他们的培训经验能够与个人发展计划紧密联系起来，充当培训者就可以成为一件有回报的事情。培训者如何让培训场地和指导有利于学习呢？

（一）学习环境的创造

考虑一下能够促进学习的房间的类型。受训者是否需要集中精力？他们是否需要看清具体的图像？他们是否需要开放式的房间，从而能够离开主要的培训环境去处理他们各自的团队遇到的问题或参与正在进行的讨论？找一个足够大的能够满足你要求的房间，而不是仅仅为了能够容纳一定数量的受训者。数量很少的受训者安排在大房间中会显得不够人性化，而且也会使受训者觉得自己不受重视。应该在培训课程开始就考虑好房间的设计，并且与培训场地的协调人员一起设计环境，使其能够满足学习的需要。

（二）准备工作

必须清楚地知道培训内容，通过身体和精神上的反复演练建立自信心，并且估计培训材料的进度和实效性。通过观察有经验的培训者来获得新的观点。从受训者的角度来设计培训——对你计划的任何事情都要问问“会怎么样”。如果使用电脑、光盘、互联网或其他技术，你必须清楚地知道应该如何运用这些设备以及准备一些备用的材料以防止这些设备出现故障。

（三）教室管理

检查教师是否有多余的椅子，是否有装满的垃圾桶，是否有前一个培训过程留下的成堆的材料。一个凌乱的、无序的、令人厌倦的培训教室会使学习受到干扰。经常给受训者一些中途休息时间，这样他们可以离开教室放松一会儿，从而有利于准备接下来的学习。

（四）吸引受训者

作为一个培训者，必须对受训者的学习负责；必须与他们就将要涉及的内容、要运用的学习方法以及对他们的期望进行充分的沟通，必须要有足够的吸引力，使受训者能够关注重点。

（五）团队的动态管理

要合理地进行分组，以保证各团队中个体的知识和专业技能是相当的，通过询问受训者来了解他们认为自己是初学者、有经验者还是这方面的专家。合理地组织团队，从而保证每个团队中都有初学者、有经验者以及专家。团队的动态管理也可以通过改变学习者在教室中的位置来实现。要在教室中走走，观察哪些团队士气比较低落，团队中哪些人比较沉默，哪些人控制着整个团队。你的角色就是保证团队中每个人都有机会来出谋划策。

六、培训费用

培训费用直接影响着培训初期计划设计的进行，以及培训的实际效果。培训费用与培训可能带来的收益相比的结果更是直接关系着培训工作是否值得展开。

企业选择培训方式的时候必须考虑一个问题：企业是在内部设立培训部门还是依靠外部的力量完成培训工作。实践证明：在企业内部设立培训部门并非总是有利的，可能这种方式的费用过高，而外部的专家可能在专业知识方面更胜一筹。从有关的培训调查结果来看，培训的主要费用是工资以及参加培训的员工的相关费用。这时员工来参加培训而耽误工作所花费的机会成本必须考虑。尽管机会成本有时是不可避免的，但很有必要去了解受训者的工资和从培训中得到的收益。如果使用外部培训人员，可能在费用上会有所增加，但毕竟培训效果是最主要的。

计算培训费用必须考虑的一个因素就是在岗培训中的生产力浪费。当然，这个费用因岗位工作的水平、性质以及所需培训类型的不同有很大不同。

阅读材料　冠东公司是如何策划培训项目的

冠东公司是一家处于高速成长中的民营企业，其主业是为上海通用、上海大众等大汽车制造企业提供车灯配套。1998 年公司建立时仅有员工约 500 人，到 2002 年已有员工 2 100余人，其中大专及其以上学历水平的员工约占 30%。与公司业务迅速扩张不相适应的是，企业的管理工作捉襟见肘。2001 年的员工满意度调查结果表明，薪酬管理存在问题。企业高层要求人力资源部门对薪酬问题进行调查。结果显示，薪酬分配不公的深层原因是企业缺乏合理可行的绩效考核体系：对 2 000 多名员工不问工作岗位的特殊性，统一使用“员工态度考核表”，考核指标不具有可行性，考核实际上流于形式，无法作为薪酬的依据。员工实际的工资标准主要由各级领导的主观臆断决定。

为了改革绩效考核制度，人力资源部就此问题对所有的部门主管进行了一次问卷调查，并根据调查反馈的信息进一步做了访谈，发现大部分主管人员均缺乏绩效考核的基本知识和技能。为此，人力资源部门决定对所有的部门主管进行专题培训。

培训项目定位：绩效考核和绩效管理——以战略为导向的 KPI 指标体系设计。

具体培训项目目标：①通过培训，受训的管理人员要能够明确阐述绩效考核和绩效管理的重要作用；②掌握设定绩效考核指标的基本流程，并在人力资源专职人员的协助下建立部门员工绩效考核指标体系；③明确自己在绩效考核和绩效管理中的职责，并运用于管理实践中，使员工的绩效投诉率下降为 5%。

确定了培训项目及其目标之后，人力资源部的当务之急是要确定究竟是由企业自己来实施培训项目，还是向外部培训机构购买。人力资源部首先考虑招聘企业内部培训教师。

一周后，有几位员工带着自己曾经讲解过以及特地为本次培训项目准备的材料前来应聘。经过面试和试讲，人力资源部认为内部员工目前还难以胜任培训讲师的工作。为了促进企业绩效考核制度的建设，保证培训项目的质量，人力资源部决定从外部聘请讲师授课，并引进外部顾问帮助企业设计一套科学完整的绩效考核和管理的体系。

由于以前很少组织外部讲师来企业授课，几乎没有现存的外部师资网络。为了此次培训活动的顺利进行，企业人力资源部的所有成员、公司的董事长、总经理都积极展开联系教师的工作。最后在公司总经理好朋友的引荐下，企业人力资源部与北京某咨询公司取得了联系。

恰好该咨询公司专司企业人力资源管理咨询的一位咨询师正在冠东公司的临近省份提供咨询服务，因此，北京咨询公司请冠东的相关人员去该省与那位咨询师先行接触一下。于是冠东公司的一名主管和一名人力资源专员前往交谈，并参加了该咨询师的一堂公开课。实际考察后，冠东公司与该咨询公司签订了培训服务协议。

为了让冠东的各级主管人员尽早了解培训的相关内容，人力资源部部门与该讲师商定，于培训正式开始前一周提交授课计划，培训正式开始前3天，提交授课大纲，以保证学员，即企业的各级各类主管在培训开始前就基本了解本次培训的基本内容。为了使培训的内容更符合企业的实际，冠东人力资源部派专车把咨询师接到公司，进行为期一天的实地调研。

为了尽可能地提高培训的效果，冠东人力资源部事先与学员进行沟通，动员他们收集一些日常工作中碰到的棘手的问题，以便请教教师和同行，还将学员分组，便于培训师组织讨论。另外，由于企业没有专门的培训场所，人力资源部在公司领导的支持下，将公司的会议室精心布置成功能完全的培训教室。由于高度的重视和细致的工作，本次培训活动取得了成功。培训教师对人力资源部的服务和支持评价很高，学员和企业领导也对培训表示满意。培训结束后，冠东公司与该咨询公司签署了绩效体系建设的咨询服务协议，双方形成了相对稳定的合作关系。人力资源部的工作得到领导的肯定，为今后的工作做了很好的铺垫。

本章小结

学习理论作为探究学习本质及其内在规律的理论成为员工培训与开发最基本的理论基础。学习理论主要包括行为主义学习理论、认知主义学习理论、建构主义学习理论、激励理论和成人学习理论。

员工培训与开发的目的是将培训效果转换成工作成果，因此培训迁移受到越来越多的关注，许多学者也提出了不同的培训迁移理论，为员工培训与开发的实践提供了理论基础。

案例　海尔的新员工培训

较有实力的企业每年都要引进一批大学毕业生，然后像“宝”一样进行培训，希望他们成长为企业未来的顶梁柱。而每年新进员工的离职率之高又让不少企业头疼。毕业生进入企业后，往往待上一段时间，就会出现一个跳槽高峰期。因为初入社会的年轻人思想难免偏于理想化，而工作后会发现现实并非想象的那么完美，容易出现心理落差。这当然与大学生对社会、对企业理解不充分，思想不够成熟有一定关系。但是企业对新员工初期的培训方式也是相当重要的一个原因。不同的培训方式会产生不同的结果。好的培训方式能引导、帮助大学生正确、客观地认识企业，进而留住他们的心。海尔作为一个世界级的著名企业，每年招来上千名大学生，但是离职率一般很低，离开的大部分是被淘汰的（海尔实行10/10原则，奖励前10%的员工，淘汰后10%的员工），真正优秀的员工多半会留在最后。那么海尔是怎样进行新员工培训的呢？

第一步：使员工的心态端平放稳

这第一步很重要，有些企业迫不及待地向新进毕业生灌输自己的企业文化或职业技能，强迫他们接受，希望他们能尽快派上用场，而全不顾及他们的感受。毕业生新到一个陌生的、与学校完全不同的环境，总会有些顾虑：待遇是否与承诺相符；会不会得到重视；升迁机制对自己是否存利等。在海尔，公司首先会肯定待遇和条件，让新人把“心”放下，做到心中有“底”。接下来会举行新老大学生见面会，让师兄师姐用自己的亲身经历讲述对海尔的感受，使新员工尽快客观了解海尔。

同时人力资源中心、文化中心和旅游事业部的主管领导会同时出席，与新人面对面地沟通，解决他们心中的疑问，不回避海尔存在的问题，并鼓励他们发现、提出问题。另外还与员工就如何进行职业发展规划、升迁机制、生活方面等问题进行沟通。没有问题的企业是不存在的，企业就是在发现和解决问题的过程中发展的，关键是认清这些问题是企业发展过程中的问题还是机制本身的问题，让新员工正视海尔内部存在的问题，不走极端。要知道没有人会随随便便跳蹧的，往往是思想走向极端，无法转回才会“被迫”离开。

第二步：使员工把心里话说出来

员工虽然能接受与自己的理想不太适应的东西，但并不代表他们就能坦然接受了，这时就要鼓励他们说出自己的想法——不管是否合理。让员工把话说出来是最好的解决矛盾的办法，如果你连员工在想什么都不知道，解决问题就没有针对性。所以应该为他们开条“绿色通道”，使他们的想法第一时间反映上来。海尔给新员工每人都发了“合理化建议卡”，员工有什么想法，无论制度、管理、工作、生活等任何方面都可以提出来。对合理化的建议，海尔会立即采纳并实行，对提出人还有一定的物质和精神奖励。而对不适用的建议也给予积极回应。因为这会让员工知道自己的想法已经被考虑过，他们会有被尊重的感觉，更敢于说出自己心里的话。

在新员工提的建议和问题中，有的居然把“蚊帐的网眼太大”的问题都反映出来了，这也从一个侧面表现出海尔的工作相当到位。而有些企业就做得不够：新进大学生初来到企业后受到的待遇与招聘时的承诺不太符合，心生不满，这种不满情绪原本并不算什么大事，只是员工初来乍到时很自然的一种反映而已，但是这个企业却没有能很好地消除这种不满，反而造成了新员工情绪激化，导致新员工把老总堵在了办公室里要求给个答复。而老总出来后居然说“你们愿干就干，不愿干就走人”，把员工看作工作的“乞讨者”，员工还有什么理由留下呢？

第三步：使员工把归属感“养”起来

敢于说话本是一大喜事，但那也仅是“对立式”地提出问题，有了问题就会产生不满、失落情绪，这其实并没有在观念上把问题变成自己的“家务事”，这时就要帮助员工转变思想，培养员工的归属感，让新员工不当自己是“外人”。海尔本身的文化就给员工一种吸引，一种归属感，并非像外界传闻的那样，好像海尔除了严格的管理，没有一点人性化的东西。“海尔人就是要创造感动”，在海尔每时每刻都在产生感动。领导对新员工的关心真正到了无微不至的地步。你会想到在新员工军训时，人力中心的领导会把他们的水杯一个个盛满酸梅汤，让他们一休息就能喝到吗？你会想到集团的副总专门从外地赶回来的目的就是和新员工共度中秋吗？你会想到集团领导对员工的祝愿中有这么一条——“希望你们早日走出单身宿舍”（找到对象）吗？海尔还为新来的员工统一过了一次生日，每个人得到一个温馨的小蛋糕和一份精致的礼物，首席执行官张瑞敏也特意抽出十天时间和700多名大学生共聚一堂，沟通交流。这对于长期在“家”以外的地方漂泊流浪，对家的概念逐渐模糊的大学生来说（一般从高中就开始住校），海尔所做的一切又帮他们找回了“家”的感觉。

第四步：使员工把职业心树起来

当一个员工真正认同并融入企业当中后，公司就该引导员工树立职业心，让他们知道怎样去创造和实现自身的价值。海尔对新员工的培训除了开始的导入培训，还有拆机实习、部门实习、市场实习等一系列的培训。海尔花费近一年的时间来全面培训新员工，目的就是让员工真正成为海尔躯体上的一个健康的细胞，与海尔同呼吸，共命运。

海尔通过树立典型积极引导员工把目光转移到自己的工作岗位上来，把企业的使命变成自己的职责，为企业分忧，想办法解决问题，而不是单纯提出问题。现在海尔新来的大学生还处于培训初期，刚刚结束了导入培训进入拆机实习阶段。但是不少人已经进入了“角色”。

他们利用休息时间走访各商场、专实店，观察海尔的展台，调查直销员的表现，发现问题并反映给上级领导；还有的在和一般市民闲谈交流的过程中，发现了海尔产品或服务方面的缺陷，就把顾客的姓名、住址、电话等信息记录下来，反映到青岛工贸……

总之，由于大学毕业生是刚刚由学校进入社会，公司初期的培训方式就显得格外重要。管理者应采取能与公司实际情况相结合的技巧和方法，让员工自己去体验，去表现，让培训工作成为员工的一种主动行为。

案例分析与讨论题：

从海尔新员工培训中，我们可以发现哪些理论的影子？

复习思考题

1. 学习理论主要包括哪些理论？
2. 学习迁移可以分成哪些类型？
3. 影响培训迁移的主要因素有哪些？

参考文献

[1] 罗辉. 培训课程开发实务手册［M］. 北京：人民邮电出版社，2009.

[2] 金延平. 人员培训与开发 [M]. 大连：东北财经大学出版社，2010.

[3] 陈丽芬. 员工培训管理 [M]. 北京：电子工业出版社，2010.

[4] 孙宗虎. 员工培训管理实务手册 [M]. 北京：人民邮电出版社，2009.

[5] 肖祥国. 员工培训需求分析使用模型 [J]. 科技咨询，2007（9）.

[6] 赵耀编. 员工培训与开发 [M]. 北京：首都经济贸易大学出版社，2012.

[7] 王瑞永. 培训管理制度 [M]. 北京：人民邮电出版社，2011.

[8] 龚志康. 人力资源培训与开发技术 [M]. 北京：科学技术文献出版社，2006.

[9] 晓光，倪宁. 员工培训 [M]. 北京：经济管理出版社，2004.

[10] 王跃军. 海尔的新员工培训 [J]. 人力资源开发，2005（2）.

第三章 培训需求分析

★本章导读

· 理解培训需求分析的含义；

· 掌握培训需求分析的意义；

· 掌握培训需求分析的三个层次；

· 熟悉并运用各种不同的培训需求分析的具体方法。

★案例导入

母亲的困惑

说一个妈妈下班回到家，发现自己的两个儿子老大和老二正在抢一个橘子，两个人正打得不可开交。见到这个场景后，妈妈二话没说就把橘子掰成两半分给两个孩子，老大一半，老二一半。结果老大愤怒地把半个橘子摔在地上，转身就跑掉了，老二拿着半个橘子坐在地上哇哇大哭。这是什么原因呢？

母亲思考的结果是分配的结果让两个人都不满意。老二在家里总受到照顾，独占欲强，认为这个橘子理所当然应该是自己的；而老大正在念小学，那一天老师让大家放学回家用橘子皮做一个小橘灯。当老大兴冲冲跑到家里正从冰箱里拿橘子准备做小橘灯时，弟弟跑过来要抢这个橘子吃，因为家里当时只有这一个橘子，两个人便争抢起来。正好妈妈下班回家，见到此情景，二话没说，就将橘子掰成两半，结果老大做小橘灯的想法破灭了，老大所需要的其实只是橘子皮。

这个故事告诉我们一个道理，就是关于需求的。作为管理者，首先要了解对方需求是什么，然后才能采取有效的激励措施。在建立有效培训体系的时候，最关键也是最初的工作就是需求分析。需求分析是根据组织的发展战略和员工的实际工作绩效表现而得出的。有了需求分析，下一步再做培训项目设计，培训课程的开发，培训的实施，最后对培训进行评估，而且上一轮的培训评价可以作为下一轮培训需求分析的起点。

第一节 培训需求分析的定义和意义

企业的培训与开发活动并不是盲目进行的，只有当企业存在相应的需求时，培训与开发才有必要实施，否则进行培训是没有意义的。因此，在实施培训与开发之前，必须对培训的需求做出分析，这是培训与开发工作的起点，决定了培训活动的方向。

一、培训需求分析的定义

（一）培训需求分析的定义

所谓培训需求分析，是指在规划和设计每项员工培训项目之前，由员工培训部门、主管人员、工作人员等，采用各种方法和技术，对组织战略目标及内外环境，组织各项工作特性、标准及其所要求的知识技能，对员工的知识、技术和个人特质等，进行科学的、系统的鉴定与分析，以确定组织是否需要培训及培训内容的过程或活动。培训需求分析既是确定培训目标、设计培训规划的前提，也是进行培训评估的基础，因而成为员工培训成功的关键一步。培训需求分析的目的就是通过对组织及其成员在知识、技术、态度等方面现有状况与应有状况的差距分析，为培训的必要性的判定，培训规划的设计，培训目标的确定，培训对象、培训内容的选择，培训活动的组织等提供依据。作为人力资源开发人员要始终保持对组织绩效的关注，要尽量避免在培训需求分析过程中出现一些误区，如表3-1所示。

表3-1　培训需求分析需要走出的误区

误区	原因
1. 注意力全部集定中在个人的绩效差距上 2. 一定要从培训需求分析开始做起 3. 进行问卷调查，看大家需要什么 4. 只采集“软信息” 5. 只采集“硬信息”	1. 这样只能解决那些不涉及群体或组织绩效的问题 2. 如果已经知道培训是解决问题的办法，就没有必要进行需求分析了 3. 让受训者参与进来是件好事，但这类开放式问卷得到的回答有时与组织运作本身没有非常大的相关关系 4. 意见和想法需要与绩效和结果联系起来 5. 人们常常用那些容易测量的指标来分析绩效，而忽视了过程提供的信息

培训需求分析需要对不同的培训主体进行分析，分析对象包括组织高层管理者、人力资源部门、各级管理人员、其他人员等。只有调动各方面人员的积极性，使他们参与需求分析，发挥各自优势，才能保证需求分析的真实性、全面性和有效性。

(二) 培训需求分析的特点

(1) 从需求分析主体来看，需求分析的主体具有多样性，既包括培训部门的分析，也包括对各类人分析。

(2) 从需求分析的客体来看，需求分析的客体具有多层次性，即要通过对组织及其成员的目标、技能、知识的分析，来确定个体的现有状况与应有状况的差距，组织的现有状况与应有状况的差距及组织与个体的未来状况。

(3) 从需求分析的核心来看，需求分析的核心就是通过对组织及其成员的现有状况与应有状况之间差距的分析，来确定是否需要培训以及培训的内容。

(4) 从需求分析的方法来看，需求分析的方法具有多样性，如既可以采用全面分析法，也可以采用绩效差距分析法等。

(5) 从需求分析的结果来看，需求分析具有很强的指导性，它既是确定培训目标、确定培训规划的前提，也是进行培训评估的基础。

二、培训需求分析的意义

人力资源培训与开发是一个系统，这一系统始于对培训与开发需求的分析评价，然后是确定培训目标，选择设计培训方案，实施培训，最后到培训效果的评估，培训系统是各部分相互联系的网络。其中，培训与开发的需求分析是首要和必经的环节，是其他培训与开发活动的前提和基础，在培训中具有重大作用。具体意义表现为以下几个方面：

（一）利于企业找出差异

培训需求分析的基本目的就是确认差异。绩效差异的确认，有助于找出影响绩效问题的真正根源，有助于寻找出解决绩效问题的有效方法。主要包括两个方面：一是绩效差距，即组织及其成员绩效的实际水平同绩效应有水平之间的差距，它主要是通过绩效评估的方式来完成的；二是要达到一定绩效目标而存在的知识、技术、能力方面的差距。首先需要分析理想的知识、技术、能力的标准是什么；其次分析现实缺少的知识、技术、能力；最后对理想的与现有的知识、技能、能力之间的差距进行分析。

（二）利于企业及时调整需求

由于组织中发生的持续的、动态的变革代表了一种潮流，因此需求分析对培训需求的变化认识就显得尤为重要。当组织发生变革时（不管这种变革是涉及技术、程序、人员，还是涉及产品或服务的提供问题），组织都有一种特殊的、直接的需求，这就迫使培训部门在制订合适的培训规划以前迅速地把握住这种变革与需求，对培训进行多角度的分析和透视，以适应组织变革。

（三）提供可供选择的问题的解决方法

进行培训需求分析的一个重要原因，还在于它能为问题的解决提供一些可供选择的方法。假如人事部门预测，本组织需要一批营销专家，这便出现这样几种选择：一是对已经工作的营销人员进行再培训；另一个是雇佣已经获得高薪的、非常有资格的营销专家；再就是雇佣一些低薪的、缺乏资格的人员，然后对他们进行大规模的培训。对这些问题的分析和解决方案的提供，就为培训部门提供了多种解决问题的方法和途径。

（四）利于企业培训成本的预算

培训需求分析可以回答，一个培训项目究竟需要投入多少成本才符合经济的原则，培训的投资是否获得了应有的产出，培训的投入与产出之间应该保持一个什么样的比例等问题。如果进行了系统的培训需求分析，并且找到了存在的问题，分析人员就能够把成本因素与产出的预期因素引入到培训需求分析中去，通过分析收集相关数据，计算培训投资回报率来科学分析培训的可行性。

（五）利于获得内部与外部的支持

工作人员对必要的工作程序和工作要求的忽视，组织应对此承担责任。如果一个组织能够证明信息和技能能被工作人员系统地接受和掌握，它就可以避免或减少许多不必要的麻烦。一般来说，工作人员通常会支持建立在坚实的需求分析基础之上的培训规划，特别是当他们参与了培训需求分析过程时。让工作人员参与培训需求的分析和培训规划的制订，这就为培训活动获得各方面的支持提供条件。

而组织中的培训与开发工作必然会影响到组织成员的日常工作和行为，因而培训需求分析的结果能够获得组织人员对培训活动的支持，从而有助于保证培训活动的顺利进行。组织成员的支持贯穿于培训的全过程之中，如果没有组织的支持，任何培训活动都不可能顺利进行，更不可能获得成功。而获得组织支持的重要途径之一就是进行培训需求分析。除了解决员工工作绩效之外的问题，员工本身的个人能力发展与个人成长的需求已经成为不可忽视的部分。所以，培训需求分析还能够了解员工个人职业发展的需求，帮助员工培养多方面的专长并提升工作能力，从而有助于企业的发展。

阅读材料　怎样进行有效的培训需求分析？

D公司自成立以来发展很快，效益很好。公司领导意识到企业要发展，企业管理水平要提高，领导干部的管理理念、知识的转变、更新非常重要，有效的方法就是培训。于是公司专门成立了培训中心，总经理亲自监督，很快完成了培训中心的硬件建设，确定了培训中心的组织机构、人员、资金、场地、设备，同时完善了公司的培训工作制度、培训方针，编制了《员工培训流程指导手册》，详细规定了培训流程管理工作各环节的程序、控制点、责任边界，并且给出了适用于各个环节的制度、流程、表单等管理工具，在制度层面规范了公司及各部门主办培训班的具体流程，从调查需求、培训计划的制订、组织实施、经费管理、培训评估，一直到培训档案的管理及考核都做出了较为细致且操作性很强的规定。

D公司又到了制订年度培训计划的时间，人力资源部高度重视，按照流程中的“培训需求确定控制程序”和“培训计划形成与确定控制程序”两个子流程，花了三周的时间进行培训需求调查工作。首先人力资源部制订了年度培训需求分析的方案，通过三种方式来获得需求：①全体员工问卷调查。调动全员参与培训计划制订工作。经过动员，全体员工在填写“员工培训需求表”时积极性较高，感觉到自己的需求被重视，经统计汇总分析后形成“年度员工培训需求调查问卷报告”。②高管需求访谈。设计访谈提纲，对高管和部门经理进行访谈，访谈内容包括对公司战略的理解、对员工能力的要求、课程的重点、对培训的期望等，访谈记录整理分析后形成“年度高管培训需求访谈报告”。③集体研讨。在前面工作完成后，人力资源部结合公司年度的工作重点、绩效情况等制定初步的培训需求，召集部门经理和高管召开年度培训计划研讨会，对培训草案进行讨论，会后修正最终形成D公司年度培训计划。

D公司人力资源部在年度培训计划制订后，总结分析在做培训需求调查工作中的经验教训，发现存在以下问题：一是运用工具获取培训需求分析的来源有困难。比如说要从企业战略目标、绩效考核、胜任素质、个人发展与生涯规划等来获取需求，这些来源基本上都很明白，可是在实际应用进行需求来源筛选分析时还缺乏相应的可量化工具，对重要的、紧迫的需求不能准确把握，各部门上报的培训需求太多、太散。二是人力资源部严格按《员工培训流程指导手册》流程规定，花了很大精力和时间填报、汇总的全体员工培训需求，其价值并不是非常大，无法较好地转化为培训计划；而对高管和部门经理进行的访谈结果，在制订培训计划时却起到了重要作用。三是《员工培训流程指导手册》虽然明确界定了专业部室、直线经理、部门培训联系人的职责，但是在实际操作中，由于专业部门比较忙，加之觉得培训是人力资源部的事的观念不能一时改变，因此有些职责不能完全落实下去，有些岗位培训需求调查表应是由直线经理在沟通后负责填写，但实际上基本上由员工个人根据自己的意向来填写，这样就导致培训需求较散，有些个人还随意填写，在培训需求的正确把握上给人力资源部带来了较多困难。而且员工个人在填写需求时站的高度较低，基本上都是来自本岗位的提升需求，如对运维人员来说基本上是提升维护能力的，对营销人员来说基本上是提升营销能力的，每年开展需求调查时几乎都出现雷同的需求结果。四是部门培训联系人的作用不能有效发挥。部门培训联系人作为人力资源部与部门的联系人，他们的作用非常重要。流程虽然明确了培训联系人的诸多职责，但在实际运作中部门培训联系人基本上只负责发放、收齐相关表格，而在部门内解释说明表格、分类整理和详细分析培训需求的职责并没有真正落实下去。

通过调查，发现D公司在做培训需求分析时，主要是根据公司以前制订的培训战略规划和培训需求调查的方式取得数据，据此制订了培训年度规划。和一般公司相比，D公司的培训方案较为科学，也比较有成效，员工满意度较高，但是公司高层满意度较低，认为一些培训课程对于提升企业的绩效没有意义，是企业的成本，做不做无所谓。D公司培训需求分析中存在的主要问题如下：

一是公司培训的理论定位立意不高，导致战略定位执行时常常错位。D公司宣称企业文化的核心精神是“以人为本”，在培训规划中确定培训最终是为企业战略与经营目标实现服务。但在操作中并没有将企业文化的核心精神贯彻到企业培训规划的制订之中，部分企业高层把培训投入作为生产成本看待，导致企业在盈利时不愿意增加成本而不重视对培训的投入，在企业出现亏损时又没有能力进行培训投入。

二是公司的培训规划没有与时俱进进行调整和修正。公司做培训需求调查时，依据之一是以前的年度规划，导致年度培训计划成了一种摆设，为计划而计划，为应付上级检查而做计划。因为经营环境的变化和公司的快速发展，已经远远不是当时的环境，如果企业的措施不能和环境相适应，那些措施是没有办法达到预期效果的。同时仅仅根据调查表获得的信息是很难达到为企业战略服务的目的。

三是需求分析没有突出为改进企业绩效服务的特点。公司制订培训规划时的目的之一是改进企业绩效。但是培训需求分析时并没有从发现绩效差距入手，而是更多地从岗位要求其应掌握的技能入手，仅仅体现了为提高员工的岗位技能服务。同时由于培训没有和绩效考核挂钩，大家选的都是自己感兴趣的，不一定和现在的职务或未来的职务相关。

四是D公司人力资源部在年度培训计划制订后总结分析出来的经验教训，主要有两个：人力资源部缺乏相应的调查工具，导致不知如何下手；虽然有工具，又太拘泥于工具，没有对工具的实用性进行创新。结果上报的需求中存在大量的意义不大的培训需求。同时各部门在界定重要性和紧迫性的定义时更多是从个人、部门的需要出发，组织需求体现较少。

五是缺乏有效沟通。公司领导和人力资源部虽然非常重视这次调查，多次召开公司高层、专业部室、直线经理、部门培训联系人的会议，但是具体落实时各部门配合不积极，主要原因是缺乏有效的沟通。首先人力资源部没能和各部门真正转化为合作伙伴的角色，没有帮助部门通过培训提高部门绩效，更多通过领导通知的方式，导致部门敷衍了事。其次缺乏深度沟通，仅仅用会议落实会议，用文件落实文件，导致培训需求调研的目标和部门需求目标的不一致。比如理解问题，需求调查中问到“沟通存在问题”，每个人的理解就不尽相同。有人认为上级不愿采取他的建议，有人认为不能和同事相处。同时对发现的问题缺乏深入分析。像“沟通有问题”，如果是什么事情都要请示，下属可能认为是沟通有问题，实际上，问题可能是缺乏授权机制。因此，必须通过其他途经来解决。

D公司改进培训需求分析的措施及建议

一是对培训工作的理论定位应全面体现“以人为本”的企业文化精神。在知识经济时代，培训是企业核心资质的培养，员工与企业共成长应是公司立身之本。培训的投入应视为企业的投资，而不仅仅是企业产品或服务的成本。在今天，创新已被广泛认为是企业生存和发展的核心资质，但追根溯源，持续创新是建立在不断学习的基础上的。D公司部分企业高层把培训投入作为生产成本来看待的观念有待更新，在人力资源开发和培训工作中，均应体现“突出人的作用，尊重的人价值”的理念，只有这样，才能让培训的人员感受到企业的关怀而更加认同企业的价值观。比如培训工作做得较好的意大利FIAT集团，无论在企业培训的组织结构、人员配备和制度建设上，还是在对广大技术工人开展技能培训时，强调培训的最终目的“不仅仅是改进工人的操作技能，提高当前的工作效率，更为重要的是增强技术工人的可雇佣性”（即使今后被本企业解雇了，到社会上也能很快找到合适的工作）等。该集团从培训班的策划和设计，到培训结束后的实际运用，处处都体现了尊重人、关心人、爱护人、提升人的“以人为本”的价值观。其集团总裁保罗强调，员工是企业的生命，人力资源是企业最有价值的资本。一个企业，特别是大型跨国企业集团，没有一大批适应新形势的国际型高素质人才，集团总部制订再好的战略，再好的经营计划都是空谈。人力资源部负责人认为，如果把培训投入作为企业的资本投资来看待，就会产生积极的意义：由于国际人才竞争的加剧，用于人力资源开发的投入，对于企业的生存和发展是必不可少的投资。把培训投入作为投资来看待，企业的经营者就要看回报，他就会像对待其他的资本投资一样，必然要重视培训投入的产出，即重视培训的经济效益和社会效益，要求培训机构和参训人员讲求培训质量，注重培训效果，而决不搞那种无效的培训。

二是要从战略的角度来看待培训工作。首先企业培训主要是着眼于企业的未来，而不是现在。系统的培训规划要基于企业战略的人力资源规划来制订，培训需求分析就是为实现企业战略目标对人才的要求应运而生的。在组织层面的培训需求分析中，要从企业未来的战略方向中长期发展计划和人力资源战略计划来分析培训的发展，并且培训计划还要不断地随企业业务的变化而调整才能真正服务于企业发展的需要，培训的发展方向将是建立符合企业发展需要的员工素质模型培训体系。因此，D公司企业经营战略和培训需求计划，都要在每年年底根据实际的环境变化进行调整，重新确定更现实的企业战略和计划。计划的调整应该是正常和经常的，因为我们只能适应变化的环境，而无法让变化的环境适应我们的计划和规划。其次，要根据企业下一年度的发展规划和重点工作来制订培训计划。来年企业要进行哪些重点工作？现存人员素质是否能够满足要求？要投入多少资源才能达到要求？这是培训经理需要考虑的问题。再次，要针对今年存在的问题制订培训计划。培训经理要了解企业在今年工作中存在哪些问题？是否和培训不到位有关？培训工作本身存在什么问题？上级有什么要求？员工有什么希望？大家有什么对策？等等。要通过培训来解决问题。

三是要突出培训为企业绩效服务的作用。培训是企业的一种投资，而企业投资的目的是获得收益。D公司部分高层对培训不重视的主要原因是培训没有在企业绩效的改进中发挥较大作用。而D公司的人力资源部在需求调查时也没有把这个要素列为重要权重，导致部分企业高层对此不太热心。规模较大的企业进行年度或中长期的培训需求分析一般是从组织分析、工作分析和人员分析入手，从绩效差距中找出员工素质能力短板，或是企业战略和企业文化需要的员工能力与员工实际能力之间的差距，从而确定能否通过培训手段消除差距，提高员工生产率。导致绩效下降的原因有三个方面：①组织结构设置、内部流程等方面存在问题；②员工与上级的关系、工作地点或环境发生变化等；③岗位或工作内容发生变化，态度、知识或技巧没能适应转变。所以，人力资源部门的人员需要做出必要的判断后，若绩效差距属于环境、设备或激励制度的原因，培训不会起什么作用，若是属于员工个人个性或其所具备的知识、技术或态度不足，培训才是必要的。找出差距原因后，确定是采取培训还是非培训方法去消除差距，并设计解决方案。差距问题有几类，包括组织问题、员工问题，我们希望通过分析来解析出员工自身问题，只有这个才可以通过培训来解决。对于管理流程等问题，我们无法通过培训来解决，这里培训只可以解决员工或部门流程管理的能力、提升员工流程认知等，但对于流程本身仍然要由相应职能部门来解决。同时企业还应该逐步建立培训开发与绩效考核、与员工的晋升和职业生涯发展挂钩的机制，与建设企业文化、建立学习型企业密切结合，彻底改变“要我学”为“我要学”，逐步形成人人学习新知识，掌握新技术，树立新理念的氛围，不断提升个人能力，增强员工参加培训的积极性和主动性。

四是D公司人力资源部要抛弃教条主义观念，加强工作创新。工具是为目标服务的，所有的工具都应实事求是、因地制宜地被运用。D公司人力资源部可以从专业的咨询培训公司获取相应的调查工具，也可自行根据需求设计一些分析工具。比如在本次培训需求调查工作中使用的全体员工培训需求分析工具，一般企业都是根据重要性和紧迫性两个纬度去判断培训需求是否有必要去满足，但是根本没有准确界定重要性和紧迫性定义的好方法，这些定性的东西是需要进行经验上的判断的。同时重要性和紧迫性两个纬度还应该进一步细分，个人需求的重要性和紧迫性可以占40%，部门需求的重要性和紧迫性可以占60%，这些不是《员工培训流程指导手册》可以一次就全面阐述的，需要在实践中对常用工具进行进一步的补充、改进和完善，在实践中发展工具，创造工具。

五是必须高度重视企业内部的深度沟通。现代人力资源理念的重要特点之一就是人力资源部是企业的战略层，而不仅仅是执行层。要进行有效的沟通，仅靠会议和严格的管理制度是不够的，因为作为企业重要资源的人，其最本质的特点是具有情感的，是具有能动性的，而不是完全可以按程序运行的机器人。需求调查中现在最常使用的勾项目方法就是，人力资源部发个表格给大家，让大家自己选需要训练的项目。这种方法最大的问题就是不精准。会议访谈由于参加人员较多，许多心里话员工也不愿表达。受员工欢迎的培训一定要兼顾到员工发展的需求并顾及到员工的感受。D公司人力资源部只有在访谈中真正关心员工，从员工角度出发思考问题，愿意通过培训帮助员工实现职业生涯发展的目的，员工才愿意和人力资源部谈一些心里话，从而有利于公司掌握员工的培训需求。由于员工对自己工作中的问题、障碍最了解，通过他们了解情况也能获取一定的重要信息。但他们不一定完全清楚自己在工作上缺少什么，这就需要通过直线管理者对员工填写上来的信息进行补充和审核，返回人力资源部作进一步分析，并对相关人员进行问题访谈。总之，深度沟通是必不可少的。

第二节 培训需求分析的三个层次

现代企业之所以会存在培训的需求，是因为企业目前出现了问题或将来可能会出现问题，这些问题就是产生培训需求的“压力点”。主要来源于两个方面：企业层面和个人层面。一般地，培训需求分析主要在三个层次上进行：组织层次的分析、任务层次上的分析和个人层次上的分析。此三种层次有助于分析主体从不同角度了解组织及其工作人员现在及未来的培训需要，这对于提高培训需求分析的合理性、真实性、有效性是非常必要的。

培训需求分析的三大层次并不是截然分开的，而是相互关联、相互交叉、不可分割的。为了使人力资源开发工作更为有效，我们对每一层次都需要进行测量和分析，每一层次的需求分析反映了组织中不同侧面的需求（见表 3-2）。组织层面的需求分析的目的是找出组织在哪些地方需要培训，实施培训的环境和条件如何。任务分析要解决的是在圆满完成某项工作或某个流程时必须要做什么。人员分析的任务是找到那些需要培训的人，并确定他们需要的培训种类。具体如表 3-2 所示。

表 3-2　　培训与开发需求分析的层次

层次	需求分析的内容
组织层面 任务层面 个体层面	哪些地方需要培训，实施培训的环境和条件如何 为了有效地完成工作必须做些什么 哪些人需要接受培训，需要哪种培训

一、组织分析

从总体上讲，组织层面的需求分析要围绕着组织的目标和战略来进行，使培训需求与组织的目标与战略联系起来。对培训需求的组织分析，应从组织发展的角度来进行，即要有预见性。在进行动态分析时，应收集大量的相关信息，以使分析有理有据。实际上，有时从收集到的相关信息中，也可发现员工培训的需求。这包括两个方面：企业未来发展方向分析，以确定培训的重点和培训的方向；对企业整体绩效作出评价，找出存在的问题并分析问题产生的原因，以确定企业目前的培训重点。

（一）组织分析的流程

进行组织分析时应该从以下几个方面入手，才能为企业人力资源培训与开发项目提供极其重要的信息。

1. 明确组织目标

组织目标和战略规划是评价组织绩效的重要标准，因此，在进行培训需求分析之前，必须充分了解组织目标和战略规划。那些实现了组织目标的领域也许不需要培训，但仍须对其进行监控，以便能够及早发现潜在的问题和提高运作效率的潜在机会。那些高效运作的领域应当被视为典范，为其他领域实现更有效的运作提供借鉴。而对于那些没有达到组织目标的领域则需要进行更深入的分析，并采取相应的人力资源培训与开发计划或管理方面的干预措施。

2. 了解组织资源

在分析组织对人力资源开发工作的需求时，了解组织的资源条件非常有必要。显然，可利用的资金数量是决定人力资源开发工作的重要决定因素。此外，资源条件，比如组织的设施、现有的相关资料以及组织内部的专业力量也会影响人力资源培训与开发工作的开展。可利用的资源数量会在一定条件上限制人力资源培训与开发工作的开展，以及影响各种培训需求的优先次序。

3. 确定组织氛围

组织氛围对人力资源培训与开发工作的成败有很大的影响。如果组织氛围不利于人力资源的开发工作，那么人力资源开发项目的策划实施就会遇到很大的困难。组织氛围将影响员工的培训成果转化，即影响培训中所获得的技术、知识和能力在实际工作中的运用。

4. 考虑外在环境的限制

外在环境限制条件包括组织面对的政治、法律、经济、社会等问题。这些外界因素会影响对某些培训的需求。例如法律规定要保障弱势群体的工作权利时，组织需要针对弱势群体的员工实施必要的培训，促使其能力的发展。同样，市场竞争的激烈程度，也可能对人力资源开发产生影响，因为组织有时必须精简部分员工以节约人工成本，为此，组织就有可能需要对在职人员进行培训，使之完成那些被精简下来的员工先前的工作，以应付组织突发的员工减少带来的冲击。

以上四项组织分析要素是在进行组织分析时不可缺少的重点，当然除了上述四要素之外，组织结构、业务流程也是组织分析需要考虑的要素。

（二）实际工作中的组织分析

通过向组织成员阐明人力资源开发和组织战略目标之间的联系，可以使企业人力资源开发工作得到更多的支持，使培训效果大幅度提高。那么，在实际的工作中怎样才能更好地进行组织层面的培训需求分析呢？并且能够很好地将组织分析与组织战略目标联系起来呢？表 3-3 和表 3-4 阐述了组织在分析时需要思考的问题及组织分析时需要思考的人力资源方面的问题。

表 3-3　　进行组织分析时需要思考的组织战略问题

1. 组织所属的行业是处在上升期还是在稳定期？竞争对手的发展态势如何？组织在国内外的主要竞争对手是谁？和这些竞争对手相比，本组织的主要优势是什么？ 2. 为什么组织能在过去取得辉煌的业绩？ 3. 组织准备引进什么新技术？如果这方面已经有所规划，那么新技术在什么时候正式投入使用？ 4. 可以预见的将在未来出现的变革与创新将如何改变行业竞争的格局？ 5. 组织将在何时建立起什么样的新型管理理念或者采取什么新的管理措施？ 6. 不论过去、当前还是未来，是否存在影响组织战略规划的任何政府管制问题？ 7. 为了实现组织的总体战略，组织内不同的单位或部门各自将采取什么样的具体策略？为什么？他们将如何进行？

表 3-4　　进行组织分析时需要思考的人力资源方面的问题

本组织员工目前的优势和劣势？ 在工作流程、组织文化和员工的技能水平上必须实现哪些改变？ 组织总体战略的实施是否会造成裁员和员工跳槽现象？能够预期对哪些人产生影响？ 从组织的战略规划出发，需要重新修改哪些人力资源管理政策？ 组织的总体发展战略对人力资源培训和开发工作意味着什么？培训与开发工作将如何为组织战略目标的实现做出贡献？ 组织需要实施哪些具体的培训和人力资源开发工作？组织本身是否有能力实施必要的人力资源开发项目？有没有外界的专家可以帮助？这些专家是谁？ 员工和管理层过去如何看待培训和人力资源开发工作的？他们对人力资源开发项目、培训师和其他人力资源开发人员的信任程度如何？ 对每一个项目而言，投入—产出比最大而且最可行的实施方案应该如何制订？ 当前采用的是什么样的培训效果评估方法？它能提供有关投资回报率的信息吗？如果不能的话，这样的评估方法对组织的战略管理有帮助吗？ 有无正式的工作程序可以确保目前的培训与开发活动与组织新的发展战略是一致的，或者有无这样的工作程序可以发现新战略规划对培训的需求？ 除人力资源培训与开发工作以外，是否还需要考察其他的人力资源管理职能？是否有必要重新设计？

（三）组织分析的信息来源

组织可以根据自己的实力情况选择不同的方法进行分析，下面从组织目标信息、人力资源储备信息、技能储备信息、组织氛围指数等几个方面收集相关信息。表 3-5 中显示了组织层面信息的来源及其对人力资源培训与开发的意义。

表 3-5 组织层面需求分析的信息来源

组织层面分析的信息来源	对人力资源培训与开发的意义
1. 组织目标、目的和预算	通过评价组织目标和实际绩效的差距，确定培训重点、培训方向及经费预算
2. 人力资源储备库	人力资源开发与培训需要弥补因退休、离职等引起的人力资源储备不足，确定培训需求的大致范围
3. 技能储备库	包括以下信息：每一技能群体包含的员工数量、知识和技能水平的级别，每项工作所需要的培训时间等。可以由此估算出对人力资源培训与开发的特定需求量，并有助于人力资源开发项目的成本收益分析
4. 组织氛围指数（包括不满情绪、缺勤率、离职率、生产率、态度调查、顾客投诉等）	反应组织层面的“工作环境质量”，有助于发现可能与人力资源开发有关的问题，也有助于帮助管理者分析实际工作绩效和理想工作绩效之间的差距，从而设计出所需要的培训方案，以及如何影响员工工作态度和行为方式
5. 效率指数分析（包括劳动力成本、物料成本、产品质量、设备利用率、运输成本、浪费、交货延迟等）	这些成本在一定程度上可以代表实际绩效与期望绩效或标准绩效之间的差距
6. 系统或子系统的变化	设备的更新换代可能对人力资源开发或培训与开发工作提出新的要求
7. 管理层发的要求或指示	这是最常用的分析人力资源开发与培训的指标之一
8. 离职面谈	一些从其他途径无法得到的信息常常可以从离职面谈中取得，尤其是可以从发现组织在哪些方面出现了问题以及需要对管理层进行的培训是什么
9. 目标管理或工作规划与述职报告	获得工作绩效总结、潜力评价和长期经营目标方面的信息。以不断循环发展的观点了解实际的工作绩效，分析绩效问题，并力求改进

二、任务分析

组织层面的需求分析用于确定组织的目标，而任务层面的需求分析则主要用来确定与某种特别的活动或工作相关的培训目标。

（一）任务分析的内涵

任务分析的主要对象是企业内的各个职位，通过任务分析要确定各个职位的工作任务，各项工作任务要达到的标准，以及成功完成这些任务所必需的知识、技能和态度。任务分析的结果界定了在个人层面进行培训时培训内容的范围，也可以作为设计培训课程时的依据。

任务分析除了需要审核什么样的工作需要执行，以及执行此项工作员工需要具备的知识、技能、态度以及其他所需要的特征外，还需要分析影响员工工作绩效的阻碍因素。因此任务分析的结果通常会包括工作的绩效标准、符合这些标准所采取的工作方法以及员工应具备的知识、技能、态度以及其他所需要的特征等。任务分析需要投入大量时间来收集并归纳数据，这些数据来自公司内的管理者、员工和培训人员。

（二）任务分析的步骤

步骤一　通过工作分析，撰写详细的工作说明书

工作分析是指对一项工作进行系统分析，包括工作描述和工作规范两个部分。其中工作描述是指对岗位上相关职责、任务、内容的相关规定；工作规范又称任职资格，是指担任岗位工作人应该具备的条件和行为。工作分析是人力资源管理各项工作的基础。工作分析的结果以工作说明书体现，其是对一项工作从事的主要活动以及在什么样情况下从事这些活动的陈述。在已有工作说明书的情况下，仍有必要对实际的工作操作进行观察，这样可以使人力资源开发人员对工作包含的任务和员工实际的工作条件有更清楚的认识。

步骤二　确定工作中包含的具体任务

具体任务内容包括：工作的主要任务，如何执行每一项任务（执行标准），绩效的变动范围（每日执行工作的实际绩效）。

绩效标准和实际绩效的变动范围对有效的需求分析而言是至关重要的。尽管绩效标准指出了什么是该做的，但是有关作业行为变动范围的信息则揭示了实际发生的业绩行为。在了解了这些信息之后，人力资源开发人员就可以确定哪些是需要弥补的作业缺陷以及受训者在培训结束时应该达到的作业水平。在设定培训目标时，以上的信息都是重要的依据。

在确定一项工作包含的主要任务时有多种方法，最常用的有五种方法，如表 3-6 所示。

表 3-6　　任务分析方法

方法	内容
刺激—反应—反馈法	刺激指提示员工在何时应该进行某项操作；反应指员工的反应或所表现出的行为；反馈是指员工获得的关于自己行为表现的反馈
时间抽样法	在一定时期内对观察人员进行随机取样，在抽取时间段内对作业进行观察和记录，从而勾勒出工作的线条
关键时间技术	是指在工作中表现出的特别有效率或特别无效率的行为。包括确定工作行为的目的，针对目的收集与该行为相关的关键事件，分析相关数据，描述这些行为需要的素质特征
任务评价法	步骤：用问卷调查熟悉业务的组织成员，列出该业务的重要性以及履行工作所需要花费的时间
工作—职责—任务法	将一项工作进行层层分解，包括确认职位名称、工作职责以及完成每一项任务所需要具备的知识、技能、能力和其他特质

步骤三　明确知识技术、能力等任职资格条件

要达到良好的工作绩效，员工必须具备相应的知识、技能、态度以及其他素质特征。人力资源开发人员必须确定每项工作的任职资格条件，因为这些能力是员工在培训中必须发展和学习的。人力资源开发专业人员可以通过向主管、工作者、其他专家访谈或者查阅相关文献资料确认工作所需要的知识、技能、态度。

关于任职资格的描述必须清楚明确，并且依照对工作绩效的重要性、难易程度加以说明。确认与工作相关的知识、技能、态度等条件，对人力资源开发与培训方案的设计师非常有价值。具体如表 3-7 所示。

表 3-7　　知识、技术、能力和其他特征的定义

知识	对成功完成某项任务所需信息的掌握和了解，这些信息通常是陈述性和程序性的
技术	个人在某项作业上的熟练程度或胜任力水平。胜任力水平通常用量化的形式给出
能力	个人在执行任务之初拥有的更一般化、更持久的特质或能力，比如说完成某项体力活动或脑力活动的能力
其他特征	包括人格、兴趣爱好和态度

步骤四　确认能够通过人力资源培训与开发而得到改进的任务、知识、技术、能力

该步骤的重点在于决定人力资源培训与开发项目中应该包含哪些工作和技能，作为培训开发的内容。在这个阶段需要考虑工作的重要性、时间成本、工作所需的知识、技能、能力、学习的难度等方面的因素加以评定等级。在设计人力资源开发项目时应该优先考虑在综合评定中排名靠前的任务、知识、技术、能力。依据各方面的等级评定结果选择培训内容时，必须注意各项目之间的平衡。

步骤五　培训需求的排序

此步骤就是将上一步骤提出的任务、知识、技术、能力按照重要性进行排序。除此之外，由于资源的稀缺性，还必须考虑需要用于培训过程中的各项资源，包括设备、物资、培训专家、费用等，按照这样的需求排列设计出的培训方法才更具有可行性。

三、个人分析

在完成了组织分析与工作任务分析之后，最后一个步骤就是要重点分析员工是否需要培训和需要什么样的培训。

（一）个人分析的内涵

个人分析必须根据任务分析的结果，利用各项工作应有的绩效标准，衡量工作执行者的知识、技术、能力和态度。因此个人分析指的是评估执行特定工作的员工，其执行各项任务的情况。个人分析是针对员工进行的，它包括两个方面的内容：一是对员工个人的绩效作出评价，找出存在的问题并分析问题的原因，以确定解决当前问题的培训需求；二是根据员工的职位变动计划，将员工现有的状况与未来职位的要求进行比较，以确定解决将来问题的培训需求。通过人员分析，要能够确定出企业中哪些人员需要接受培训以及需要接受什么样的培训。

个人分析的目的在于决定个别员工的培训需求，其焦点在于组织成员怎样才能将主要的工作任务执行好。个人分析最好由有机会定期观察员工绩效的人进行，而且通常员工及其直接上级都可以参与其中，几乎所有的与个人业绩相关的人都可以成为个体需求分析的提供者。

（二）个人层面需求分析的构成

在实际工作中，我们将人员层面的需求分析分为两个部分，这两个基本的组成部分包括判别性的人员分析和诊断性的人员分析。

判别性的人员分析用来判断员工个人整体绩效的水平，通过从总体上评估个体员工的绩效，将员工划分为业绩优秀者和业绩不佳者两类。

诊断性人员分析用来寻找隐藏在个人绩效表现背后的原因，确认导致员工行为的因素，了解员工的知识、技术和能力以及其他环境等因素怎样结合在一起对工作绩效产生影响。

对业绩优秀的员工进行分析，可以为如何改进或实现更高的绩效提供思路；通过研究业绩不佳的员工，可以找到需要采取的人力资源培训与开发的措施。若将判别性和诊断性人员分析结合起来，则可以评定谁绩效良好或者欠缺，这就是所谓个体需求分析所呈现出的结果。可见，个体需求分析的重点在于了解员工的工作绩效和存在的问题，为达到这个目的需要对员工进行详尽的绩效评估。

（三）个人分析中的绩效评估

个人分析过程中必须涉及的一项重要的工作是针对员工个人的绩效评估，绩效评估是进行个人分析的非常有价值的信息来源。绩效评估并不是一项简单的工作，把绩效评估作为需求分析的一种工具，需要经理人员收集各种各样的信息，并且做出一系列复杂的判断。在个体需求分析过程中的绩效评估模式应该遵循下列步骤进行：

（1）进行全面准确的绩效评估，以获取这方面的现有资料；

（2）确认员工行为、特质与理想的绩效标准之间的差距；

（3）确认差距来源，可能涉及整合组织分析、任务分析和个体的技术能力方面的资料；

（4）选择恰当的干预措施以消除差距。

我们必须认识到导致绩效低的原因有很多，或者是员工本身的动机或态度问题，或者是环境因素，因此，在寻找绩效差距背后的原因时，既要考虑从组织分析、任务分析中得到信息，又要考虑员工技能或能力测验反馈的结果。简而言之，进行绩效评估的时候必须尽可能地进行综合性思考。

阅读材料　平安培训：管理就是让别人更优秀

一直以来，中国平安保险（集团）股份有限公司（以下简称平安）的人才长期获市场青睐，培训被认为是其金字招牌之一。如今，平安已经形成了集团、总公司和分公司并立的三级培训体系，分别针对公司员工从高级管理到产品销售进行不同培训。2006 年 5 月，位于深圳观澜，占地 20 万平方米，能同时容纳千人学习的中国平安金融培训学院正式开业。学院的教学设施和教学环境可与任何亚洲级保险企业的培训基地相媲美。

一、人才储备与引进并重

平安深信，公司发展的长久之计是加强内部的人才培养与选拔，以使人才“造血”速度跟上企业裂变速度。自 2001 年，平安开始构建以胜任素质方法为基础的管理人员选拔和发展的体系。胜任特征模型的要旨就是通过对各级岗位的详细分析，建立整个公司范围内的胜任特征模型。在这样一个核心特质模型的指导下，平安确立了整个公司范围内的A类干部（决策层）和B类干部（中间执行层）的胜任特征模型和测评体系。由此，原先无章法的干部选拔任命就有了可供参考的具体标准；同时这使员工了解到，自己想在职业的道路上得到更大的发展，需要在哪些方面进行改进。以胜任素质方法选拔并储备管理人员，平安在国内还是第一家。

目前在平安的高层管理者中，从首席财务官到首席精算师、培训师等多个重要职位都由挖来的外籍人士担当。通过引进有经验的成熟人才来缩短相应的差距是一条捷径。引进非本地人才主要不是要他来做保险，而是把国际公司的科学的、先进的保险销售方法和管理经验的种子带过来。

二、管理是少数人的方向

平安的培训体系一般把员工分为五个层级：

第一，基层员工，包括新进员工。这部分员工的培训目标是要让他们理解自己的职业选择，明确自己所要掌握的技能。

第二，新晋管理者，主要是指刚担任经理职位的员工。针对他们的培训是使其明白需要承担的管理责任，他们所承担的工作是单一团队的管理。

第三，有经验的管理者，指已经具备了一定管理经验的员工，一般是经理的经理。他们通常需要管理几个团队，管理的团队结构更复杂。

第四，高级管理者，这些员工所管理的团队更庞大，已经具备了企业管理的结构。他们的管理内容已经不再是单一的业务，而是涉及多种职能，并开始涉及集团的战略问题。

第五，战略执行层，也就是集团的领导者，或者说是总经理的管理者。他们所承担的工作就负责整个集团的战略运作。

平安认为成功的管理者由四个维度决定，人才培养就是这四部分的内容组合。失败的培训是这四者的分离，无法达到统一。这四个维度是：

第一，专长：员工必须掌握其岗位要求的业务技能。

第二，宽度：企业是一种特定组织。和其他组织的发展不一样，企业必须在市场和资本运作中生存。管理者不但要了解自己岗位的知识，还要了解其他涉及企业发展的东西。

第三，经验和经历：这是由工作时间决定的。

第四，核心价值观：价值观不只是对企业的认同，更是其个人职业发展的动力源。缺少了核心价值观，就很难把个人的发展同企业发展统一起来。

三、帮助主管解决管理问题

平安认为成功的培训必须是有针对性的，一套优秀的培训体系首先要能理解下面几个问题：

第一，培训的阶段性需求。不同员工在不同阶段的培训需求是不同的。而培训效果的好坏也很难马上判定，必须放到事后具体的工作环境之中。

第二，培训过程需要帮员工解决什么问题。培训解决的问题应该是公司上下一致的信息，因为公司的培训是为了公司整体更好地运转。

第三，培训的效率在于学员所学的知识对于他自己是否用得着。这就要求学员的直线主管参与进来。从这个角度来讲，培训是帮助学员的主管来解决管理中的问题。

专业技能发展路线和管理发展路线最大的区别在于，专业技能更多的是注重自身的发展，而管理的工作说到底是团队建设。专业技能路线的成败来自自身，而管理的成败则不同。管理者本身的素质无法左右管理的最终结果，他所管理的成员素质才能真正决定管理的成败。因此，所谓优秀的管理者，就是能让自己的部下更优秀。

正因为员工培训直接的受影响者是学员的直线主管，因此培训的成败也和直线主管息息相关。在平安，每个学员的主管都被要求参与到培训中来。只有让主管讲出他对部下的培训期望，同时又能看到部下能学到什么，让他明白部下培训的过程，这样的培训才是行之有效的，也便于后面对培训的评估。

四、培训是可有可无的

众所周知，培训的效果不同于考试，不能马上出成绩，很难标准化衡量，因此平安的培训评估是选择感性化的做法——依据学员的口碑。学员带着问题参加培训，走的时候必须留下改进建议，老师了解学员想解决什么问题。每次培训后，平安的培训部经理都会花大量的时间到各个公司与学员和学员的主管交谈，依据他们的当面反馈和定期的网络无记名调查，以判断培训的效果。而培训结束时的问卷反馈在平安则并不是很重要的判定依据。最重要的是，如果下面的公司主管没有人愿意推荐自己的部下参加某个培训，那就证明这套培训课程是失败的。

在平安，培训不但是技能学习，更是一种激励。公司的培训是为最优秀、最上进的人准备的舞台，普通课程则是为弥补员工的技能缺陷。成功的培训应该是为公司的长期发展选拔最优秀的员工并不断提升其能力。

五、以项目定培训

平安以项目方式为基础开展运营，相关的项目组如果想开设一套新的培训课程，首先必须解决的问题是：针对的群体是谁，为什么要针对他们，他们最需要的是什么，为什么培训能够帮助他们，通过什么样的培训手段能达成这样的效果。解决了这些问题才能去做设计。

平安在培训方面一个重大的变革就是预算。与之前的培训部门管理培训预算不同，平安现在的培训预算经费全部发还给了专业公司和直线经理。因为只有他们真正知道自己部下需要什么培训，哪些人在什么时间最需要培训。这样有助于建立起内部的市场机制。这里面隐含了平安的这样一个理念：培训效果的好坏不只和培训内容及讲课老师有关系，更和学员有关系。企业大学和培训部就是服务的供应商，提供的产品就是培训项目，而客户不只是学员，更是包括了主管。因为培训的目的，就是使他们带领的团队能更好地在市场上与别人竞争。

现在，平安大学设立了10个项目组。衡量培训项目组运营好坏的依据就是单位培训学员的成本投入产出比。课程可以由大学项目组自己设计，也可以引进，但必须和世界一流的培训看齐。项目是体系，而不是单个的课程。企业大学成功的前提是积累和沉淀，培训的成功和其自身的发展历程是紧密联系的。如果光靠引进工商管理硕士课程，还不如直接引进工商管理硕士学员，成本显然比自己培训低得多。

既然是项目，那么培训内容的完整性和一致性就非常重要。平安对讲师最基本的要求是讲师在各个地方做的同一培训，其内容98%以上都应该保持一致，而不能加入过多的讲师个人对课程的理解，这是考量讲课质量的第一步。对平安这样一家大公司来说，考核讲师的标准最重要的不是讲课技能，而是对课程完整性的尊重，必须保持对课程内容的准确理解。讲师的心态应该是认为自己不如学员，认识到自己只是一个媒介的作用，营造氛围，提供平台，激发学员间的互相感悟、交流、总结，从而使各学员的综合素质得到提升。

第三节 培训需求分析的具体方法

培训需求分析是企业培训的出发点，也是最重要的一步工作。如果需求分析不准确，就会让接下来的培训偏离轨道，做无用功，浪费企业的人力、物力和财力，却收不到应有的效果。企业要进行有效的需求分析，就必须采取合适的方法和工具，下面介绍通常情况下培训需求分析使用的方法以及对应的工具。

一、培训需求分析的方法和工具

（一）调研问卷法

调研问卷法是最普遍也最有效的收集资料和数据的方法之一。一般由培训部门设计一系列培训需求相关问题，以书面问卷的形式发放给培训对象，待培训对象填写之后再收回进行分析，以此获取培训需求的信息和数据。利用调研问卷法进行培训需求分析，可以遵循以下五个步骤，如表 3-8 所示。

表 3-8　调研问卷法的实施步骤

步骤	内容	说明
第一	制订调研计划	明确调研目标及任务，并具体化，调研才能紧紧围绕目标展开
第二	编制问卷	调研问卷（表）是调研问卷分析法的基本工具，通常采用选择题和问答题的方式
第三	收集数据	发放调研问卷（表），并组织回收、整理
第四	处理数据	统计数据，将问题进行汇总、分析
第五	得出结论	根据分析结果得出结论，编写调研报告，提交调研结果

在设计调研问卷的问题时，应该注意下几个问题：

（1）问题尽量简短，并注意使用简单的、固定用法的术语，避免使用读者不了解或者容易引起歧义的名词；

（2）一个问题只涉及一件事，避免“结构复杂”的问句；

（3）题目设计要简单，不要使作答者做计算或逻辑推理；

（4）避免出现诱导答案的问题，保证作答者完全陈述自己的观点。表 3-9 中以一份培训需求调查问卷为例展示。

表 3-9　　　　培训需求调研问卷例表

姓名：	部门：			岗位：	
您对现在岗位的工作程序	非常熟悉	比较熟悉	一般	不太熟悉	很不熟悉
您对本行业的新知识	非常熟悉	比较熟悉	一般	不太熟悉	很不熟悉
以您现有的知识，您对您现在的工作	非常胜任	比较胜任	一般	不大胜任	很不胜任
备选课程	培训需要程度				
	很高	高	中	低	不需要
专业知识					
专业技能					
创新性思维					
目标管理					
成本管理					
时间管理					
沟通与表达技能					
会议管理与技巧					
团队领导与协作					
商业礼仪					
办公室自动化					
心态培养和压力管理					
潜能开发					
年　　月　　日					

备注：填表时在对应的内容下面用“√”标明。

（二）访谈法

访谈法也是数据收集的一种重要方法。它是指为了得到培训需求的数据和信息，与访谈对象进行面对面交流的活动过程。这个过程不只是收集硬性数据，比如事实、数据等，也包括印象、观点、判断等信息。访谈法可以遵循以下几个步骤进行，如表 3-10 所示。

表 3-10　　　　访谈法的实施步骤

步骤	内容	说明
第一	访谈计划	确定访谈目的、项目，准备相关资料，确定相关人员名单
第二	访谈预演	进行访谈练习，总结经验，发现问题及时更正
第三	访谈开始	向访谈对象作简单介绍，营造适合交流的访谈氛围

表3-10(续)

步骤	内容	说明
第四	收集数据	通过向访谈对象提问获得信息，基本工具为访谈记录表（如表3-11所示）
第五	访谈结束	对访谈内容进行小结并让访谈对象确认，重问没有充分回答的问题
第六	访谈总结	整理访谈记录表，总结访谈记录并收集归档
第七	访谈综合	对访谈资料进行总结，综合访谈中的发现及结论

访谈法在应用过程中，要注意在访谈记录表的制作过程中要体现相应的访谈对象、时间、具体问题所在，同时针对访谈的过程要有详细的记录。在运用访谈法时要注意几个关键问题：一是要对访谈人员进行培训，具体包括访谈的目的、内容、安排与注意事项等；二是要合理安排访谈，包括访谈时间、地点、访谈的提纲、录音设备等；三是要注意访谈技巧，访谈水平的高低直接决定了访谈的质量，在访谈过程中，访谈人员一定要注意尽量营造轻松、愉悦的氛围，多鼓励被访谈者全面、客观地提供信息。表3-11展示了一份访谈记录表。

表3-11　　　　访谈记录例表

访谈对象：	职位：
访谈人：	访谈时间：
具体问题	访谈记录
员工的性格特征、个人素质如何	
员工特别出色的知识、技能表现在什么方面	
员工特别需要学习的知识和技能有哪些	
员工对工作的热忱、关心度如何	
员工有望取得的成绩或者晋升的职务	
对员工参加培训的意见和建议	
其他需要说明的内容	
备注：	
记录人：	日期：

（三）现场取样法

现场取样法一般较多适用于服务性行业的培训需求调查（如饭店、卖场等），是通过选取培训对象现场实际工作的部分片段进行分析，以确定培训需求的一种分析方法。现场取样法主要包括两种形式：拍摄和取样。

拍摄是指在培训对象的工作环境中安装监控录影机、摄像机等拍摄设备，对培训对象的现场工作过程进行实际拍摄，事后通过录影带进行观察分析，得出培训需求结论。具体如表3-12所示。

表 3-12 拍摄样板例表

拍摄对象：	拍摄地点：		拍摄人：	
拍摄时间： 年 月 日—— 年 月 日	是否隐蔽拍摄： □是 □否			
分析项目	员工表现			
服务态度				
顾客反映				
必备工作实施情况				
沟通表现情况				
工作完成情况				
存在的问题				
拟改善的内容				
备注：				
制表人：	日期：			
后期剪辑：	存档部门：			

取样又分两种形式：一种是“神秘访客”，即由取样人乔装成顾客，在培训对象不知情的情况下与其进行沟通、合作或者买卖活动等，事后以取样人对取样对象工作表现的评价和分析为依据，确定培训需求；另一种是客户录音取样，即选取培训对象与顾客对话的录音为需求分析的依据，总结培训需求的信息和数据。具体如表 3-13 所示。

表 3-13 取样分析报告例表

取样对象：	岗位：		取样人：
取样时间：	取样地点：		
取样形式（用“√”标出）	□神秘访客	□客户录音取样	
分析项目	员工表现		
工作态度			
专业知识			
工作技能			
沟通能力			
工作完成情况			
存在的问题			
拟改善的内容			
备注：			
制表人： 日期：			

（四）观察法

观察法多用于生产性或服务性行业，是指到培训对象的实际工作岗位上去了解其工作技能、态度、表现，以及在工作中遇到的主要问题等具体情况的一种方法。为了提高观察效果，一般要设计一份观察记录表，以作为需求分析的参考依据。此外观察者在观察过程中，要注意不要干扰员工的活动，尽量不要使其分心，以免影响工作的正常进行，影响观察结果的准确性。如果可能，应对几个观察者在不同的时间进行观察，以尽量消除观察结果的偏差。表 3-14 为一份观察记录表范例。

表 3-14　　观察记录表

观察对象：	部门：	岗位：
观察地点：	观察时间：	
观察内容	记录	评价
工作态度		
工作方法		
工作熟练程度		
工作制度遵守		
工作沟通与协作		
灵活性与创新性		
工作效率		
工作完成情况		
时间管理		
突发事件应对		
备注：		
记录人：	记录时间：	

（五）小组讨论法

小组讨论法是指从培训对象中选出一部分有代表性且熟悉问题的员工作为代表，通过讨论的形式调查培训需求信息。小组讨论法的形式比较灵活，可以是正式的也可以是非正式的，可以通过头脑风暴、组织对照等多种方式进行。在小组讨论开始之前，会议的组织者或主持人要事先确定讨论的形式和内容，以便有效地控制讨论的方向和进度。会议一般会形成一份讨论记录表，如表 3-15 所示。

表 3-15　　小组讨论记录例表

讨论时间：	讨论地点：
讨论形式：	主持人：
小组成员：	
讨论主题：	

表3-15（续）

讨论项目	内容		结论
问题一：			
问题二：			
问题三：			
问题四：			
备注：			
	日期：		

（六）档案资料法

档案资料法即利用现有的有关企业发展、组织目标、岗位工作、人员分析等方面的文件资料，对培训需求进行综合分析的方法。随着计算机和网络技术的发展，现在很多企业都建立了人力资源信息系统，对员工的个人信息进行动态化和规模化的管理，利用档案记录进行综合分析。由于档案资料信息繁杂，为了提高档案资料法的效率和效果通常需要利用表格工具进行提炼归纳，如表 3-16 所示。

表 3-16　　资料信息归纳例表

归纳人：		归纳时间：
归纳方式（用“√”标出）：	□资料收集	□资料整理
资料份数：		
资料完整情况：		
资料信息分类	内容	
企业信息		
外部信息		
管理层信息		
部门信息		
岗位信息		
个人信息		
备注：		
整理人：		日期：

（七）关键事件法

关键事件法是指通过一定表格分析企业内外部对员工或者客户产生较大影响的事件，以及其暴露出来的问题，确定培训需求的一种方法。常见的典型事件如顾客投诉、重大事故等。

记录的内容大致包括：

导致事件发生的原因；

有效和无效行为的特征；

行为的后果；

工作者可以控制的范围及努力程度的评价。

表 3-17 是关键事件法的范例。

表 3-17　　关键事件收集例表

员工姓名：	部门：	岗位：
访问者：	访问时间：	访问地点：
访问背景陈述：		
访问内容及其描述	工作中遇到哪些重要事件	
	事件发生的情境	
	采取了怎样的应对行动	
	事件结果	
	经验教训	
分析及评价	导致事件发生的原因和背景	
	员工的特别有效或多余的行为	
	关键行为的后果	
	员工自己能否支配或控制上述后果	
	员工事件处理欠缺的方面	
备注：		
制表人：	日期：	

（八）自我分析法

自我分析法即通过培训对象的自我评价，比如对岗位知识、技能、掌握程度等内容的分析，来判断个人培训需求的一种方法。在自我分析中不但要分析自己的长处、短处，还要分析与现任岗位之间的匹配程度，以及未来设定的发展方向。具体如表 3-18 所示。

表 3-18　　自我分析例表

姓名：	部门：	岗位：
项目	分析	
岗位任务所需条件		
岗位工作胜任情况		
工作成绩		
工作失误及遇到的问题		
自身优点		
个人不足		

表3-18（续）

应加强哪些方面的学习		
学习目标及学习标准		
学习方式		
部门主管意见：		
备注：		
年　　月　　日		

二、培训需求分析的使用

（一）培训需求方法优劣比较

上面提到的培训需求分析的这些方法各有优劣（如表3-19所示），企业可以根据自身培训的情况选择组合，以期取得较好的效果。

表3-19　　培训需求分析方法对比表

方法	说明	优点	缺点
调研问卷法	将有关事项转化成问题以问卷形式进行调查	成本低；信息比较齐全；可大规模开展	针对性强；很难收集具体信息；难保证回收率
访谈法	可根据访谈的对象和内容灵活变换形式	方式灵活；信息直接；易得到支持和配合	主观性强；分析难度大；需要高水平访谈员
现场取样法	包括拍摄和取样	资料直观、真实	实施设备成本高；可能以偏概全
观察法	到员工的工作岗位上了解员工的具体情况	可以得到有关工作环境的信息；所得资料与培训需求相关性较高	可能会影响观察对象的行为方式；观察结果只是表面现象
小组讨论法	选择有代表性的成员组成小组进行讨论	全面分析；允许当场发表不同观点	持续时间长；讨论需要保证组织性和结构性
档案资料法	利用现有文件资料综合分析培训需求	耗时少；成本低；信息质量高	不能显示解决办法；需要分析专家
关键事件法	以影响较大的事件来收集培训需求信息	易于分析和总结	事件具有偶然性；易以偏概全
自我分析法	通过个人情况来判断自己的培训需求	信息真实、直接	只代表个人情况

（二）确定培训需求方法

培训需求分析方法的选择主要取决于培训本身的要求，企业必须首先依据自身条件，再结合各方法的优点和缺点，最后确定培训需求的分析方法。具体如表3-20所示。

表 3-20　　确定培训需求分析方法的三点建议

建议	说明
多种方法混合使用	选择两种或多种方法进行组合，可以弥补缺点，提高效果
允许自由意见	允许培训对象就他们认为重要的问题自由发表意见
做好充分准备	分析进行之前一定要明确目标，找准关键数据和关键人

不同的企业使用调研分析方法的侧重点也有所不同。例如：一个 20 人的小企业通过访谈就可以知道每个员工的基本培训需求和岗位差距；而一个 2 000 人的企业的培训需求调查靠访谈却很难实现，而用调研问卷法则更容易，也更能了解到普遍情况。又例如在具体方法的使用过程中，调研问卷和访谈法都是自上而下进行的，由于职务、工作等缘故，被访对象反映的问题不一定是真实情况，因此就没有现场取样的方法那么直观和可靠，但是现场取样方法在使用的时候也有一定的局限性，不能覆盖企业管理的各个层面。

因此，企业在实际操作中，可以结合自身特点，综合利用各种方法进行培训需求分析，得出培训需求结论。

在这些方法中，问卷调查法更为突出，它可以大规模进行，允许对结果进行量化处理，揭示出的信息更具有可比性，因而在实际中运用得更为普遍。

下面我们列举一例：

阅读材料　某公司技术工人培训需求调查问卷

为了配合我公司及员工个人成长发展，计划于近期对部分员工提供培训机会，请您根据实际情况配合我们完成此项调查问卷，这对您自己也是非常有意义的。谨此感谢您的配合。

第一部分：基本情况

1. 年龄：　　　　　　　　2. 性别：
3. 目前工种：　　　　　　4. 技术等级：
5. 在本公司工作年限：　　6. 从事本工种年限：

第二部分：培训需求

请您在与您观点相符的项目括号内打“○”

1. 培训对帮助我做好工作非常重要：

同意（　　）　　中立（　　）　　不同意（　　）

2. 培训对个人发展很有帮助：

同意（　　）　　中立（　　）　　不同意（　　）

3. 总体说我接受的培训不够：

同意（　　）　　中立（　　）　　不同意（　　）

4. 以往参加培训的原因：自己主动提出（　　）　　领导指派（　　）

5. 请说明您近两年所参加培训的情况：

---

6. 您目前在工作中遇到哪些问题和困难：

---

7. 您希望通过学习哪些课程和知识来帮助您解决目前的困难：

____

8. 您目前工作中主要压力来源于：

技术水平跟不上（ ） 活儿很难干（ ）

活儿太多干不完（ ） 零件差，质量很难把握（ ）

9. 如果利用业余时间开展技能培训您愿意吗？

非常愿意参加（ ） 不愿意参加（ ）

短期业余时间培训愿意参加，如果占用过多业余时间就不愿意参加（ ）

10. 希望学到的主要方面：

与工种相关的基本知识和原理，具体操作技巧工作中可摸索（ ）

与工种相关的操作技巧，基本知识和原理作用不太大（ ）

基本知识原理和操作技巧两个方面相结合（ ）

其他方面____

11. 希望得到培训的方式：

配高水平的师傅帮带着传授（ ） 送出去集中时间参加学习（ ）

就工作中普遍问题难点请教师来公司讲授（ ）

公司内按高级技校课程设置要求，系统培训（ ）

12. 就本公司知识型技术工人培训工作的建议：

____

本章小结

培训需求分析，是指在规划和设计每项员工培训项目之前，由员工培训部门、主管人员、工作人员等，采用各种方法和技术，对组织战略目标及内外环境，组织各项工作特性、标准及其所要求的知识技能，对员工的知识、技术和个人特质等，进行科学的、系统的鉴定与分析，以确定组织是否需要培训及培训内容的过程或活动。培训需求分析既是确定培训目标、设计培训规划的前提，也是进行培训评估的基础，因而成为员工培训成功的关键一步。如果需求分析不准确，就会让接下来的培训偏离轨道，做无用功，浪费企业的人力、物力和财力，却收不到应有的效果。企业要进行有效的需求分析，就必须采取合适的方法和工具。

培训需求分析包括三个层次：组织分析、任务分析、个体分析。此三种层次有助于分析主体从不同角度了解组织及其工作人员现在及未来的培训需要，这对于提高培训需求分析的合理性、真实性、有效性是非常必要的。培训需求分析的三大层次并不是截然分开的，而是相互关联、相互交叉、不可分割的。

案例 如何拉动员工的培训需求

A公司是一家高科技生产企业，由于公司规模的持续扩张和经济效益的稳步提升，公司高层逐渐感觉到，现有在岗员工的综合素质和技能已无法满足公司快速发展的需要，并将成为制约公司可持续发展的一大瓶颈。于是，决定将全面提升员工素质和技能作为人力资源部长期关注的重点。

人力资源部根据公司发展的需求，重新修订了现有岗位的任职要求，同时向所有部门和员工下发了培训需求调查表（调查结果显示，很少有员工提出明确的培训需求且大部分员工反映较为冷漠），在分析调查反馈结果和近期业绩考核结果的基础上，提出培训计划，并迅速开展了一系列的培训活动。

由于各部门业务非常繁忙，为保证培训的全面、到位，A公司做出硬性规定：除特殊原因外，所有相关员工必须全部参加培训。同时，配以严格的考勤和培训效果评估手段，并将员工的培训态度和培训成绩与员工的月度业绩考核直接挂钩。

经过一段时间的培训，从现场培训效果看，员工素质和技能均有一定程度的提高，但人力资源部总感觉没有达到预期效果，而且越往后问题越多，主要表现为：

(1) 课堂气氛呆板，员工不主动参与互动，请假、中途退场现象较为严重。

(2) 进行现场培训效果评估时，受训员工的成绩基本令人满意，但在培训以后的工作中，其行为却变化不大，对所学知识不能融会贯通，或者根本不按新学到的知识（技能）去做，参加培训仅仅是为了应付培训后的考试，考试完了，所学的知识又全扔到了一边。

经人力资源部了解，产生以上现象的主要原因为：

员工对自己在素质和技能方面所存在的“短板”认识不清晰，对公司确定的培训内容不甚认同，加之工作很忙，员工对公司“硬性规定必须参加”有一定的抵触情绪。因此，部分员工学习热情不高，基本以“应付”的态度对待培训。

案例分析与讨论题：

运用所学知识，试针对A公司培训需求的问题提出相应的解决对策。

复习思考题

1. 培训需求分析的含义及意义？
2. 组织分析的操作流程？
3. 任务分析的具体步骤？
4. 个人分析中的绩效评估？
5. 培训需求分析的方法有哪些？

参考文献

[1] 雷蒙德·A. 诺伊. 雇员培训与开发［M］. 徐芳，译. 北京：中国人民大学出版社，2007.

[2] 徐芳. 培训与开发理论及技术［M］. 上海：复旦大学出版社，2005.

[3] 董克用. 人力资源管理概论［M］. 北京：中国人民大学出版社，2011.

[4] 谵新民. 员工培训成本收益分析［M］. 广州：广东经济出版社，2005.

[5] 陈龙海，陈赣峰. 企业管理培训案例全书［M］. 北京：地震出版社，2012.

[6] 马明哲. 平安心湾［M］. 北京：中信出版社，2010.

第四章 培训设计

★本章导读

· 掌握培训目标的构成要素；

· 理解如何选择合适的培训师；

· 掌握课程设计的要素；

· 熟悉并运用各种不同的培训授课方法；

· 理解培训后勤管理的具体实施措施。

★案例导入

培训项目到底该如何设计?

胡哲是国内某知名家电企业人力资源部的培训专员，最近两年来，他觉得自己工作压力太大，总是有做不完的培训，成天忙于联系教师、安排教室、组织培训现场，一刻也不得休息。最让他想不通的是，前几天领导还狠狠地批评了他一通，说不知道怎么搞的，明明花了那么大的代价，但参加培训的人员却纷纷反映培训的效果差。回来后，胡哲百思不得其解，领导可不知道，他为了这一系列培训不知花费了多少心思，难道大家真的不满意吗？这到底是怎么回事，培训项目到底该如何设计？

事实上，胡哲碰到的问题是许多企业经营面临的问题，培训的效果取决于整个培训项目的设计和安排，学完本章以后，你将明白究竟该怎么组织和设计一个有效的培训项目。

第一节 确定培训目标

一、培训目标的含义及意义

（一）培训目标的含义

设置培训目标将为培训计划提供明确的方向和依循的框架。培训目标必须与组织的宗旨与使命相一致，最好用书面形式陈述清楚。培训目标既是组织制订具体培训计划的基础，又是对培训效果进行评估的依据。

培训目标是指培训活动所要达到的目的，从受训者角度进行理解就是在培训活动结束后应该掌握什么内容。培训目标是一个体系，从总体目标到具体目标。通常，培训目标可以针对每一培训阶段设置，也可以面向整个培训计划来设定。培训目标一般包括三个构成要素：组织希望员工做什么（绩效）；组织可以接受的质量或者绩效水平是什么（标准）；受训者在何种条件下有希望达到理想的培训结果（条件）。

（二）培训目标确定的原则

在培训目标确定过程中要注意以下原则：

（1）使每项任务均有一项工作表现目标，让受训者了解受训后所达到的要求，具有可操作性。

（2）目标应针对具体的工作任务，要明确。

（3）目标应符合企业的发展目标。

（三）设置培训目标的具体步骤

1. 提出目标

在进行课程设计之前，就应该明确地提出培训与开发目标。但是需要注意的是，这个培训目标是可以在整个培训过程中，依据对受训者人员的不断了解而不断进行调整和完善。

2. 分清主次

在培训需求调查中会了解到受训者的很多需求，但是由于培训资源等方面的限制，这些需求不可能全部包含于培训目标之中，因此我们必须分清主次，区别对待。只有完成了"必须掌握"的目标之后，才能考虑"最好掌握"的目标。

3. 检查可行性

根据受训者的情况、时间等条件，检查是否能够实现目标并做出适当调整。根据不同的归类方法可以对目标进行分类，这样培训者就应该根据不同的目标采取不同的课程设计方式。这样有助于使不同的目标能够得到最大效应的发挥，使得受训者能够得到最大化的收益。

4. 设计目标层次

要设计目标的层次，首先要确定两个问题：这次培训需要哪些内容？哪些目标需要在其他目标之前完成？培训者应将不同层次、不同种类的目标结合在一起，以达到预期目标。

（四）确定培训目标的意义

1. 培训与开发目标是确定培训内容与方法的基本依据

企业在组织培训开发活动中常犯的一个错误是，在既定的培训主题下，把一些看似相关其实价值不大甚至是毫无价值的东西罗列在一起，看似培训了许多内容，其实收效甚微。究其原因就是没有制定明确的培训目标，因此，也就不可能基于既定的培训目标去组织必要的培训素材，选择相应的培训方式。

2. 培训与开发目标是对培训开发活动效果进行评估的主要依据

目前许多企业对培训效果的评估仅仅停留在培训结束后对授课教师的授课情况的简单评价，也即常见的反应层面的效果评估，对有关受训者在接受培训之后的实际效果，很难作出客观、公正的评价。虽然，人力资源培训开发活动的效果评估工作操作起来有一定的难度，尤其许多方面难以量化，而且周期很长。但是，企业在培训开发效果评估中表现出来的主要问题，则在于没有明确、客观的依据可循，这是导致企业培训效果评估流于形式的主要原因，真正的原因在于没有制定明确的培训目标，因而也就不可能基于培训目标得出相应的评估指标。

3. 明确培训与开发的目标有利于引导受训者集中精力完成培训与学习任务

培训开发活动的效果，一方面取决于授课教师的课程内容安排、授课方式选择以及授课技巧的运用，另一方面取决于受训者的配合与主观努力情况。而受训者的反应与行为来自受训者个人对该培训项目的整体认识。如果项目目标中没有具体说明受训者应该达到的作业水平、作业环境条件和评价指标，那么就会使学员盲目地去学习。

（五）制定培训目标时必做的工作

（1）培训目标是数据、文字、符号、画图或者图表的组合，它指出了受训者应该从培训中取得的成果。

（2）培训目标应该从三个方面来传达培训与开发的意图。首先，受训者在掌握了需要培训的东西后，应该表现出什么样的行为；其次，受训者学会的行为应该在哪些情况下表现出来；最后，评价培训成果的标准是什么。

（3）在制定目标时，需要不断修改初稿。修改初稿的目的在于解决希望受训者能够做什么、希望他们在哪些重要的情况下表现出这些行为以及希望他们的作业水平达到什么标准等一系列问题。

（4）逐条写出期望受训者获得的每一个成果，直到培训者认为已经充分表达了意图。

（5）当把写好的目标给受训者时，其实我们的培训工作已经完成了很大一部分。因为员工已经明白了组织通过培训，对自己的期望是怎样的，这样他们就会很主动地接受培训并努力提高培训的有效性。

二、培训目标的构成要素

在设置具体的培训目标时，应当包括三个构成要素：（如表 4-1 所示）

表 4-1 培训目标构成要素

构成要素	要素内容
内容要素	企业期望员工做什么事情
标准要素	企业期望员工以什么样的标准来做这件事情
条件要素	在什么条件下要达到这样的标准

例如，在对服装门店的导购员进行的顾客服务培训中，培训目标应当这样设置：“培训结束之后，员工应当能够在不求助他人或不借助资料的情况下（条件要素），在半分钟到一分钟之内（标准要素），向顾客清楚解释服装产品的主要特点（内容要素）。”

（一）内容要素

培训目标的内容要素主要分为三大类：一是技能培养；二是知识的传授；三是态度的转变。但无论是三者之中的哪一种，在设置培训目标时，都应规定其深度和广度。

（1）技能培养：通过培训使员工掌握完成职位工作所必备的技术和能力，如谈判技术、操作技术、应变能力、沟通能力、分析能力等。

（2）知识的传授：通过培训要使员工具备完成职位工作所必需的基本业务知识，了解企业的基本情况，如公司的发展战略、经营方针、规章制度等。

（3）态度的转变：通过培训要使员工具备完成职位工作所需要的工作态度，如合作性、积极性、自律性和服务意识等。

（二）标准要素

对于标准要素，一定要界定具体清楚，这样员工在接受培训时才会有明确的努力方向；同时，在培训结束后也才能准确地对培训效果做出评估。例如“在 10 分钟能准确完成工作”的标准就比“迅速地完成工作”这一标准要清楚具体。

（三）培训目标设定的标准

如果在培训目标中没有明确具体说明受训者应该达到的要求，那么这样的目标通常是含糊不清的，容易使人们对同一目标作出不同的诠释，并由此导致冲突和分歧。为了保证目标的内容清晰、无歧义，在编写具体目标时要字斟句酌，最好在写完以后让经理或目标学员审阅一下，以便及时修正。表 4-2 是评价培训目标设定的标准。

表 4-2　　培训目标设定的标准

内容要素	一个目标通常应该指出为了胜任某项工作，受训者需要具备的能力或者能够提供的产出。比如说，为新产品撰写产品说明。
标准要素	如果可能的话，一个培训项目目标应指出可接受的受训者的作业水平。比如说，受训者必须能介绍该产品所有的适应市场的商业特征，其中至少要说明它的三种用途。
条件要素	一个培训项目目标应说明某项作业发生的重要环境条件。比如说，在掌握了有关某个产品所有的工程信息的情况下，受训者能够撰写一份产品说明书。

三、确定培训目标的操作实例

（一）培训目标设定的操作实例

确定培训目标并准确表述出来是一项十分艰巨而重要的任务。培训项目能否真正对受训者的行为产生影响，能够产生多大的影响，与目标的设置息息相关。表 4-3 是编写培训与开发项目目标的操作指南。

表 4-3　　编写培训与开发项目目标的操作指南

1. 培训目标是文字、符号、图画或者图表的组合，它指出了受训者应该从培训中取得的成果。 2. 培训目标应该从三个方面来传达培训的意图： · 受训者在掌握了需要学习的东西后应该表现出什么样的行为； · 受训者学会的行为应该在哪些情况下表现出来； · 评价学习成果的标准是什么。 3. 在编写培训目标的时候，需要不断修改初稿，直到以下的问题都有了明确的答案： · 组织希望受训者能够做什么？ · 组织希望他们在哪些特定的条件下表现出这些行为？ · 组织希望他们的作业水平达到什么标准？ 4. 逐条写出组织期望受训者取得的每一个培训成果，直到充分表达了你的意图。

下面介绍两个具体实例：

（1）某企业人力资源部为了提高集团各下属子公司人力资源专业人员确定培训需求的能力，设计了“如何有效地确定培训需求”的培训项目。项目目标界定如下：掌握并运用常见的培训需求分析方法，对部门员工的培训需求进行分析，参照人力资源部提供的模板，撰写并提交规范、准确的部门员工培训需求分析报告。“规范”指格式符合人力资源部的基本要求，“准确”指培训需求评估的准确率不低于 90%。

（2）某集团人力资源部在完成了“企业人力资源机制建设”管理咨询项目之后，为了增加各级主管对该机制的了解，策划了“集团人力资源管理体系概况介绍”的培训活动。项目目标如下：受训者在接受培训之后，能够明确阐述企业人力资源管理体系的构成模块及相互之间的接口关系，能够清楚表达自己在企业人力资源管理工作中的基本职责。

表达模糊，容易产生歧义的目标不可能有效引导受训者的行为，在设置项目目标的时候，切忌使用模糊的语言。如果第二例中的目标被定义为“让各级主管了解企业人力资源管理体系的基本情况，知道自己在企业人力资源管理工作中的重大责任”，这样的目标太笼统了，让受训者无所适从。为了使培训目标更加准确、有效，目标在初步拟定之后，要仔细考虑如下三个问题：第一，项目目标是否已经明确传递了企业对受训者接受这一培训活动之后行为的基本期望是什么？第二，这一行为在什么条件下发生？第三，受训者表现出来的行为或业绩在什么标准下是企业可以接受和认可的？遵照这三条要求进行检查、修正，则能保证项目目标表述的规范性与有效性。

（二）设置员工培训目标的注意事项

（1）明确培训的期限。设置了培训目标的具体内容，但是如果不设定具体合理的完成期限，这些目标还是不会达到的。一个没有期限的目标，效果是非常有限的。在确立目标之后，要考虑时间是不是允许。如果有好几个目标，最好将他们分解在不同的培训中；如果目标很大，可以将其分解成几个小目标，然后在不同的培训课程中进行实现。

（2）密切联系组织培训战略。设置培训目标还必须和组织的长远目标相吻合，目标的制定应具体、可操作，并且培训目标一次不要过多。

（3）与员工的实际情况相吻合。培训目标的正确制定还应考虑员工对接受相应培训的准备情况。不仅要准确掌握员工缺少什么（培训需求），而且要清楚员工具体有什么（学习基础、适合接受什么性质和水平的培训）。实践证明，只有能够确保员工为其做好受训准备的培训目标才能被有效地得以实现。

评价员工对培训的准备情况应包括：看其所在工作环境是否有助于接受培训，且不妨碍工作业绩的产生；看其知识、能力、态度、信念等个体特征是否具备了完成相应培训的学习基础，以及把培训内容运用到工作之中的技能和条件；看其学习培训内容的愿望和动机的强烈程度。

阅读思考 快活林为何快乐不起来?

快活林快餐公司开办了不足三年，生意发展得很快，从开业时的两家店面，发展到现在已由11家分店组成的连锁网络了。不过，公司分管人员培训的副总经理张慕廷却发现，直接寄到公司和由消费者协会转来的顾客投诉越来越多，上个季度竟达80多封。这不能不引起他的不安和关注。这些投诉并没啥大问题，大多是鸡毛蒜皮的小事，如抱怨菜及主食的品种、味道、卫生不好，价格太贵等，但更多的是投诉服务员的服务质量的。对服务员的投诉不仅指其态度欠热情，上菜太慢，卫生打扫不彻底，语言不文明，而且指其业务知识差，对顾客有关食品的问题，如菜的原料价格、烹制程序等一问三不知，还有的抱怨店规不合理。服务员听了不予接受，反而粗暴反驳。再如发现饭菜不太熟，拒绝退换，强调已经动过了等。

张副总分析，服务员业务素质差，知识不足，态度不好，也难怪他们，因为生意扩展快，大量招入新员工，草草做一天半天岗前集训，有的甚至未经培训就上岗干活了，当然影响服务质量。服务员们是两班制。张副总指示人事科杨科长拟订一个计划，对全体服务员进行两周业余培训，每天三小时，既有公共关系实践、烹饪知识与技巧、本店特色菜肴、营养学常识、餐馆服务员操作技巧训练等务实的硬性课程，也有公司文化、敬业精神等务虚的软性课程。张副总还准备亲自去讲公司文化课，并指示杨科长制定服务态度奖励细则并予宣布。培训效果显著，以后连续两季度，抱怨信分别减至32封和25封。

问题：

1. 你认为这项培训计划编得如何？你有何理论或内容增删的建议？
2. 你觉得这次培训奏效，起主要作用的是哪些内容？
3. 请列出一份课程提纲。你会采用什么样的教学方法？为什么？

第二节 培训课程设计

在明确了培训目标后，下一阶段的主要任务就是培训课程设计，包括制作、购买或修改培训材料，准备学员教材和教师教学资料包以及测试题目等。其中培训材料指能够帮助学习者达成培训目标，满足培训需求的所有资料。

一、培训课程设计的过程

（一）培训课程的含义

培训课程是为实现培训目标而选择的培训内容的总和，与教育的学科课程相比，其功利性非常突出。根据培训目的的总体目标和具体目标，可以把课程分成若干部分分解教授。

（二）培训课程设计的基本环节

1. 课程定位

确定课程的基本性质和基本类别。

2. 确定目标

要明确课程的目标领域和目标层次。

3. 注重策略

充分注意教授者的培训观念与学者的学习风格。

4. 选择模式

优化教学内容，调动教学资源，遴选教学方法。

5. 课程评价

一要评价培训“过程”的质量，即学员对培训内容的接受程度；二要评价培训“结果”的质量，即培训内容转化为工作绩效的程度。评价方式有课程考试、培训效果调查和工作绩效考评等，而不是限于学科课程的考试和分数。

（三）培训课程设计的具体操作过程

1. 前期准备工作

在开始课程设计之前，培训工作的领导人或培训项目的负责人首先要进行相关准备工作，这些准备工作将对以后的课程设计产生重要的影响，准备工作做得越充分，课程设计也就会越容易。这些工作包括：决定由谁进行课程设计工作；为课程设计初步收集尽可能多的信息；课程设计小组成员职责分工；制订课程设计工作计划。

2. 设定课程目标

课程目标是指在培训课程结束时，希望学员通过课程学习能达到的知识、能力或态度水平。目标描述是培训的结果，而不是培训的过程，所以重点应放在学员该掌握什么上，而不是愿意教什么上。明确的目标可以增强学员的学习动力，也可为考核提供标准。培训要达到什么样的目标在课程设定工作之前就被提出来，在需求调查的基础上分清主次，主要目标和次要目标要区别对待；然后对这些目标进行可行性分析，根据企业培训资源状况，将那些不可行的目标作适当的调整；最后，还要对目标进行层次分析，也就是哪些目标要先完成，其余的目标在此基础上才有可能实现。

在设计课程目标时，可利用表 4-4 起草课程目标。

表 4-4　　用于设计课程目标的指导表

	目标内容	说明
目标 1	动词描述	以动词开头
	绩　　效	学员将知道什么或做什么
	标　　准	绩效应该达到什么程度
	条　　件	学员展开该行为时，所需要的设备或其他资源
目标 2	动词描述	以动词开头
	绩　　效	学员将知道什么或做什么
	标　　准	绩效应该达到什么程度
	条　　件	学员展开该行为时，所需要的设备或其他资源
……		……

注：在第一列中描述工作任务或课程内容，目标制定将以此为基础；第一项、第二项、第三项以及第四项内容共同组成完善的课程目标。

完成培训目标是否恰当、准确，可用表 4-5 进行判断。

表 4-6　　用于判断课程目标的工作检查表

问题 （课程目标）	回答 （回答“是”或“否”）	修改记录
1. 是否描述了可观察的行为		
2. 是否描述了可测量的行为		
3. 是否与任务中的行为相匹配		
4. 是否描述或暗示了以下内容		
（1）职位、任务或讲授的内容		

表4-6（续）

问题 （课程目标）	回答 （回答“是”或“否”）	修改记录
（2）有关信息提供给了操作人员		
（3）阐述了有关绩效的情况		
（4）授课所使用的所有工具		
5. 是否包含了以下标准		
（1）可测量		
（2）行为和任务应遵循相同顺序		
（3）授课方法符合学员的水平		
（4）达到最终工作任务要求的水平		
6. 是否达标至少一项任务或相关的主要内容		

注：如果所有问题都选择了肯定的答案，那么目标就满足了所有的要求；如果对某个问题给出了否定答案，那么目标就没有满足所设定的要求，就需要对目标进行修改。

3. 信息和资料的收集

目标确定以后，就要开始收集与课程内容相关的信息和资料。可以从企业内部各种资料中查找自己所需要的信息，征求培训对象、培训相关问题的专家等方面的意见，借鉴已开发出来的类似课程，从企业外部可能的渠道挖掘可利用的资源。资料收集的来源越广泛越好。

4. 课程模块设计

培训课程设计涉及很多方面，可以将其分成不同的模块，分别进行设计。具体的课程设计包括课程内容设计、课程教材设计、教学模式设计、教学活动设计、课程实施设计以及课程评估设计等方面。

5. 课程演习与试验

培训课程设计完成以后，有时需要对培训活动按照设计进行一次排练，以确保做好了充分的准备。这是对前一阶段工作的一次全面检阅，不仅包括内容、活动和教学方法，还应该包括培训的后勤保障。预演中可以让同事、有关问题的专家或培训对象的代表作为听众。在演习结束后，对整个安排提出意见。

6. 信息反馈与课程修订

在课程预演结束后，甚至在培训项目开展以后，要根据培训对象、有关问题的专家以及同事的意见对课程进行修订。课程中需要做出调整的内容应视存在的问题而定，有些可能只需要对一小部分课程内容做出调整，有些甚至可能要对整个培训课程进行重新设计。但不管如何，对于存在的问题一定要及时解决。

（四）培训课程设计的原则

1. 符合企业和学习者的需求原则

培训课程首先要满足企业和学习者的需求，这是培训课程设置的基本依据。培训课程设置不同于学校课程设置，它要把学习者作为占主导地位的依据或唯一依据，也就是以学习者的需要、兴趣、能力过去的经验作为课程要素决策的基础。

2. 培训课程设计要符合成人学习者的认知规律

由于成人学习方式的特点，例如成人学习目标性非常明确，他们参加培训的原因就是提高自己某一方面的技能或补充新知识，以满足工作的需要。因此，培训课程就要有一个明确的目标，而且在培训课程教学内容的编排、教学模式与方法的选择、教师的配备、教材的准备等方面要有利于培训学员的合作学习方式。

美国管理学家戈特（Tom W · Goad）博士在其所著的《第一次培训者》（The First Time Trainer）一书中，总结了关于成人学习的 16 条原理。这些原理为许多企业所应用，并经实践证明能有效促进培训工作取得成功。

这些原理的主要内容包括：

第一，成人是通过“干”来学的。经验告诉我们，通过动手干某件事来学习，是最终意义上的学习，亲自动手达成的结果能给学员留下深刻的感性认识。此外，成人学习新东西时希望通过动手来加以印证的想法，能激发更高的学习积极性。

第二，运用实例。成人学员总是习惯于利用所熟悉的参考框架来促进当前的学习，因此须采用大量真实、有趣、与学员有关的例子，吸引学员的注意力，激发他们的兴趣。

第三，成人是通过与原有知识的联系、比较来学习的。成人丰富的背景和经验会对其学习过程产生影响，他们习惯于将新东西与他们早已知道或了解的东西加以比较，并倾向于集中注意那些他们涉及、了解最多的东西。因此，要充分运用“破冰船”之类的工具，在培训开始时，让学员相互认识，了解学员各自的背景，为培训定下基调，尽快调动学员参与的积极性，避免抽象、空洞的说教，否则成人学员难以与其经验进行比较，进而可能陷入迷茫，失去对学习的兴趣。

第四，在非正式的环境氛围中进行培训。这一点提醒培训组织者设法使学员在心情轻松的环境下接受训练，避免严肃古板的气氛。这特别涉及培训场地和培训室座位布置的选择。一个良好的培训场地应符合三个主要条件：一是交通方便；二是安静、独立且不受干扰；三是为学员提供足够大的空间，学员可以自由移动，可以清楚地看到其他学员、培训师和培训中使用的其他设施。培训室座位的布置应根据培训师与学员之间及学员之间预期的交流沟通要求而设计。培训室座位布置的不同可以满足不同的培训需求。一般地说，圆形和马蹄形座位布置适合于小组活动和非正式培训课，有利于互动式学习；教室形和剧场形座位布置适合于大组活动和学习，但互动性不够；扇形座位适合于中等或大组活动，在一定程度上可兼顾互动式学习。

第五，增加多样性。在培训中通过灵活改变进度、培训方式、教具或培训环境等能帮助增加学习兴趣，以取得良好的培训效果。

第六，消除恐惧心理。在培训过程中给予学员学习信息反馈是必要的，但应该经常以非正式方式提供反馈，如能将成人学员担心学习成绩与个人前途直接挂钩的恐惧心理排除掉或减小到最低限度，那么每个学员都能学到更多的东西。

第七，做一个推动学习的促进者。成人学习中要避免单向讲授，培训师是一个学习促进者，灵活有效的培训方式能大大促进学习的进程。学习促进者的主要职责包括：保持中立；促使学员履行学习的职责；识别学员参加学习的主要目的；达成对预期学习效果的认同；强化学习的基本原则；强化有效的学习行为；指导学员群体实现学习目标；鼓励全体学员；引导学员高效学习的激情；成为学习评判者；帮助学员明确学习目标；讲解、演绎和答疑解惑。

第八，明确学习目标。学员必须在一开始便被告知学习目标，这样他们才能经常检查自己是否走在通向成功的正确道路上。

第九，反复实践，熟能生巧。实践是帮助学员完成规定学习目标的有效手段，通过实践，理论转化为学员可在实际工作中运用自如的工具，并真正成为属于他们自己的方法。

第十，引导启发式的学习。告诉学员一个结果只能帮助他解决当前的一个问题，而通过引导启发学员投入学习，同时提供资料、例子、提问、鼓励等帮助，成人学员就能自己找出结果，并完成所期望的任务，这才是培训所期望的最终效果。

第十一，给予信息反馈。及时、不断地学习信息反馈，能使学员准确知道自己取得了哪些进步，哪些方面还须进一步努力。明确的目标会成为积极的学习动力。

第十二，循序渐进，交叉训练。学习过程的每一部分都建立在另一部分的基础上，因此某一阶段的学习成果可在另一阶段的学习中得到应用与加强，使学员的能力逐步得到强化和提高。

第十三，培训活动应紧扣学习目标。紧扣学习目标将使培训过程中的所有活动沿着预期的轨道进行，这一目标应被学员清楚地了解与认同，在培训过程中应予以反复强调。

第十四，良好的初始印象能吸引学员的注意力。培训初始给学员的印象非常重要，如果培训的准备工作很不充分，则很难引起学员对培训的充分重视，进而影响学习的效果。

第十五，要有激情。培训师的表现对学习气氛具有决定性的影响，一个充满激情的讲师能感染参与的学员，引导激发他们投入到学习的角色中。

第十六，重复学习，加深记忆。多样性的培训方法使重复学习变得更加有趣与富有吸引力。这是遵循关于重复记忆的一条原理，通常至少要重复三次，但最好通过不同的方式去学，以此来反复加深认识。

3. 体现企业培训功能的基本目标

企业培训的基本目标是进行人力资源开发，培训是人力资源开发的三个主要组成部分（职业开发、培训与组织提高人力资源质量）之一，除了体现培训功能以外，还是实现其他两个部分的手段。培训课程正是实现培训功能的具体体现。

二、培训课程设计的实际操作举例

培训课程设计的指导思想是要贯彻和体现培训项目的项目目标，是项目目标通过一系列的课程内容能够转化为受训者的行为表现和绩效要领，因此课程设计的第一步要仔细研究培训目标。在进行课程设计时，根据课程总体的宗旨要求，通过对这些要素的不同选择和不同的处理方式，就可以设计出各种不同的课程。常用的课程要素有：课程目标、课程内容、教材、课程模式、课程策略、课程评价、组织、时间、空间、学员、执行者。具体如表 4-7 所示。

表 4-7 培训课程设计的基本要素

课程设计基本要素	要素具体内容
课程目标	根据环境需求而定，课程目标提供了学习的方向和学习过程中各阶段要达到的标准。最常用的有“记住”“了解”“熟悉”“掌握”等认知指标，以及“分析”“应用”“评价”等较高级的认知行为目标。在情感领域中的目标，如价值，信念和态度等
课程内容	以实现课程目标为出发点去选择并组合，范围和顺序尤其重要。顺序是指内容在垂直方向上的组织；范围是指对课程内容在水平方向上的安排。课程内容可以是这职业领域内的概念、判断、思想、过程或技能
教材	切合学习者的情况，提供足够信息，并且以精心选择或组织的有机方式将学习内容呈现给学习者
课程模式	主要是指培训活动的安排和教学方法的选择。这些安排和选择要与课程明确的或暗含的目标和方向直接相关。好的执行模式能有效地体现课程内容，并采用配套的组织与教学方法
课程策略	课程策略也就是教学策略，常常作为学习活动的一个内在部分，与学习活动有同样的目的。注重教学程序的选择，教学资源的利用
课程评价	对课程目标与实施效果进行评价，用来确定学习者在多大范围内和程度上掌握学习内容、在什么程度上达到了课程的行为目标。学科课程的评价重点放在定量的测定上，衡量可以观察到的行为
组织	课程的教学组织形式，应体现因材施教的个性化教学
时间	体现短、平、快，课程设计者要巧妙配置有限的课程时间并充分利用
空间	主要是指教师，也可以超越教室的空间概念，如各种培训现场
学员	考察学习背景和学习能力
执行者	理解课程设计思想的主持人与教师

实例：某企业人力资源部基于绩效管理十分混乱的现状，策划了“绩效管理——以战略为导向的企业 KPI 指标体系设计”的专题培训。仔细研究后将本次培训项目的目标分成三个基本点：希望培训结束后管理人员能够明确绩效管理的重要作用；账务设定绩效考核指标的基本流程，并在人力资源部门专业人员的协助下建立部门员工的绩效考核指标体系；能够准确表达自己在绩效考核管理中的基本职责，并灵活运用于管理实践当中。

基于上述三个培训目标，课程设计人员分三个部分安排这次培训活动：

第一，绩效考核体系建设；

第二，绩效管理及其结果运用；

第三，管理人员在绩效管理中的基本职责。

确定了课程部分之后，下一步工作就要细化每一单元的授课内容，即要确定每一部分的授课大纲，即每一部分主要授课内容。如，在上述案例中，第一部分应明确以下几个授课要点：何为 KPI 指标体系？企业为什么要基于战略来确定分层分类的 KPI 指标考核体系？如何建立分层分类的 KPI 指标考核体系？

按照上述方法，可以确定授课大纲，至此，关于这次培训活动将要讲授什么内容，有了大致安排。但是还没有形成一个明确清晰的课程设计，事实上课程计划设计是培训者用来传递有关培训活动的基本内容和先后顺序安排的一份清单。因此，它除了要明确指出该项培训活动的课程名称、学习目的、包含的主题之外，还要明确学员是谁，培训活动如何实施以及其他的一些细节问题。表 4-8 是一个课程设计例子。

表 4-8　　培训课程设计举例

培训项目名称：如何进行有效的绩效管理。 课程名称：绩效管理——以战略为导向的企业 KPI 指标体系设计。 课程时间：6 小时。 课程目的： 明确阐述绩效管理的重要作用； 掌握设定绩效考核指标的基本流程； 能够准确表达自己在绩效管理中的基本职责。 目标学员：各级管理人员。 学员规模要求：16~24 人。 前期准备： 受训者：整理、收集部门绩效管理存在的问题。 培训者：熟悉绩效考核指标设计流程，准备研讨案例。 培训教室要求：座位按扇形摆放。 所需资料和设备：电脑、投影仪、白板、话筒。 培训教师姓名：×××。			
课程内容	教师角色	学员角色	时间安排
KPI 指标设计的流程与方法介绍	宣讲	聆听	9：00~10：30
休息			10：30~10：45
研讨：如何确定 CSFs	辅导	练习	10：45~11：45
点评	讲解	聆听修正	11：45~12：00
午餐、休息			12：00~13：00
绩效管理及其结果运用	宣讲	聆听	13：00~14：00
研讨：两者的区别，结果如何运用	辅导	分组讨论	14：00~14：30
休息			14：30~14：45
管理人员在绩效管理中的职责	宣讲	聆听	14：45~15：30
研讨：如何成为一名合格的绩效管理者？	辅导点评	讨论	15：30~16：00
结束	回答问题	提问	

三、培训课程设计中的方式选择

通常，人们能够集中精力在一件事情上的时间不会超过 7 分钟，这就意味着每 7 分钟我们必须要换一种培训方式。在培训活动的设计中，可以大量采用小组活动的方式，通过学员的讨论与交流，鼓励学员表达自己的思想和情感，强化学员对概念的理解，鼓励人际交往和决策的制定。表 4-9 体现的是各种培训方式，在培训课程设计中，为了取得更好的培训效果，可依据培训的目标差异，采用多种培训方式相结合的方法。

表 4-9 培训方式选择

培训方式	怎么做	什么时候做
演讲	演示做什么	宣布决定/介绍程序
讲授	演示怎么做 教别人怎么做 观察其他人做 辅导学员以提高能力	填写表格 操作某些仪器 技巧演示
问与答	自问自答 问，然后鼓励其他人回答 某些人提问，鼓励其他人提问 问，然后点名回答	一些简单的问题 一些没有标准答案的问题 所有情况是非常普遍的 有讨论价值的问题
视频	课前准备能够支持学习观点的视频	看，做记录，思考，讨论，解释
角色演练 技巧练习	三个人一组 一个人观察并给出反馈 其他两个人练习，轮换角色 要求发现 3~4 个优点和 3~4 个可以改进之处	运用学习要点，特别是一些技巧 分享经验 形成习惯
问卷	设计问卷 要求学员随机回答而不用过多思考	理解或者分析自己 他人在某些问题或技巧上对自己进行测试
游戏	描述相关细节 解释活动目的 回顾学习要点	控制环境 使学习观点深入浅出
小组讨论	根据讨论的观点进行分组 解释讨论的目的 控制讨论的实践 保证讨论的方向一致	与学习的内容相关联的问题 一些复杂有争议的问题 有代表性的问题 每个人都会有自己观点的问题 可以从不同角度看的问题

第三节 培训师的选择

一般课程设计要素中并不包括教师，因为它认为教师只不过是课程的执行者，教师可以根据课程的目标和需求提出标准，进行选择。但培训师是企业培训活动的关键环节，培训师资水平不仅直接影响到具体的培训活动的实施效果，而且可能会影响到企业领导对人力资源部门和企业培训开发工作的基本看法。优秀的培训者能够使培训工作更加富有成效。本节主要从培训师应具备的素质技能、内外部来源、培训师甄选培养几个角度入手进行阐述。

一、优秀培训师需要具备的素质和技能

（一）确定培训师的选配标准

· 具备相关培训内容方面的专业知识；

· 对培训内容所涉及的问题应有实际工作经验；
· 具有培训授课经验和技巧；
· 能够熟练运用培训中所需要的培训教材与工具；
· 具有良好的交流与沟通能力；
· 具有引导学员自我学习的能力；
· 善于在课堂上发现问题并解决问题；
· 积累与培训内容相关的案例与资料；
· 掌握培训内容所涉及的一些相关前沿问题；
· 拥有培训热情和教学愿望。

（二）优秀培训师具备的素质和技能

1. 素质要求

· 灵活性——在短时间内有能力调整方向，并知道应该做些什么。
· 幽默感——不要让自己和气氛变得很严肃。
· 真实性——己所不欲，勿施于人。
· 成熟性——当你认为问题不需要回答的时候可以不回答。

2. 技巧

· 控制能力——有能力使每个人以及整个团队朝着目标努力。
· 创新能力——协调任务和程序之间的关系，使整个团队的效率更高。
· 评估能力——知道什么样的信息和反馈对于整个团队的发展是至关重要的。
· 转换能力——能够帮助其他人把现场的经验应用于对能力的提高上。
· 创造安全的环境——身体上和心理上的。
· 沟通能力——高度的敏感性和理解能力，能够转达准确的意思。

2. 培训师的来源

培训师的来源一般来说有两个渠道：外部渠道和内部渠道。两个渠道选择培训者各有利弊，表 4-10 就是对各自的利弊所作的一个简单比较。

表 4-10　两个渠道选择培训者的利弊比较

渠道	优点	缺点
外部渠道	培训者比较专业，具有丰富的培训经验 没有什么束缚，可以带来新的观点和理念 与企业没有直接关系，员工比较容易接受	费用较高 对企业不了解，培训的内容可能不实用，针对性不强 责任心可能不强
内部渠道	对企业情况比较了解，培训更有针对性 责任心比较强 费用比较低 可以与受训人员进行更好的交流	可能缺乏培训经验 受企业现有状况的影响比较大，思路可能没有创新 员工对培训者的接受程度可能比较低

由于依靠这两个渠道的任何一种选择培训者都存在一定的问题，因此企业应当根据培训的内容、培训的对象等具体情况来选择恰当的培训者。一般来说，通用性培训可以从外部选择培训者，而专业性的培训则要从内部选择培训者。当前，很多企业都将这两种方法

结合起来使用。具体的做法就是长期从外部聘请相对固定的培训者，这样就在一定程度上弱化了从单一渠道选择培训者的缺点。

二、内外部渠道培训师的甄选与培养

（一）内部渠道培训师的甄选与培养

1. 内部渠道培训师的甄选

对于培训已处在成熟期的企业或一些需要定期开展的培训项目来说，企业一般从内部开发培训师资源 。当前，企业内部培养的讲师理应成为企业培训师的主体。内部讲师能够以企业欢迎的语言和熟悉的案例故事诠释培训的内容，能够总结、提炼并升华自身和周围同事有益的经验和成果，能够有效地传播和扩散企业真正需要的知识与技能，从而有效实现经验和成果的共享与复制。同时，内部讲师制度也是对某些有着个人成就需求的员工进行激励的一种有效方式，为其职业生涯发展开辟了更广阔的道路。因此，企业应大力提倡和促进内部优秀员工勇于担任培训讲师。企业人力资源部门在着力培养内部讲师队伍的时候，要特别重视选拔与培养工作。作为企业人力资源管理工作的专业职能部门，人力资源部应制定切实可行的内部讲师选拔与培养制度，其中需要明确内部讲师的选拔对象、选拔流程、选拔标准、上岗认证、任职资格管理、培训与开发以及激励与约束机制等具体工作，而且每一项内容都应具体、可操作。比如说，在确定候选对象的时候，人力资源部应该明白，究竟什么样的员工可以成为企业内部讲师的候选人。其中，企业内部各级管理人员是企业内部讲师的天然候选人，各业务骨干是企业内部讲师队伍的重点开发对象，因此，企业内部讲师的遴选工作可以针对这些群体展开。

确定了内部讲师的候选人，经过严格、有效的遴选之后，初步搭建了内部培训讲师队伍，接下来，应对这些讲师进行专门的培训。从企业内部选拔出来的培训讲师，一般情况下，他们在业务方面都非常优秀，但是有关课程设计、授课方法、课堂组织等技巧性的东西比较欠缺，需要接受专门的培训，人力资源部门可以邀请专门的针对培训师进行培训的讲师为他们传授经验。让他们研究、揣摩和学习其他教师的授课方法。如企业在培养自己的内部讲师队伍授课技巧的时候，可采用如下做法：让企业重点培养的内部讲师成为聘请来企业授课的外部讲师的“助手”。助手（即内部讲师）不仅要为外部讲师准备企业内部的案例、素材，更主要的任务是要认真学习外部讲师的授课方法，以其在短期内提高自己的授课水平。还可定期组织内部讲师队伍进行模拟授课，共同研讨教材开发、教案制作、授课技巧等问题，组成“兼职讲师俱乐部”，定期组织相应的活动，促进彼此之间的了解与交流，共同提高。

企业人力资源部门应认真研究内部讲师的激励问题。对于内部讲师人员的激励，应该以精神激励为主，物质激励为辅。企业可为内部讲师人员开设职业发展通道，免费提供更多的外部培训机会以及授予荣誉证书等。

企业在安排内部培训讲师组织培训活动的时候，应注意处理好兼职教师的培训工作与其自身日常工作之间的关系。人力资源部门和内部培训讲师所在部门主管之间沟通的有效性直接影响到内部培训活动是否能正常开展。一般而言，企业内部培训师通常都是企业的各级主管和各部门的业务骨干，这些人通常工作十分繁忙，所以，人力资源部在与他们进行协商的时候，经常会妥协、让步。更有甚者，人力资源部预先商定的并已安排妥当的培训活动，因为培训师确实有事而不得不宣布取消，极大影响了人力资源部门的信誉，增加了工作难度。解决这一问题的办法固然包括许多人际关系因素，但是根本在于企业培训相关制度的建设（如兼职讲师的考核措施）。

2. 内部渠道培训师的培养

对培训者进行培训，也就是说找出那些精通培训内容但缺乏培训技能的内部专家，对他们进行培训，把他们培养成优秀的培训者。对培训者进行培训的目的是让组织内部的主题专家掌握在培训项目设计和实施方面必须具备的知识和技能。当前，许多专业团队、学院和咨询顾问都有这样的培训项目，他们提供的服务有很多种，从单一的培训技术培训（如行为模仿）到培训项目设计这样的综合培训都有。此种综合性培训可以帮助在不同情况下使用不同的培训方法和技术，以便取得最大的教学效果。

（二）外部渠道培训师的甄选与培养

从企业外部获取培训师资源是大多数中小企业采取的做法，另外，对于一些涉及比较深刻的专业理论方面问题或前沿的技术问题的培训项目，企业也常从外部聘请培训师。外部培训师的选拔也应和内部讲师一样遵照相应的选拔程序，要接受申请、试讲、TTT 培训、资格认证、评价、续聘或晋级等流程管控。同时，为了促进外培训师授课成果的有效转化，企业可尝试“外部培训师助手”制度，即为每一个签约的外部培训师配备专门的内部助手（内部助手通常由企业内部的签约讲师担任）。助手的主要职责是通过向外部培训师提供本企业的案例故事和实际素材，丰富外部培训师的讲课内容，强化其授课内容的针对性、适用性，就外部培训师的授课内容和授课方法提出建议，主动收集受训者的反映和评价，并及时反馈给外部讲师，从而促进外部培训师授课成果的有效转化。另外，这一方式的另一个好处是，助手可以提升自己的专业知识（尤其是理论知识）和授课水平，有利于企业内部讲师队伍的成长。

第四节 培训的后勤管理

培训项目的实施工作主要是由人力资源培训与开发人员来完成。当准备工作进展到一定阶段的时候，培训组织者就要把这些前期工作的成果汇总起来，并付诸实践。为了保证培训能够顺利实施，还需要相应的保障工作，我们称之为培训的后勤管理。

一、培训场所的选择与布置

培训场所是指在什么地方进行培训，培训地点选择会影响培训效果，合适的地点有助于创造有利的培训条件，建立良好的培训环境，从而增进培训的效果。培训场所的选择，最主要的考虑是培训方式，应当有利于培训的有效实施。例如，如果采取授课法，就应当在教室进行；如果采取讨论法，就应当在会议室进行；如果采取游戏法，应当选择有活动空间的地方。此外，培训场所的选择，还应当考虑培训的人数、培训的成本等因素。

（一）教室培训布置环境的影响因素

如果培训在教室或会议室里进行，那么在布置环境的时候就要考虑很多因素。

（1）座位的安排就是一个重要的问题，因为它会在培训者和受训者之间形成一种空间关系。比如教室的椅子是纵向固定的，那么培训者在这种环境下的活动就会受到很大的限制，不过这种安排对讲座来说是很合适的，因为它有利于将受训者的注意力集中到讲座人身上。如果教室里的椅子是可以随意移动的，那么培训者就可以根据具体的学习目标来安排座位。按一定的角度将椅子排成排，或者排成三角形或半圆，这样在课堂讨论过程中，受训者就可以看到对方，这种安排可以促进相互间的交流和反馈。一般来说，有扇形、U形、方桌和圆桌等座位摆放方式，目的是双向沟通与交流。

（2）受训者生理上的舒适程度对学习效果的影响也很大。室温过高或过低都不利于学习。人处在闷热的房间里会感到疲倦；而屋子太冷不仅会分散注意力，还会降低手指的灵活性。

（3）减少物理分心物，比如噪音、昏暗的照明和物理障碍。关门或悬挂提示牌（培训进行中，请保持安静）通常能够控制那些包括室外活动引起的噪音。如果室内光线不好，受训者在记笔记、阅读印刷物或辨认投影图像时候就会觉得很困难。

（二）选定教室培训场所的布置

在培训前，如果可能的话，培训者最好事先巡视一下培训场地，观察有无柱子、固定隔板等会妨碍培训的物理障碍。如无法解决这些问题，最好是换一个更合适的地点。

一般来说，铺地毯的房间会更安静一些，另外还要考虑椅子的款式，有没有反光的问题，有没有窗户（窗户外的景色也是一种分心物），室内的音响效果如何，有没有必要的电源插座等。投影屏幕辅导位置最好与书写板或活动挂图的位置错开，这样就可以同时使用投影和书写板或活动挂图。表4-11说明了组织布置培训场所应考虑的细节问题。

表4-11　培训场所布置应考虑的细节

噪音	检查空调系统噪音，临近房间和走廊及建筑物之外的噪音
色彩	清淡柔和的色彩
房间结构	使用近于方形的房间。过长或过窄的房间会使受训者彼此难以看见、听见或参与讨论
照明	光源应主要是日光灯。白炽灯应分布于房间的四周，并且在需要投影的时候作为弱光源
墙与地面	会议室应铺地毯，使用相同的色调，避免分散注意力，只有与会议有关的材料才可以贴在墙上
会议室的椅子	椅子应有轮子，可旋转，并有靠背可支持腰部
反光	检查并消除金属表面、电视屏幕和镜子的反光
天花板	天花板最好有3米高
电源插座	房间里每间隔1.8米设置一个电源插座，电源插座旁边还应放一个电话插头，培训者应能够方便使用电源插座
音响	检查墙面、天花板、地面和家具反射或吸音情况，与三四个人共同试音响，调节其清晰度和音量

阅读材料 培训费用难题

艾南化妆品公司是南方某市一家有名的生产女性系列化妆品的民营公司，公司创办于1992年，主要生产和经营化妆品和老年保健用品。在创办最初的几年里，该公司每年以25%的速度迅速地发展，产品不但销往全国各省市，而且销往国外十多个国家和地区，成为一家国内外享有盛誉的化妆品公司。1999年后，原销售部经理杨涛升任负责销售的副总经理，而原来销售部的负责国外地区销售的副主任柳艳被提升为销售部经理。柳艳上任后不久，即参照国外的经验制订了有关销售人员的培训计划。计划规定对销售人员集中培训两次，一次是在春节期间，另一次为六月份最后一个星期，每次时间为3~5天。把所有的销售人员集中起来，听取有关国内外最新销售技术知识的讲座和报告，再结合公司的销售实际进行讨论。每次都聘请了一些专家顾问参加讲座和讨论。这样每年集中培训两次的费用不大（每次40多个人，费用只用了10多万元），但培训效果却很好。近年来，由于化妆品市场的激烈竞争，公司的生意开始停滞不前，公司在经济上陷入了困难。为了扭转局势，总经理下令，要求各副总经理都要相应地削减各自负责领域的费用开支。在这种情况下，负责销售的副总经理便找销售部经理柳艳商讨，他们两人在讨论是否应削减销售人员的培训问题上进行讨价还价。副总经理杨涛建议把销售人员原来一年两次的培训项目削减为一次。杨涛提出："柳艳，我们目前有着经济上的困难，一则希望通过裁减人员来缩减开支，但是公司的销售任务很重。目前40多位销售人员还转不过来，所以人员不能裁减。那么剩下的一条路就是削减培训项目了。我们目前的销售人员大多数都是近几年招进来的大学毕业生，他们在学校里都已经学过关于销售方面的最新理论知识，他们中有些人对这种培训的兴趣也不大。而少数一些销售人员，虽不是大学毕业，但他们都在销售方面有丰富的经验了。因此，我认为，销售人员的培训项目是不必要的开支，可以取消或缩减。"柳艳回答道："杨经理，我们大多数销售人员都是近几年来的大学毕业生。但是，要知道，他们在大学里学的只是书本上的理论知识和抽象的概念。而且，他们在专业性的化妆品和保健品销售上没有任何经验。在培训中，我们让从学校出来的人与有经验的销售人员一起工作一段时期，他们实际销售工作中碰到许多具体的问题，在此基础上再参加我们的培训，一边听取有关最新销售技术知识的讲座和报告，一边结合我们公司的具体实际与专家们共同研讨。正是由于我们坚持不懈地进行了这种培训，我们才在国内和国际市场上扩大了销售量，也才减少了顾客对我们的抱怨，赢得了顾客的信赖。因此，我认为，我们决不能削减我们这个培训项目！""对不起，柳艳。总经理要我们必须缩减开支，我真的没有办法。我对你说了，我们销售任务很重，我们不能裁减销售人员，所以，我们只有通过削减销售人员培训计划来缩减开支。我决定，从明年开始，把每年两次的培训项目缩减为一次，总之，销售人员的培训削减50%~60%。也许，等公司的经济好转以后，我们再考虑是否恢复增加销售人员的培训费用问题。"

二、培训时间及其他准备工作

培训时间安排妥当与否直接关系到培训结果的好坏，甚至决定了培训活动能否预期举行。企业在总结培训效果的时候，很少从培训日程安排角度去反思，认为日程安排与培训师、培训教材、培训资金资源等要素比起来，似乎算不上重要，无须特别关注。事实上培训时间安排绝不是所谓的“无足轻重，何须挂齿”之事，培训工作者应该高度重视。

（一）工作时间内和工作时间外的培训日程安排

培训安排无外乎有工作时间内和工作时间外两种。从上面的介绍可以看出，企业在安排具体的培训工作的时候，其主要考虑的因素不是培训的效果，而是培训活动所引发的成本。企业在安排培训日程的时候，除了考虑成本以外，更主要的要考虑培训的实际效果。通常来说，如果一味将培训活动安排在八小时工作时间外，员工容易产生抵触心理，导致高缺勤率，参与程度低，培训活动过于被动；如果经常将培训活动安排在八小时工作时间以内，势必影响企业正常工作的开展，延迟了工作进度，造成企业整体运营成本增加。作为培训活动的组织者来说，应该掌握的基本原则是：在保证企业正常生产与经营活动的照常进行的前提下，力求降低实施培训活动的成本（尤其是受训者的机会成本），提高培训活动的有效性。因此，培训活动安排在正常工作时间内或是安排在八小时工作时间外，并无定论。另外，具体在安排工作日程的时候，如果将培训活动安排在正常的工作时间内进行，也应注意具体的时间点。

企业培训工作者在确定并公示了培训日程后，切忌避免随意更改日程，因为企业里的每个人确实工作任务都很重，参加一次培训活动需要许多的协调工作。另外，培训应尽量遵守日程和时间安排，不要随意拖延。

（二）其他准备工作

为了保证培训项目的顺利实施并取得预期的项目成果，培训组织人员还应重视与之相关的各项准备工作，如拟定并及时发布项目通知，制作培训手册，安排登记注册以及完成培训档案等。项目通告是用来告知目标受众有关培训项目的各项事宜，包括培训目的、时间和地点、参加项目具备的资格条件等。从发出项目通告到项目正式开始，要留出足够的时间，以便员工可以调整自己的工作安排，并提交相关的申请表，使培训工作增强系统性和整体安排性。企业培训组织人员可通过局域网发布培训信息，可以电话通知，也可以在企业的培训专刊上登文，总之要把工作做细。

制作项目培训手册并不困难，关键在于应该在合适的时机把这些资料发放到受训者手中。一般而言，企业无论利用内部讲师还是聘请外部培训师，最迟应在培训正式开始前2~3天将培训手册或培训教材发放至所有培训对象。培训组织者应重视学员的报名等级工作，因为许多企业将参加培训以及培训过程中的纪律行为视为员工绩效考核指标之一，这也是企业进行员工个人能力培训档案管理的前期工作。如果企业将员工的受训情况与任职资格制度或薪酬政策联系起来，培训管理者还应注意对报名参加培训的员工进行比较严格的资格审查。

培训部门应加强对员工参加各种培训开发活动的档案管理，最好在企业的人力资源管理系统中构建员工培训模型，对员工参加的培训开发活动实施跟踪，员工的培训档案还是进行职务晋升、岗位变动的重要资料。另外，如果是送外培训，企业培训档案还是进行职务晋升、岗位变动的重要资料。另外，如果是送外培训，企业培训部门还应做好相应的差旅费用预算，协助受训者圆满完成培训任务。最后，就一个完整的培训项目而言，组织者还应做好整个培训项目的项目预算，项目结束之后，还应撰写专门的项目实施报告。

（三）培训实施

在确定了培训项目、时间、地点以及参与者以后，便进入实施阶段。针对不同的培训项目，会有不同的具体实施工作，但是一般而言，对于授课类的培训项目的实施都包括如下几个方面的工作：

（1）接待培训师。不管是企业内部还是企业外部的培训师，在授课的当日最好都能够提前做好准备，这样可以使授课过程更加从容。

（2）由工作人员做好签到表，请参加培训的员工签字，一方面可以更好地组织培训，另一方面为以后的培训效果评估收集信息。

（3）由工作人员向学员简要介绍培训师和培训项目，帮助大家从整体上把握培训，有利于增强培训效果。

（4）发放相关材料，也可以提前让员工自行准备培训材料。

（5）培训师开始授课，在培训课程快要结束的时候，向学员发放问卷并回收，用作培训效果评估的依据。

（6）一系列收尾工作，主要包括向培训师支付培训费用，教室打扫，设备整理，培训材料归类整理等。培训工作人员在培训过程中要随时准备处理各种应急突发状况，并且要做好课间的服务工作，耐心解答学员的各种疑问。

对于室外类培训项目，如户外拓展之类，具体的实施步骤与室内培训项目存在一定的差别，首先要安排员工抵达拓展目的地，然后详细介绍拓展项目和活动的地区范围，更重要的是要详细告知员工安全注意事项，预防出现意外事故。在开始实施户外活动或比赛时，确保参与者按要求进行活动。同时在学员活动过程中，一直要有工作人员随时对学员的行为进行监控和保护。活动结束后，由参与者进行感受描述，总结启发和感悟，并与所有学员进行沟通和交流。最后，护送学员安全返回。

总之，培训过程的实施是针对不同的培训项目而言的，不同的项目需要工作人员从事不同的工作内容和工作流程。

本章小结

本章是针对培训设计进行分析阐述，分为确定培训目标、培训课程设计、培训师的选择、培训的后勤管理四个部分。此四部分是保证培训项目正常顺利开展的有效途径。

设置培训目标将为培训计划提供明确的方向和依循的框架。培训目标是培训活动的目的和预期成果，目标可以针对每一阶段设置，也可以面向整个培训计划来设计。在设计中，必须与组织的宗旨与使命相一致，最好用书面形式陈述清楚。培训目标既是组织制订具体培训计划的基础，又是对培训效果进行评估的依据。培训课程设计是在培训目标的基础上，根据培训对象、内容等方面的差异选择有效的培训方式和途径，来实现培训目标。在培训师选择方面要根据目标和内容、方式等方面的差异选择合适的培训师，同时从发展来看，注重培育企业内部的培训师。为了保证培训活动的正常有序进行，需要组织从培训后勤的角度提供相应的支持。

案例 丽嘉—卡尔顿："倒数七日"培训

公司背景：1898 年，凯撒·丽嘉结束了瑞士牧羊人的生活，移居巴黎，在城里最高级的几所酒店、餐馆打工之后，最终创办了以自己名字命名的豪华酒店，实现了自己的夙愿。一年后，他又在伦敦创办了卡尔顿酒店，为最终创立丽嘉—卡尔顿酒店集团打下了基础。

丽嘉—卡尔顿酒店是全球著名的豪华酒店，它的经营理念是为最挑剔的顾客提供满意的优质私人服务，其主要发展策略是在全球范围内获得新的酒店或娱乐场所的管理合约。凭借这一著名的酒店经营理念，丽嘉—卡尔顿酒店迅速扩张。

在经历一次经济大萧条和两次世界大战后，许多豪华酒店纷纷倒闭。1983 年，总部在亚特兰大的强生公司买下了丽嘉—卡尔顿在北美地区的商标权，多亏一位富有的房产商慷慨相助，才使波士顿的一家酒店得以幸免。从 1983 年到 1997 年，在强生公司旗下的丽嘉—卡尔顿在国内和海外市场都得以拓展。1997 年，万豪国际收购了丽嘉—卡尔顿，将其作为附属经营公司。到 2000 年年底，丽嘉—卡尔顿已转变成为管理公司，经营着全球 38 家酒店和娱乐场所，并且拥有 10 处地产的少数股份和三家酒店的全部所有权。

豪华酒店的成功有两个重要条件：一个是酒店硬件，一个是酒店软件（即管理）。丽嘉—卡尔顿酒店集团在全面质量管理、人力资源管理等方面有着很多优秀的理念和经验。特别是每家新酒店开业前，丽嘉—卡尔顿酒店集团会精心地挑选员工，并在正式开业前开展他们最具特色的"倒数七日"培训。正是独具特色的"酒店软件"让丽嘉—卡尔顿不断扩张，成为世界上著名的豪华酒店。

企业文化：黄金标准。黄金标准是丽嘉—卡尔顿酒店集团公司的基础。这些标准涵盖其在经营中所奉行的价值观，其中包括信条、座右铭、优质服务三步骤、服务准则、丽嘉—卡尔顿承诺。信条：丽嘉—卡尔顿以客人得到真诚关怀和舒适款待为最高使命。他们承诺为宾客提供细致入微的个人服务和齐全完善的设施，营造温暖、舒适、优雅的环境。丽嘉—卡尔顿之行能使您愉悦身心、受益匪浅，他们甚至还能心照不宣地满足客人内心的愿望和需求。座右铭：以绅士淑女的态度为绅士淑女服务。优质服务三步骤：①热情真诚地问候客人；亲切地称呼客人的姓名。②提前预期每位客人的需求并积极满足。③亲切送别。亲切称呼客人姓名，热情地告别。服务准则：①建立良好的人际关系，长期为丽嘉—卡尔顿吸引客人。②敏锐察觉客人明示和内心的愿望及需求并迅速做出反应。③能够为客人创造独特难忘的亲身体验。④了解在实现成功关键因素和创造丽嘉—卡尔顿法宝过程中自己所起的作用。⑤不断寻求机会创新与改进丽嘉—卡尔顿的服务。⑥勇于面对并快速解决客人的问题。⑦创造团队合作和边缘服务的工作环境，从而满足客人及同事之间的需求。⑧有机会不断学习和成长。⑨专心制订与自身相关的工作计划。⑩对自己专业的仪表、语言和举止感到自豪。⑪保护客人、同事的隐私和安全，并保护公司的机密信息和资产。⑫负责使清洁程度保持最高标准，创造安全无忧的环境。

丽嘉—卡尔顿承诺：在丽嘉—卡尔顿，我们的员工是我们向客人提供服务的最重要资源。我们以信任、诚实、尊重、正直和献身精神为准则，培养并最大限度地发挥员工的才能，从而实现每位员工和公司的共赢。丽嘉—卡尔顿致力于打造一个重视多元化、能够提高生活品质、实现个人抱负、稳固丽嘉—卡尔顿成功法宝的工作环境。

“倒数七日”培训：作为一家在全世界范围内不断扩张的豪华酒店，如何让每一家新酒店的“酒店软件”迅速达到豪华酒店的高标准，对于其他酒店而言或许是个难题，但丽嘉—卡尔顿有他自己的一套方法，那就是著名的“倒数七日”培训。在20世纪80年代晚期和90年代初期，随着连锁新酒店的相继成立，“倒数七日”培训在丽嘉—卡尔顿逐步形成。在不断完善的过程中，这一程序也得到了进一步地巩固。标准化的管理模式不仅带来了更大的效益，也为酒店经营者们减轻了沉重的负担，让一切开展得井然有序。在新酒店开业前的“倒数七日”培训开始时，那些一个月前才收到录用通知的被录用者才第一次以员工的身份来到酒店。几百个员工要在短短的七天内被调教成丽嘉—卡尔顿的员工，要让第一天来入住的客人体验到真正的丽嘉—卡尔顿服务，这是一项富有挑战性的工作。LeonardoInghilleri（莱昂纳多·因基莱里）是一家丽嘉—卡尔顿酒店的人力资源副经理，他曾这样解释倒数机制后面的原理——我们通过一个非常缓慢的介绍过程将员工与公司的使命结合起来。实际情况是，作为一个成年人，只有当情感上产生重大变化时你才会改变自己的行为，否则你就不会改变。当你雇佣某人开始一份新工作时，给予他们一次重要的情感体验，他们才会注意和接受行动上的变化。

“倒数七日”培训的前两天全部用于让员工适应丽嘉—卡尔顿的酒店文化，后面的五天则用于专项技能训练和模拟服务。

第一天：向新员工介绍

第一天，新成员加入他们所属的部门，参加酒店门口所谓的“动员会”。每个小组举着标语喊着口号，竞相比着谁的声音响亮。炊事员向来最具优势，他们用锅碗瓢盆打着响亮的节奏，常常压过“打扫房间，打扫房间”的呼声。经理们从队伍的一头跑到另一头，制造热烈的气氛，甚至还有经理在铺了地毯的车道上打起侧手翻。在几轮高呼“D-C-Ritz，D-C-Ritz”的高潮之后，员工们终于走进大楼。当他们走至一楼的舞厅时，响起了热烈的掌声，还夹杂着一声声“欢迎你们”“你们能加入我们真感到荣幸”“很高兴在这里见到你们”……站在楼梯两侧的经理们正向他们表达着诚挚的欢迎。人们集中在最大的舞厅里，与大屏幕相连的录像机同时播放整场实况。总经理首先引荐酒店的管理团队，然后介绍为倒数计日活动请来的培训专家。培训专家来自全世界几十个不同的国家，每个人都有帮助丽嘉—卡尔顿酒店开业的丰富经验，他们是丽嘉—卡尔顿在世界范围内的“强中之强”。在介绍完相关人群后，总经理向全体成员发表讲话，诠释了作为一个高水准服务公司的经营理念——我们是为淑女和绅士提供服务的淑女和绅士，并且传达了丽嘉—卡尔顿以高水平开业的重要性。最重要的是，让新员工第一次接触到了丽嘉—卡尔顿的黄金标准，并知道丽嘉—卡尔顿的二十条基本守则。丽嘉—卡尔顿二十条基本守则：①信条为公司的主要宗旨。所有人必须了解、掌握并贯彻。②我们的格言是：“我们是为淑女和绅士提供服务的淑女和绅士。”作为专业服务人士，对待顾客及同事都应尊重有节。③服务三部曲是丽嘉—卡尔顿热诚的基础。这些步骤必须贯彻到每个工作细节中去，以保证顾客的满意度及忠诚度。④员工承诺是丽嘉—卡尔顿工作环境的基础。每个员工都应遵守。⑤每个员工每年都应顺利通过年训，取得上岗资格。⑥公司的宗旨已传达给每一位雇员。为这些宗旨服务是每个员工的责任。⑦为创造工作场所自信愉快的气氛，所有员工都有权参与与他们相关的工作计划。⑧每位员工应该坚持查找整个酒店工作中的缺陷。⑨每位员工都有责任创造团队合作和互相帮助的工作氛围，以满足顾客和彼此间的需要。⑩每位员工都有公司授权。例如，当一位顾客遇到困难或需要特殊服务时，你应当怎样停下常规工作，询问并解决这些问题。⑪保持不折不扣高标准的清洁度是每位员工的职责。⑫为向顾客提供最优质的个人服务，每位员工都应负责了解和记录客人的喜好。⑬从不错过任何一位顾客。立即解决顾客矛盾是每位员工的责任。无论谁受到投诉都应对此负责，解决问题直到顾客满意为止，并留下纪录。⑭“微笑——我们正在演出。”始终保持主动的目光交流。与顾客或同事交流时应措辞恰当。（比如使用“早上好”“当然”“很高兴为您服务”以及“乐意为您效劳”）。⑮无论在酒店或是非工作场合，你就是酒店的形象使者。总是说好的一面。对合适的对象表示关心。⑯尽量护送客人前往酒店的某个场所而不是仅仅指出方向。⑰在电话中使用丽嘉—卡尔顿的礼貌用语。在响铃三声内用友好的语气接听。如果可能，尽量称呼对方姓名。必要的时候询问对方“可以请您稍等一下吗?”不要漏接电话。尽量减少转接电话。坚持声音标准。⑱注意仪表并保持自信。人人对传递职业形象负有责任，坚持遵守丽嘉—卡尔顿着装、仪容标准。⑲优先考虑安全问题。每位员工都有责任为顾客和同事帮助创造安全、稳定、无事故的环境。了解所有火警及紧急安全措施的流程，如有任何安全隐患立即上报。⑳所有人应负责保护丽嘉—卡尔顿的资产。节约能源，小心维护我们的酒店及环境。最后，新员工观看录像。录像的前一段是一些领导讲述酒店的历史、理念及价值观，后一段记录了丽嘉—卡尔顿发展的里程碑，其中包括他们所获得过的奖项和他们新开的酒店。

第二天：部门展望会议

第二天，每个新员工被介绍到他所属的部门。总经理以询问他们“一年内想成为什么”作为每个部门展望会议的开始，回答总是不变的“想要最好”。经理们开始启发什么是“最好”，对于每个领域来说，“最好”的内涵不同。很多事情不一定需要来酒店才能完成，客人来这更多是为了寻找感受，每个员工的责任是让每个客人离开时都感受良好。丽嘉—卡尔顿提供的不仅仅是房间和餐饮，而是服务，一种让客人感觉良好的服务。如何做到，除了重视细微工作之外，最重要的是要有这样的服务理念。

第三天至第七天：技能训练

在接下来的五天，酒店的管理团队、培训专家和经理们会在早晨六点会面，回顾一天的培训活动，并解决出现的任何问题。员工每天早晨八点半来到经理面前时，会得到经理的“热烈欢迎”；每晚结束培训时，会得到丽嘉—卡尔顿传统的“祝你好运”的问候。每天的培训活动就在这样的氛围下，有条不紊地进行。在第三天和第四天，员工接受穿戴制服、仪表仪容方面的培训，还能接触每日的整顿队伍过程。所有员工有机会参加关于预期及处理顾客需要的会议，同时各部门继续阐释其工作理念及目标。员工对自己工作领域内的总体定位有了大致的概念，接受了安全知识，还要观看一些产品展示。在第四天，所有员工学习“处理顾客难题”的标准程序。在训练中，他们学会怎样从常规工作中立即离开，帮助顾客解决问题，用他们的能力找到合适的处理方法，以及怎样与相关部门联系进一步解决问题。每个事件都由“顾客突发事件”记录在案，事件前后的“顾客情绪”，从“脸色惨白”到“平静”同样也有记录，这些表格用于每日交流及改进。倒数七日的最后三天进行部门技术训练。员工详细地学习丽嘉—卡尔顿标准，每位员工都被要求掌握其所属部门的主要工作流程。员工轮流到位，穿上整套制服，模拟在顾客前工作。法人督导委员会监督从客房到餐厅每个模拟过程，按照丽嘉—卡尔顿严格的要求，在服务的每个环节寻找错误。检查结果会反馈给培训专家，再由培训专家进行额外的一对一专项训练。

第八天：动员会

在倒数七日与盛大开业之间的那天，员工们穿着便装，参加丽嘉—卡尔顿长达两小时的动员会。动员会总结七日来的培训，并对未来提出要求和希望，每个员工将满怀信心地等待投入新的工作。动员会代表着过渡期与正式营业的区分。第二天，丽嘉—卡尔顿酒店将正式开张。

案例分析与讨论题：

运用所学知识，试评价丽嘉—卡尔顿的培训设计。

复习思考题

1. 确定培训目标的具体步骤？
2. 培训目标设定过程中的注意事项有哪些？
3. 培训课程设计的要素包括哪些内容？
4. 培训课程设计的基本原则有哪些？
5. 培训师来源及其优缺点？

参考文献

[1] 雷蒙德·A. 诺伊. 雇员培训与开发［M］. 徐芳，译. 北京：中国人民大学出版社，2007.

[2] 徐芳. 培训与开发理论及技术［M］. 上海：复旦大学出版社，2005.

[3] 董克用. 人力资源管理概论［M］. 北京：中国人民大学出版社，2011.

[4] 劳动和社会保障部 中国就业培训技术指导中心. 企业人力资源管理人员（下册）［M］. 北京：中国劳动社会保障出版社，2005.

[5] 赵耀. 员工培训与开发［M］. 北京：首都经济贸易大学出版社，2012.

[6] 陈维政，余凯成，程文文. 人力资源管理与开发高级教程［M］. 北京：高等教育出版社，2004.

[7] 赵曙明，程德俊. 人力资源管理与开发案例精选［M］. 北京：北京师范大学出版社，2007.

[8] 陈龙海，陈赣峰. 企业管理培训案例全书［M］. 北京：地震出版社，2012.

第五章 培训方法的运用

★本章导读

· 熟悉常用的培训方法的种类；

· 熟悉不同的培训方法的优缺点；

· 对各种培训方法进行比较；

· 掌握选择合适的培训方法的依据。

★案例导入

麦当劳：传授受用一生的价值观与技能

作为快餐行业的老大，麦当劳的竞争优势是来自其独特和强大的培训体系。麦当劳一直把人看作企业最重要的财富，其人事哲学就是尊重和关怀每一位员工，给每一位员工创造发展自己的机会。麦当劳对员工的承诺就是："我们重视您，您的成长和您的贡献。"

一、全职业规划+分级培训

麦当劳在人员的发展上，倡导"传授一生受用的价值观与技能"的理念。在人员训练结构上，有两个重要的部分，一个是 Career-Long Learning Path（全职业学习通道），第二个是 McDonald’ s Center of Excellence for Training（全球麦当劳的人员学习发展中心），就是全球麦当劳的人员学习发展中心，包括汉堡大学。

在培训方面，麦当劳强调的是员工的全职业规划培训，从计时员工开始到高阶主管，结合他们的职业生涯，都有不同的培训计划。麦当劳的管理人员 95%以上是从员工做起的。一旦优秀的员工进入管理层，麦当劳又会给他提供更多的训练，使他不仅能够在训练中心接受营运及管理方面的教育，还有机会去汉堡大学进一步深造，接受更高的训练。这种全职业规划培训使麦当劳的高管人员流动率很低，形成了一批稳定的管理队伍。

麦当劳培训的另一个特色是从幼儿园到大学的分级培训，这种分级培训包括幼儿园、小学、中学直到大学的训练课程，而且专业化程度越来越高，所有课程具有一致的目标和阶段的连贯性。整个培训体系中，幼儿园的课程是最基础的课程，主要是让员工学会怎样让客户满意；小学课程则是让员工学会怎样去做人员管理；到了中学课程，核心就是学会如何控制成本和帮助销售；而到了大学，就是要学会如何带动管理者成长。

以上两种特色的培训机制并不是独立的，而是紧密地联系在一起的。在员工的全职业规划培训中贯穿着不同阶段的分级培训，让每一位员工都可以看到一个清晰的职业发展通道，由此产生一个强大的工作动力，不断地激励着每一位员工向更高的目标努力。正如在麦当劳流行的一句话那样："每个人前面有个梯子，你不要去想我会不会被别人压下来，你爬你的梯子，你争取你的目标。"

二、新员工的第一天

新员工上班的第一天并不是马上就去学习工作技能，而是要接受麦当劳的企业文化教育。麦当劳通过对新员工灌输麦当劳文化，让员工了解组织的愿景、宗旨、目标以及对员工的期望，通过这种方法来消除他们心中的不安，从而帮助他们更好地投入到新的工作中去。

在新员工初步了解并熟悉麦当劳的文化后，接下来的训练就是让新员工为能够独立承担工作而做好准备。训练员要按照《麦当劳工作手册》的规定，对新员工进行基本操作训练。

麦当劳的全部管理人员都是从学习普通服务人员的基本操作程序开始的，但与很多企业不同的是，麦当劳的培训并不是脱产培训，而是在第一天就直接走向工作岗位，在工作中接受培训，是一对一的培训。即每一个新员工都由一名老员工带着，边学习边工作，把训练和实际操作更好地结合起来。

每一位麦当劳的工作人员进入公司时，都要接受实际工作的训练实践，课程主要分为基本课程和高级课程。两者的主要区别在于完成同样的工作质量的要求是不同的。基本课程是训练新员工达到设定的工作标准，高级课程则是要求新员工怎样能够做到更好、更快，以提高他们的判断力和集中注意力的能力。还有一个课程是营销作业训练课程，分为六个阶段，经理会在整个训练过程中不断地鼓励新员工。而且员工的成绩也会在公告栏中公布，这样可以使员工们清楚地看到自己努力的结果和目前所处的水平，以产生更大的学习和工作动力。

三、最佳的人员培训专家——麦当劳汉堡大学

汉堡大学是一个国际培训中心，它培养了一批又一批优秀的人才，而且本身也是吸引优秀人才加盟麦当劳的主要因素之一。汉堡大学的培训目标是在工作中已经获得了丰富管理知识的管理者把自己零碎的知识形成系统。汉堡大学的主要课程是为期两周的“基本操作讲座课程”（BOC）和为期 11 天的“高级操作讲习课程”。

“基本操作讲座课程”的教材是一本有 360 页厚的《操作手册》，分为食品、设备和管理技巧三部分。这本教材包罗了各种知识，而且非常细化，目的是让学员学会制作产品的方法以及怎样进行生产和质量管理、营销管理、资料管理和利润管理等。主要是让管理人员精确地按照标准办事，不要违反标准。这一切都体现出麦当劳的标准化程度之高，标准绝不是口头上泛泛而谈的，而是在学习与训练中一点一滴地渗透到每一位学员的意识中，并经过操作实践转化为学员的习惯和行为。麦当劳将经营战略与制度和每一项管理工作紧密地联系在一起了。

“高级操作讲习课程”旨在训练更高层的管理人员。其内容与“基本操作讲座课程”有很大的不同，在知识上又上升了一定的高度。主要是“QSC”的研究，还有房地产、法律、再投资、财务分析、提高利润的方法、人员训练和人际关系、市场等。这些问题不是可以按照一个既定的标准来操作的，需要管理者具有灵活的商业头脑和较高的管理能力。

四、四个层面的评估体系

在培训评估这一环节，麦当劳也努力做到了“反应、知识、行为、绩效”这四个方面的评估。

第一个层面是“反应”。就是在上课结束后，大家对于课程的反应是什么。麦当劳使用评估表的方式收集学员的反应，及时作调整，力求使培训符合学员的需求。

第二就是“知识”。在知识方面，汉堡大学也有考试。上课前会有入学考试，课程进行中也会有考试，主要是测试大家通过这些方式，究竟保留了多少知识，以了解训练的内

容是否符合组织所要传递的“知识”。除此之外，汉堡大学非常重视学生的参与，会把学生的参与度量化为一个评估方法，因为当学员和大家互动分享时，我们可以知道他的知识程度，并且在每天的课程中去作调整，以符合学生的学习需求。

第三是“行为”。即评估在课程中学到的东西，能不能在回到工作以后，改变你的行为，达到更好的绩效。在麦当劳，有一个双向的调查，上课前会先针对学生的职能做一些评估，再请他的同伴或者直属主管作一个评估，然后经过训练三个月之后，再做一次评估。因为学生必须回去应用他所学的，所以我们会把职能行为前后的改变作一个比较，来衡量训练的成果。

第四，在“绩效”方面，课后行动计划的执行成果和绩效有一定的关系，每一次上完课，学生都必须设定出他的行动计划，回去之后必须执行。执行之后会有他的主管来为他作鉴定，以确保训练的成果。

在整个培训过程中，麦当劳还采用了一些有效的措施来保证培训较好地实施。比如，按月考核辅导和多样化的沟通。采用按月考核辅导，主要是通过对员工的一个阶段的绩效进行考核来发现其行为中与组织价值观和目标不一致的地方，从而可以更好地制订计划来帮助员工改变行为，以提高绩效。通常是采用服务员全体大会、管理会议、组长会议、接待员会议、训练员会议和小组会议等会议方式，以及临时茶座会和公告栏等方式，与员工及时充分地沟通。在各个麦当劳餐厅中，还备有各种笔记本，比如服务员联络簿、经理联络簿和训练员联络簿等。种种方式的沟通使得信息可以更快、更好地在麦当劳各个层次之间传递，使每一个员工都可以更好地进行合作和相互促进。

第一节 常用培训方法介绍

一、演示法

演示法（Presentation Methods）是指受训者为被动的信息接收者的培训方法。这些信息包括事实、过程及解决问题的方法。演示法包括讲授法和视听法。

（一）讲授法

讲授法指培训者用语言传达想要受训者学习的内容，它是最传统和最普及的培训方式。这种学习的沟通主要是单向的——从培训者到听众。讲授法可以作为一种单一的培训方式，也可以作为其他培训方式的辅助，如在培训前向受训者传递有关培训项目的内容、要求和行为规范等。

1. 优点

讲授法之所以成为最传统、最普及的培训方式，有其独特的优势。

第一，讲授法是最节省时间、最具有规模效应的培训方法。讲授法可以让一名培训师同时面对众多的受训者，每增加一个受训者的边际成本几乎为零。

第二，讲授法对培训场地、设备等硬件条件的要求低，简单的讲授法只需要一个独立的空间、一块黑板和一支粉笔就可以开展。即使目前有各种多媒体技术的辅助运用，相对而言，这种方法对场地和设备的要求还是很低。

第三，讲授法的培训过程和进度便于控制。讲授法是以培训师为中心的培训方法，培训内容、培训进度、培训资料、考核方式等都是由培训师来决定的，培训师能及时、全面地了解培训的情况，并根据情况设定培训内容的广度和深度，控制培训的进度与节奏，从而更好地实现培训目标。

2. 缺点

讲授法也存在一些问题，主要表现为以下几个方面：

第一，讲授法是一种单向性的培训方式，缺乏灵活性。讲授法主要是由培训师向受训者单向传递知识和技能，缺乏互相沟通，受训者只是被动地接收，没有独立思考和主动探索的机会。受训者对这种“单放机”式的讲课，唯一可行的选择要么是仔细倾听，要么是置之不理或逃避。如果在教学过程中过量地使用课堂讲授，就会助长学习的被动性。

第二，讲授法不能使受训者直接体验知识和技能。讲授法主要以语言为媒介来传递知识和技能，然而有些知识和技能光用语言是无法完全表达的，受训者在没有一定经验的情况下是很难理解和想象的。另外，单纯的语言传授很容易造成听觉的疲劳，使受训者失去学习的兴趣。

第三，讲授法的记忆效果相对不佳。由于讲授缺乏直观感受，没有受训者经验的直接参与，故很容易忘记讲授内容。而且，随着讲课时间的延迟，记忆效果呈明显下降趋势。

第四，讲授法是一种规模教学，难以实现因材施教。讲授法是由一名培训师采用统一的教学计划对一群受训者实施培训。只有在学生同质性明显的情况下，教学的规模效应才能取得应有的效果。然而，受训者的同质性只是一个相对性的概念，每个受训者的学习能力和知识水平不可能基本相同，故培训师只能着眼于全局开展培训，对于那些认知能力和技能水平高于或低于平均水平的受训者而言，结果是常常出现“好学员不过瘾，差学员听不懂”的局面。

为避免讲授法所带来的负面影响，企业在实施讲授法培训时应注意以下几个问题：

第一，合理控制教学规模。合理的教学规模可以克服规模效应与因材施教的矛盾，发挥最佳的培训效果。企业应当根据现有的教学条件和受训者的自身情况来限定教学班的规模。合理限制受训者人数可以在精力允许的情况下顾及更广泛的受训者，可以加强培训师与受训者之间的沟通，在一定程度上克服单向沟通的弊端。

第二，丰富教学手段。为克服单一的语言传递式的讲授法所带来的弊端，讲授法可以结合其他的教学手段，如幻灯片、录像、讨论、自由发言等。各种不同教学方式的穿插进行能够使讲授法减轻以往的枯燥感，提高受训者的学习兴致，从而优化培训效果。

第三，配备适合的培训师并给予适当的激励。培训师是讲授法的核心，其自身素质和培训技术水平直接影响培训的效果，故选择适合的培训师是控制整个培训的关键点。培训师的选择往往需要考虑专业技能、职业价值观、个人修养等多个方面的素质。培训师的综合素质越高，对培训的效果越有利。另外，在培训实施的过程中应重视对培训师的激励，适当的激励能够强化培训师的工作动机，提升其工作热情，从而优化培训的效果。

（二）视听法

视听法是指利用现代视听技术（如投影仪、录像、电视、电影、电脑等工具）来传递信息的方法。通过录像、录音等设备可以有效地帮助培训师增强其讲授内容的直观效果，非常客观地记录研究对象的活动、受训者在学习中的表现、培训师的教学过程；在必要时还可以反复播放，对于帮助受训者掌握知识，提高他们的技能有着其他培训方法所不及的优点。不过，这种方法很少单独使用，与讲授法结合使用会达到更好的效果。

视听资料可以分为三大类：静态的媒体、动态的媒体和远程传播的资料。静态媒体包括印刷材料、幻灯、投影等。现在这些媒体由于计算机技术的使用都已经有些过时，因为现在所使用的幻灯片等软件已经完全可以替代这几种媒体，而且在使用的方便程度等方面都远远优于这些传统的方法。动态媒体多种多样，有录音带、录像带、电影等，它是能将一个事件成顺序地再现的媒体。现在这些技术也有被越来越流行的 CD、VCD、DVD 等数字媒体所替代的趋势，数字媒体在保存、剪辑、添加字幕等方面的优势是传统的动态媒体无法比拟的。

1. 优点

以音像为代表的视听法有许多优点。第一，视听法能利用多种多样的媒体作为媒介将培训材料展示给受训者，可以将具有动态的、复杂的事件复制出来，而且将事件很难传达的细节也表现出来。这是讲座和讨论等方法无法达到的，文字的案例讨论材料可以将一些情景描述出来，但是录制的材料能将很难描述的事件很简单地告诉给受训者。第二，学习资料可以进行重播、慢放，这对行为学习是很好的；另外，也方便受训者不断地揣摩和观察一些操作上很难于把握的技巧，这能节省大量的开支。在回放的过程中，受训者可以对过程进行观察，对行为者的行为进行批判。第三，录像可以让受训者接触到一般情况下不能接触到的设备、事件、难题，例如典型的冲突事件、常见的抱怨、危急情形等。第四，录像可以使受训者看到自己的表现。这能在一定程度上促进受训者比较客观地看待自己存在的问题。

2. 缺点

视听设备和教材的成本较高，内容容易过时；选择合适的视听教材不太容易；学员处于消极的地位，反馈和实践较差，一般可作为培训的辅助手段。

二、体验法

体验法就是要求受训者积极参与培训过程的方法。这种方法可使学习者亲身经历一次任务完成的全过程，或学会处理工作中发生的实际问题。无论是讲座法还是视听法，学习者都处于被动地位，或者大部分时间处于被动位置，他们是信息的消极接纳者，不会产生对过程的参与感。体验法是一种以全新的学习设计理念为指导的结果，这种学习理念可以被称为“体验主义”，体验主义相信学习应该是积极和主动的，只有这样的学习才能有利于改变学习者的 KSAIBs（K 指知识，S 指技能，A 指能力，I 指中介变量，B 指行为）。体验法希望营造一种在心理上安全、在环境上尽量接近实际的情景，在这样的环境中，学习者又能感受到一种挑战，这样他们在探索新知识、技能和能力时才会将身心投入进去，从而产生一种越来越使其行为发生变化的结果。这有利于开发特定的技能和将行为应用到工作中。

（一）讨论法

讨论法是培训者与受训者以及受训者与受训者之间就某个或某几个问题进行双向沟通的培训过程。与讲授法不同，讨论法强调各主体之间的平等性，每个受训者包括讨论的主持者都是信息发布与接收的平等主体，都拥有同样的话语权。另外，讨论法与讲授法在功能上具有互补的作用，如果说讲授法是一种接收现存知识的好方式，那么讨论法就是探索新知识、发现新信息、产生新思维的好方法。

根据不同的标准，讨论法可以分为不同的类型。根据讨论的目的不同，讨论法可以分为知识接受型、知识应用型和探索研究型三大类；从讨论的形式上看，讨论法可分为演讲提问型、小组讨论大组交流型和对立交锋型三种类型。

1. 优点

第一，讨论法具有良好的培训效果。讨论法能够让受训者在平等主体间的交流中进行思维的碰撞，开拓了受训者的视野。此外，经过讨论得到的一些知识和观点相对比较成熟和科学，有利于受训者对于所培训内容进行深入体会。

第二，讨论法能够锻炼受训者的综合素质。讨论主要通过语言表达来实现，受训者接受培训后表达能力必然得到锻炼。讨论是人与人交流的最好方式之一，所以受训者可以在无意中提升自己的沟通能力和人际交往能力。

第三，讨论需要受训者主动参与，故讨论法能够锻炼受训者的自主学习能力。

2. 缺点

第一，培训进度难以控制。讨论法是由多元主体参加的，一旦开展，就由参加者的讨论主导整个过程，而培训师的控制力就被削弱了。尤其是讨论开展后，受训者有可能偏离主题和重点，或者长时间在关注同一个问题，从而影响整个培训计划的推进。培训师如果不及时加以引导，就很难保证原先的教学进度。

第二，培训效果难以确定。讨论法对参加者的素质要求较高，参与者的知识积累和经验水平直接影响讨论的质量和层次。另外，参与者的逻辑能力和思维能力也直接影响到培训计划的顺利进行。

为避免负面的影响，在实施讨论法时该注意以下几个问题：

首先，准确设定主题。主题的选择是讨论法成功的前提条件，只有能够引起受训者兴趣并与培训目标密切相关的主题才能保证讨论的顺利进行。其次，合理要求受训者。讨论的顺利开展需要受训者做好充分的准备，如果不事先对受训者的准备提出要求，就很可能导致冷场。最后，合理控制进度。主持人应当在明确培训的目标和内容的情况下对受训者进行适当的引导，预防受训者脱离讨论主题或主次不分、浪费时间。

（二）角色扮演

角色扮演是指在一个模拟的工作环境中，指定参加者扮演某种角色，借助角色的演练来理解角色的内容，模拟性地处理工作事务，从而提高处理各种问题的能力。角色扮演的目的在于让受训者对可能发生的情况做好准备。最常用的方法就是让受训者根据简单的背景资料扮演分配给他们的角色。通常将受训者分成两部分，一部分进入角色情景去处理各种问题和矛盾，让其通过表演去体验他人感情或体验别人在特定环境中的反应和处理问题的方式。另一部分受训者要认真观察扮演者的行为，在表演结束后要对扮演者的行为进行评价，发表自己的看法。

角色扮演法的实施程序共十步，分别是：确定教学的目标；构想问题情景；决定扮演的角色；选择扮演者；准备演出；布置表演场所；安排观察者；进行扮演活动；演出后的讨论；评估角色扮演活动。

角色扮演的适用范围是比较广泛的，角色扮演可以应用于人际关系的培训和行为领域的培训中，不仅可以用于培训生产和销售人员，而且更适合于对各层级的管理人员进行培训。

1. 优点

角色扮演是在管理培训中使用得比较广泛的一种体验性方法，其优点决定了它的受欢迎程度。角色扮演的优点包括：第一，具有互动性和行为性。角色扮演法让受训者积极地参与到整个培训过程中，并对受训者的行为演示给予指导，实现了培训者与受训者之间的双向互动。第二，教会受训者换位思考。受训者通过扮演与实际工作岗位不同的角色，可以学会从他人的立场考虑问题，以及在生活中如何与他人进行更好的交流，进而加深彼此之间的理解，增强合作精神。第三，重塑或改变受训者态度或行为。角色扮演可以使受训者对过去类似行为或者做法进行反思，在此基础上认真思考并实践新的行为和做法，从而达到重塑、改变其态度或行为的目的，有助于促进新想法、新策略的产生。

2. 缺点

这种方法的缺点同样明显：第一，培训效果的好坏主要取决于培训者的水平。第二，在角色扮演中角色扮演者所能获得的情景信息是比较少的，这不利于扮演者的正确参与。第三，受训者的主观反应直接影响培训效果。如果受训者准备充分，态度积极，全神贯注地投入整个扮演过程，那么角色扮演将是非常有效的培训形式，反之则将收不到多大成效。第四，对培训者和受训者都有比较高的要求，例如组织能力和表现能力等。第五，受训者如果不扮演角色，往往容易感觉没有意思，观看别人排练的角色可能十分枯燥，只有轮到自己时，才会有些乐趣。

为使角色扮演更有效，培训者要在角色扮演前、扮演期间、扮演以后从事许多活动。在角色扮演之前，向受训者说明活动目的是非常关键的，这能使他们感到活动更有意义，更愿意去学习。其次，培训者还需要说明角色扮演的方法、各种角色的情况及活动的时间安排。一部简短的录像有助于迅速向受训者展示如何进行角色扮演。在活动期间，培训者要监管活动时间、受训者的感情投入程度及各小组的关注焦点（各小组是在扮演各种角色，还是在讨论与练习无关的一些事情）。练习对受训者越有意义，培训者就越不会遇到注意力分散和集中度降低的麻烦。在角色扮演结束时，提问是很重要的，提问可以帮助受训者理解这次活动经历，并互相探讨各自的认识。受训者还可以讨论他们的感受、在练习中发生的事情、他们学到的东西、所积累的经验、所采取的行动以及最终结果与工作中发生的事情的联系。

（三）案例研究

案例教学法是一种特殊的讨论法，由培训师提供具有典型意义的现实事件的材料，让受训者根据自身的知识、技能、思维对材料进行分析，找出案例中所隐含的理论，或者找到解决问题的方法。案例教学法更强调受训者的自主性，需要受训者做好准备，在小组交流中由主讲人首先发言，然后由其他人进行观点补充。

案例教学法最初由美国的哈佛大学商学院推出，在培养工商管理硕士中获得了较大的成功。现在，案例教学法的应用范围从管理教育领域扩展到培训领域，并在培训领域展现了独特的优势。

1. 优点

案例研究具备如下的优点：第一，调动了受训者的学习主动性。案例研究具体、丰富、生动，克服了理论学习枯燥、单一、死板的固有弊端，为理论学习提供了良好的氛围，调动了受训者的学习和研究兴趣，优化了培训效果。第二，能够集思广益。由于受训者的年龄、学历、工作经历等的不同，可以形成不同的解决问题思路，将这些个体解决方案综合在一起就会找到优于任何个体解决方案的恰当的解决办法。第三，培养团队合作精神。管理案例要求每一个受训者都积极参与讨论，所以每一个受训者都必须认真听取他人的意见，并对他人意见发表自己的见解，这样就锻炼了团队合作意识和协调能力，同时也提高了各自的沟通能力。

2. 缺点

当然，案例研究也有其固有的缺点，具体如下：第一，案例教学法对参与者的要求比较高，受训者和培训师的素质直接决定了培训的质量。第二，编制一个好的案例需要投入较多的人力、物力和时间，同时编写一个有效的案例需要有相关的技能和经验，因而案例的来源往往不能满足培训的需要，这也是阻碍案例教学法推广和普及的一个主要原因。第三，案例研究需要较多的培训时间，否则培训者没有足够的时间对受训者给予指导，受训者做出的决策可能很糟糕。第四，案例教学法不适合理论的系统学习和掌握。案例是众多事件中的个例，为实现创新和解决问题，一个案例可能涉及很多理论和知识，但这些知识之间的逻辑联系可能并不是很大。

对于案例研究可能存在的问题，可以尝试通过以下途径来解决：

一方面，选择合适的案例。案例是案例研究实施的关键，选择的案例应该兼有理论和实践的研究意义，并能够引起受训者的兴趣。另外，应根据不同的培训目的，选择不同类型的案例。比如，选择简单、生动的案例来说明问题，选择全面、反映客观事实的案例来探索研究，选择带有问题的案例来寻找解决问题的方法。案例可以直接引用，也可以根据培训需要进行修改。

另一方面，做好案例分析计划。在案例分析实施之前，培训师就应该做好充分的准备。首先，撰写案例说明，让受训者能够快速、清楚地理解案例的内容，明确自己的目标和任务。其次，可以为案例提供相应的图像、数据、图表、背景知识等附件，让受训者能更生动、更直观地了解案例。最后，为案例附上需要思考的问题，引导受训者的分析过程。

（四）商业游戏

商业游戏是由两个或更多的参与者在遵守一定规则的前提下相互竞争着达到预期目标，或者是众多参与者通过合作克服某一困难实现共同目标，要求受训者在游戏中收集信息、进行分析和进行决策。由于游戏的趣味性和竞争性的特点，常常能激发参与者的兴趣和学习主动性。游戏强调的是解决问题和决策，因此是管理开发中运用得比较广泛的一种方法。游戏常常以很强烈的商业目的为目标，例如利润最大化。游戏还可以以计算机技术为基础来设计，这将增加游戏的仿真程度和有趣性。

1. 优点

商业游戏的优点是比较突出的，这些优点包括：第一，能比较好地激发受训者的积极性。由于游戏本身具有的真实性和竞争性，可以刺激受训者学习。第二，游戏可以使受训者充分发挥自己的想象力，在改变自我认知、态度和行为方面具有神奇效果。第三，可以改善学员集体的人际关系，加深相互了解，有利于营造团队。为了使自己的团队在游戏中取胜，受训者需要不断地沟通、交流、交换经验，通过共谋计策，增强他们之间的信任感，有助于团队凝聚力的形成。第四，受训者将学到的东西与直观、复杂的情景相联系，理解和记忆就深刻得多，学到的知识也容易迁移。第五，培训费用较低，还可以使学员目睹产生的后果而无须付出高昂的代价。

2. 缺点

商业游戏的缺点包括：第一，它可能将现实过分简单化，这会影响受训者对现实的理解。尤其表现在游戏不能很好地模拟出企业的历史、文化，也很难模拟出企业所处的大的社会环境，例如其面临的社会压力，社会价值观等。因此，很难让参与者看到另外一种选择可能造成的影响和后果。第二，因为游戏与模拟毕竟不是现实，受训者也能意识到这一点，因而在活动中他们的决策可能相当随便，所以这种方法容易使人缺少责任心。有些学员可能过分享受游戏的乐趣，而不注重和思考究竟学到了什么。第三，商业游戏比较费时间，需要经常修改，有的甚至是从头设计。第四，许多商业游戏都有过分强调决策的数量方面，而忽视达到这些结果的手段。所有这些都对商业游戏的有效性有负面影响，尤其会影响到学习效果的转移。

在商业游戏的运用中应该注意增加游戏的真实性，使其更接近于现实；应该注意在学习中让学习者把握游戏中间的伦理和道德原则。商业游戏培训的使用范围是比较广泛的，可以适用于各种管理开发，尤其是高层管理者的开发；也适合人际交流能力的提高，例如集体合同签订，市场营销等方面的培训。商业游戏也特别适合以财务为衡量目标的培训，例如财务预算方面的培训。

阅读材料 宝洁的 Build A Tower（建塔）游戏

进入知识经济时代，很多公司企业热衷于人力资源开发，培训游戏是其中一个项目。其实，培训游戏可不单单看游戏者的各方面能力，它可间接地传递企业哲学。下面将以宝洁小小的培训游戏为例，打开一个深入看待“培训游戏”的新视角。

从宝洁培训课程的第二个游戏——Build a Tower 的详细叙述中，可以感觉：宝洁不仅仅是在测试团队的分工能力和考察团队领导的把握重点的能力，它还告诉被测者重要的企业哲学。

Build a Tower 游戏内容如下：在 15 分钟内，仅用报纸和透明胶纸在地上搭一个塔，越高越好。作者在完成任务的过程中发现了这样的难题：搭到一定高度后，发现塔根本站不住，因为中间有些“关节”比较脆弱。所以应先解决稳固问题，再解决高度问题。于是在每个关节处加固，但最后还是站不稳，因为毕竟只是报纸和透明胶布，塔基根本不牢固。一个绝好的解决办法：用胶纸从四个方向把塔身和地面连起来，起到平衡作用。

到这里，宝洁想要告诉员工的已经很清楚了：每张报纸何尝不是宝洁的每项业务，或者说开发的某种产品，目标是“塔尽可能高”，即公司要不断开发新的产品，寻找新的利润点，开拓新的业务，这样才能使企业不断成长和发展。而在这些产品开发和业务拓展的过程中，产品和产品的关联度，业务与业务的衔接是很重要的，体现在“报纸与报纸的黏合处”。然而解决了这个问题，却还没解决好“稳固”的难题。最后解决的办法是用胶纸“一以贯之”，从各个不同的方向从地面—塔基—塔身用胶布连起。在公司的经营过程中，胶布何尝不是一种管理要素，而这“一以贯之”的胶布难道不像企业的哲学、精神、价值观以及企业的文化吗？只有拥有共同的目标、共同的理念，整个企业才能稳固地不断成长，才能将企业的产品、业务统一到企业经营整体中，员工们，才能发挥高效作用。

因此，这个培训游戏其实告诉我们这样一个重要道理：管理的重要作用，企业文化的强大的粘合力，企业的各部分须良好有效地结合。

（五）仿真学习

仿真学习是对现实的工作情形或环境进行模拟的培训方法，受训者的决策结果可以反映出如果他在真实的工作岗位上会发生的真实情况。这种方法需要向受训者提供和工作情境相类似的设备、仪器及器材帮助培训，所以需要开发模拟器，即员工在工作中所使用的实际设备的复制品。

开发模拟器的关键在于它们对受训者在实际工作中所使用设备时遇到的情形的仿真程度。通过对模拟器的操作，受训者可以在一个人造的、没有风险的环境下看清他们所做的决策的影响，而且不用担心错误决策会给在实际生产线使用实际设备造成的损失。当真实的机器让受训者操作很危险时，或者实际机器的复杂操作需要培训，将各个子活动分离开来进行教学时，这种方法尤其适用。例如，时代华纳公司在公司的培训中心里建造了一座两层楼房，专门用于培训电缆安装工人。受训者在这个房子里接受仿真模拟训练，学习如何正确安装电缆和高速网络线路。他们练习钻孔，并在房子里四处爬动，以适应将来在不同类型的房屋结构里工作。美国运通公司开设了一个模拟现实的呼叫中心，新雇员要在这个仿真环境里接受培训。新雇员进入的仿真培训中心和现实中的呼叫中心结构完全一致，配备与中心完全相同的设备，并且培训中心使用的数据库与真实的呼叫中心的数据库完全相同，并配有角色扮演设备（使用语音识别软件来模拟真实电话）。

1. 优点

仿真学习的优点包括：第一，避免风险和实际损失。由于仿真学习是在一个人造环境中进行的培训方法，受训者所做的决策不会影响实际工作结果，从而避免了错误决策带来的损失。第二，增强受训者的信心。受训者可以大胆做出决策，不必担心错误决策造成的后果。通过对模拟器的操作，受训者掌握了在实际工作过程中可能会遇到的各种情境的处理方法，从而增强了受训者的适应力和信心。

2. 缺点

第一，开发模拟器的费用高，对模拟器的仿真程度要求高而且需要不断更新。因此，在模拟训练中应该注意系统与工作环境的相同性，提高仿真度。第二，在计算机模拟的条件下还应该注意学习者在计算机条件下可能产生一种对虚拟空间的错误感觉，当他们回到实际环境中时，可能仍然以虚拟条件下的空间感来测度现实条件下的空间，这可能会出现问题。

模拟培训的适用范围也是很明确的，它特别适用于生理或物理反应等方面的培训，如飞行员和宇航员的培训、驾驶员或者昂贵机械的操作。

（六）行为示范

行为示范是指向受训者提供一个演示关键行为的示范者，然后给他们机会去实践这些关键行为。这种方法以社会学习理论为理论依据，该理论强调学习是通过观察示范者演示的行为及替代强化而发生的。行为示范更适合于学习某一技能或行为，而不太适合于事实信息的学习。研究表明，行为示范是传授人际关系和计算机技能的最有效的方法之一。

行为示范的培训步骤可以分为四步：第一步，展示样例。通过录像、录音等方式向受训者示范某项工作的标准行为方式。第二步，学员模仿。观看样例后，受训者在模拟的情境中进行模仿。第三步，强化提高。培训师对受训者的模仿表现进行评价和指导，让受训者在反复练习中接近样例中所展示的标准或正确的行为。第四步，实际应用。给受训者提供一个实际工作的环境，让受训者在工作中运用培训所学的技能。

1. 优点

第一，通过行为示范，受训者可以直观感受某项工作的正确或标准的行为方式，这比培训师口头传授、资料阅读等学习方法更加生动和直接。第二，行为示范简单、标准、固定，特别适合机械操作方面的培训。

2. 缺点

第一，行为示范提供的是一个简单、标准、固定和缺少变化的模型，受训者对模型做反复、机械的模仿，演练过程相当枯燥，容易失去学习兴趣。第二，行为示范所提供的模型暗示学员在遇到某固定问题时应该采取哪种标准的行为，受训者记住的可能就是一个固定的行为。然而，实际工作中会遇到很多特殊的情况或者不确定性，任何具体的行为方式都不可能普遍有效，故行为示范所提供的标准行为不一定能帮上受训者。若受训者形成了思维定式，标准行为可能反过来成为阻碍受训者进步的障碍。

针对行为示范这种方法存在的问题，应该在某些具有一定灵活性的培训项目中增加多样性和可变性，如人际交往培训、管理技能培训等。

三、实地培训法

实地培训法就是为了避免所学知识与实际工作相脱节的问题，在工作场地进行培训的一种方法。该类型的方法与前面两种方法都不同，实地培训是将工作和学习融为一体的方法，而前两种方法都明确地将学习与工作分开。虽然体验法也强调对实际过程的感觉，但是这种感觉是虚拟的，而很少是在工作场所实际发生的，因此，这种体验是一种课堂中的体验，而实地培训的体验是真正的体验。由于这种方法将学习与工作融于一体的特点，它很容易解决培训中的许多根本性的问题，例如学习与工作脱节，学习后获得的 KSAIBs 不能转变为行为等。正因为如此，这一方法在企业培训中得到了广泛应用。实地培训法包括师徒制、工作轮换制、调查法等方法。

（一）师徒制

师徒制培训，是指在企业中采用师傅带徒弟的方式进行培训，是一种既有在职培训又有课堂学习的，兼顾工作和学习的培训方法。这是最传统、历史最悠久的在职培训方式之一。这一方法的适用范围主要在技能性行业：木工、电工、车工、管道工、砖瓦工等。

传统的师徒训练法早在行会制时期就已存在，在早期的运用中没有系统的培训形式和程序。一般而言，就是根据具体需要，由一名经验丰富、技能熟练的老员工带领一名或多名新员工，通过口头传授、示范演示、操作指导等方式让新员工在规定的时间内适应工作环境、掌握工作技能、实现从学徒到熟练工的转变，尽快融入企业的日常工作中来。随着师徒制的广泛运用，这种培训方法已经成为企业新员工培训的正式形式，也形成了正式的程序。新式的师带徒训练要求根据学习的技术程度，制订学习计划，并指定专人负责，采用在职培训和课堂培训相结合的方式分阶段进行培训，因而效率得到大大提高。在实际培训过程中，该方法可以与讲座、录像、图形演示、计算机模拟等方法结合使用。

1. 优点

师徒制培训方式作为一种最传统的培训方式，存在以下几个优点：第一，师傅带徒弟的培训内容以及过程都与未来的具体工作有着直接的联系，新员工通过培训可以直接掌握未来工作所需要的知识与技术，目标明确，带教效果好，员工可以在师傅的帮助下尽快适应工作岗位。第二，师徒制培训方式最特殊的地方是强调“师”与“徒”之间的互动与交流，师傅与徒弟之间的关系远超过工作上的指导与合作的关系，师傅对徒弟的教育与指导还涉及徒弟的情感、价值观等生活中的其他方面。第三，可以让受训者在学习的同时获得收入，受训者的工资会随他们的技术水平的提高自动增加。

2. 缺点

这一培训方法也有其缺点：第一，培训效果受师傅个人素质的制约。并不是所有师傅的经验都是可靠的，他们的知识或技能很有可能不是最优的，但往往连他们自己都未察觉到。第二，不能满足大规模现代化生产的需要。我们不能指望企业所有的员工都由这种方法进行培训，否则效率会低到极点，所以这种培训方法使用范围很小。第三，时间持续太长。通常需要几年的时间，所以不能保证仍然有合适的空缺岗位留给受训者。第四，“师”与“徒”之间存在着客观的利益矛盾与冲突。古语说“教出徒弟，饿死师傅”，有时候徒弟掌握了知识与技能后可能就成长为师傅的竞争对手，对师傅的工作利益产生威胁，很多师傅都有这样的顾虑。故自古以来，很多师傅在传授徒弟技艺时往往有所保留，如此必定会对徒弟的工作产生负面影响。

为保证师徒制的培训效果，企业可以在管理上加强调整。首先，采用结构化形式，由资深雇员对受训者进行培训。其次，对于“师徒矛盾”，企业可加强对徒弟的思想教育，树立尊师重道、谦虚好学的学风；加强对师傅的利益弥补，如通过绩效评价对其指导工作给予充分的重视和奖励。

阅读材料 博世学徒制：车间里的竞争力

很少有人不知道奔驰，但确实有许多人不知道博世，殊不知博世公司的一举一动都主宰着整个汽车工业的发展，整车一万多个零部件中，至少有几百个核心零部件都是博世制造的。博世继承并发扬了德国制造品质可靠、技术卓越这一传统，并且在很多方面更胜一筹。

为什么“德国制造”在全世界都受到追捧？许多人给出了不同的答案，但有一个是大家都谈到的——双元制职业教育体系。这种“一元在学校，一元在企业”的工学交替的学徒模式为德国培养了数不清的高素质技术工人。

博世公司的创始人罗伯特·博世先生本人就出身于学徒，但他自己的学徒经历并不愉快，所以他立志将来培训学徒时要格外用心和投入。从 1913 年博世成立了第一个学徒班至今，一百年来学徒制已经为博世在全球的工厂培养了超过十万名的生力军。2007年，博世第一个中国学徒培训中心在苏州成立。

博世学徒制具有以下四个特点：①培养流程生产化。博世学徒制更像一个融入了全面质量管理的生产流程，包括了“订单—采购—生产—检验—交付”所有环节，只不过它最终交付的产品是“学徒”。②培训方式任务化。所有学徒培训项目都是任务导向，模拟的是学徒今后工作中可能遇到的任务，强调将流程观念牢牢植根于学徒脑中。③学习过程自主化。师傅（教师）有意识地培养学徒自学和自己解决问题的能力，鼓励他们去摸索尝试，而自己只是作为辅助人员旁观。④技术头脑商业化。用“微公司”模拟真实的企业运营流程，由学徒自主管理。学徒将独立运作整个“微公司”，了解真正的生产运营和商业运营环境。走上工作岗位的博世学徒，对质量和标准更一丝不苟，他们更能从客户的角度考虑从而解决问题，也给团队注入了新知和学习动力。

学徒制培训需要大投入，只有长期防止他们，企业才有回报。如何才能防止这些学徒被其他企业高价挖走呢？博世的答案是实行全员人才发展。每个员工在博世都有三条发展道路：成为人员管理者，成为项目管理者或成为专家型人才。学徒更多的是选择第三条道路——成为某一领域的专家。为此，博世会从三方面下功夫：①勾画职业前景。在招生时就为学徒描绘职业发展道路。②寻找志同道合者。在选拔时挑选与企业价值观契合的学生。③磨合调整。在第三年在岗实习时为学徒提供与未来部门同事和老板磨合的机会。

博世预测中国制造业很快就会出现蓝领技术工人大饥荒，所以它坚定地将学徒制引入中国，并且加大投入，为未来培养后备军。

（二）工作轮换制

工作轮换又可称为轮岗，是指在一定的时间内安排员工在计划范围的不同岗位上工作，使员工获得不同岗位的工作经验，尽快熟悉各部门的工作程序，扩展员工人脉，锻炼各种技能，为未来承担更重要、更高层级的工作做好准备。该种方法一般主要用于新进员工，现在很多企业采用工作轮换则是为培养新进入企业的年轻管理人员或有管理潜力的未来的管理人员。

在为员工安排工作轮换时，要考虑培训对象的个人能力以及其需要、兴趣、态度和职业偏爱，从而选择与其合适的工作；工作轮换时间的长短取决于培训对象的学习能力和学习效果，而不是机械地规定时间。

1. 优点

第一，在员工方面。首先，通过不同岗位和部门的工作实践，员工能够锻炼各种工作技能，提升自己的职业能力，包括人际交往能力，为以后的工作扫除障碍。其次，通过在各岗位和部门的工作，员工能够了解整个组织的运作和发展情况，形成或修正职业价值观，最终改善工作绩效。最后，不同岗位和部门的工作实践可以让员工充分了解自己的职业兴趣、职业能力和职业追求，了解自己的优劣势，从而找到适合自己的工作岗位，为自己的职业发展规划提供有利的参考。

第二，在组织方面。首先，通过岗位轮换，组织充分了解了员工的职业能力、职业兴趣、职业价值观、绩效表现等，这为内部人力资源配置提供了依据。其次，岗位轮换培养了管理人员的综合素质和人际交往能力，有利于培养出一批杰出的管理人才。最后，岗位轮换提高了员工的工作能力，也就实现了组织人力资源存量的增值，从而提升了组织的竞争力。

2. 缺点

第一，受训者需要在短时间内实现在不同岗位上的轮换，很难学会各种不同的工作技能，因而在不同岗位上的绩效或许达不到理想状态，从而影响整体工作的开展。

第二，受训者工作轮换后的工作安排或者晋升计划一旦泄露，即如果各部门了解受训者的“身份”，那么轮岗部门同事间的关系因为工作利益的考虑将会变得很微妙，从而使得信息沟通产生失真、不完整的情况，必然无法达到原本的培训目标。

对于工作轮换可能存在的问题，我们可以从以下几方面来调整或避免。首先，应该制订科学的培训计划，在对各岗位工作要求和受训者能力具有一定了解的情况下，科学地确定受训者在各个岗位上工作的时间和强度。其次，要建立各种信息反馈渠道，保证信息反馈的全面、真实。最后，重视各部门主管在这一培训方式中所扮演的角色的重要性，让他们参与到培训计划中来，鼓励他们积极配合培训计划的执行。

（三）调查法

调查法是让受训者亲自到工作现场对实际事物进行观察、研究，从生动具体的实践对象中开阔视野，接受形象化的启迪，从而验证并掌握所学知识的一种培训方法。它对培养受训者的观察能力具有一定的作用。该方法可以与讲授法结合使用，如经济管理和生产管理课程的培训就可以经常组织受训者到一些工厂、企业进行参观访问，增强受训者的感性知识，从而加深其对知识的理解和记忆。

1. 优点

第一，具有很强的实践色彩。调查法所调查的对象是课堂上不能演示的，受训者看到的事物处于自然状态中，所以可获得直观、真实、鲜明的印象。第二，理论联系实际。通过实地调查，扩大了受训者的眼界，使之把学到的理论与社会实践紧密结合起来并在接触社会生活实际过程中受到生动、深刻的教育，激发受训者的求知欲及参与社会实践的意识。

2. 缺点

第一，调查法不同于一般的参观、旅游，如不根据培训内容需要，没有周密的培训计划，培训就流于形式，只是走过场。第二，调查到第一手的真实资料有一定的难度。一般情况下，调查对象对成绩谈得多，对问题谈得少。

克服调查法的缺点的方法是：第一，在进行调查前一定要明确培训的目的，参观访问要依据培训目的精心组织。第二，要结合侧面了解的第二手资料做出比较客观的结论。

四、基于现代技术的培训方法

随着人类知识的不断丰富，科学技术取得的突飞猛进的发展，培训领域一直都是受技术影响比较多的管理领域，科学技术的发展一直伴随着培训。由于近年来人们将多媒体、计算机、互联网技术等引入培训中，产生了基于现代技术的培训方法，其影响可以说是革命性的，这是对传统培训方法的变革。虽然这些新的培训方法并不能替代传统的培训方法，但是在与传统方法的配合使用中，却对培训的各个方面都产生了深远的影响，不仅仅是培训方法的改变，在许多时候更是对学习理念的革命性影响。

随着多媒体、计算机、互联网等新技术的发展和普及，培训工作也发生了深刻的变化。首先，新技术使自我学习这种方式成为可能。员工要想提高自身的知识和技能，再也不必脱离工作岗位跑到遥远的地方接受培训，既费时又费力。通过利用新技术，员工完全可以根据自己的需要，自行决定学什么和什么时间学，完全不受时间和地点的限制，这样就给予员工在学习上更多的自主权，从而既调动了员工的学习积极性，又为企业节省了一大笔差旅食宿费用。

其次，新技术的使用可以使学习和实践活动紧密结合。在知识经济时代和信息时代，获取手头问题的知识和信息的能力将变得至关重要，所以学习和工作同时进行也就成为亟待解决的问题。新技术的发展给我们提供了这种可能性。通过互联网，员工们可以获取自己所需要的知识，还可以通过沟通和交换信息解决工作中的实际问题。它甚至可以代替传统的案例分析而直接对当前的实际问题展开讨论，所以培训效果大大提高。

再次，新技术的发展可以使受训者选择自己喜爱的学习方式进行学习。如有些人通过听与说获取信息知识最有效，另一些人则通过画面与图表学习最有效，通过计算机开展的培训和多媒体就可以使所有的受训者按照自己的偏好进行学习，从而使学习效果事半功倍。

最后，新技术的发展使信息的传递速度大大加快，使管理培训成本大大降低，使资源的利用率大大提高。

（一）多媒体培训

多媒体培训就是将各种视听辅助设备与计算机结合起来进行培训的一种现代技术。多媒体培训方式给受训者提供的是一个“人机互动”的环境，经过多媒体技术传递的培训内容变得更加生动、有趣，将原本枯燥乏味的课堂讲授变成了多姿多彩的多媒体课堂培训。

1. 优点

多媒体培训方式的优点如下：第一，在计算机系统的引导下，受训者能以更直观、更生动的方式接受知识，掌握技能，改善态度，培训过程具有生动性和趣味性，培训效果得以提升。第二，多媒体教材的制作往往是标准化的，可以反复使用，提高资源利用率。第三，多媒体教材的使用在时间上没有限制，受训者可以根据自己的时间安排来接受培训。第四，多媒体培训可以在过程中调动人的多种感官，加深受训者的培训印象。第五，互动性较强，可以指导受训者接受培训，及时跟踪受训者的培训进度和效果。

2. 缺点

第一，多媒体培训对计算机设备和软件的依赖性很强，“人机互动”的方式使培训所承载的内容类别具有一定的限制，对某些培训内容不适用，如对人际交往能力的培训。第二，多媒体教材的标准化或同质性不能完全符合培训的需求。培训的进度与环境、受训者的情况等都不是一成不变的，培训需求也在不断发生改变，故培训内容应该根据实际需要不断更新。然而，多媒体培训教材的培训内容不能经常更新，开发的费用又比较高，故无法完全适应培训的需求。

采用多媒体培训方式时应注意以下两个方面：一方面，多媒体培训方式由于其自身的特点，应该被运用在适合的培训项目中。另一方面，培训教材中的内容应尽量选择稳定性比较高的知识或技能，如对新进员工的基础培训就可采用标准化的多媒体教材。另外，在条件允许的情况下，应适当更新多媒体教材的内容。

（二）计算机辅助培训

计算机辅助培训是通过计算机运行一定的课程程序和软件，与受训者进行互动的一种培训方式。例如，维迪肯公司在华盛顿经营一家便利店，为了让其管理人员学会写绩效考核评语，它购买了一种名为“从现在开始行动!”的软件。通过该软件，管理人员学会了如何写好绩效考核评语和提高自身的管理能力。培训的程序大体包括计算机提出问题、受训者回答问题、计算机分析答案并给受训者提出建议四个步骤。

1. 优点

第一，受训者可以自我控制整个培训过程。第二，具有良好的互动性。计算机辅助培训是受训者通过运行软件或程序与计算机进行互动的过程。受训者在互动的过程中不但能完成课程的学习，还能得到培训结果的评估以及学习改进的相关建议。第三，培训时间和资料的利用率得到了提高。

2. 缺点

第一，难以控制培训的完成度和培训效果。计算机辅助培训是一个受训者自主培训的过程，培训的时间、内容、进度等都由受训者自主安排，故很难保证培训的完成情况。第二，培训内容上受到一定的限制。计算机辅助培训是一个受训者与计算机互动的过程，所以无法胜任那些需要与人交流或合作的培训项目。第三，培训的针对性较差。计算机辅助培训所提供的培训材料和工具都是标准化制作的，且开发的成本较高，所以无法满足受训者差异化的培训需求，无法实现因材施教。

实施计算机辅助培训时应注意几个问题：第一，应保证受训者拥有较强烈的学习欲望、较好的自我控制与监督能力以及计划能力，这样才能在没有外在监督的情况下保证完成培训任务。第二，加强技术研究，降低成本，在条件允许的情况下对培训材料或工具进行相应的更新与调整，以便适应技术进步或知识更新等因素所带来的培训需求的变动。

（三）网络在线培训

网络在线培训是一种以互联网为平台的培训方式。网络中有各种课程和专家，受训者可以根据需要自主选择，控制学习进度，查阅考核结果。

1. 优点

网络在线培训的优点有：第一，速度快。以互联网或内部网为媒介，培训的相关信息能够快速传递到每个受训者，只要能够上网，受训者就可以快速接收所需要的信息。当培训内容或培训目标发生改变时，信息也可以及时更新并快速传递。第二，成本低。网络在线培训可以快速传递大量信息给大批受训者，增加学习人数而不需要追加发送成本和时间，具有较高的经济规模效应。另外，由于服务对象数量较大，故每个人所需要的学习成本较低。第三，服务优良。网络在线培训不受时间、地点的限制，给学员提供了一个自主学习的空间。另外，网络在线培训能够将一致性与个性化相结合，并根据需要及时提供信息的更新、反馈与共享，让受训者得到较好的培训服务。

2. 缺点

第一，网络在线培训对受训者的自我管理能力、控制能力以及自我效能要求很高。第二，个性化成本很高。为受训者提供个性化培训服务需要花费较多的时间和代价。

网络在线培训的实施需要注意的是：第一，关注受训者的培训情况，可通过定期汇报的方式进行监督，对于自我管理能力表现出色的受训者给予一定的奖励，鼓励受训者自主、高效地完成培训。第二，可更多地运用于与培训内容一致性比较明显的培训项目中，或者在条件允许的情况下加大技术研究，降低个性化成本。

（四）多媒体远程培训

多媒体远程培训是指运用网络进行远距离教学的一种培训方式。这种远程培训方式与在线网络培训不同，在线网络培训是通过因特网或内部网传递教学内容，只要拥有计算机设备和网络，受训者就可以随时随地接受培训，而远程培训结合了各种多媒体技术，将培训的内容通过声音、图像等方式传递到各个教学地点，受训者需要到各地专门的教师那里接受远在外地的培训师的培训。对受训者来说，如同进入了一所虚拟学校，远在外地的培训师通过多媒体技术进行课程讲授，向受训者提问、答疑。受训者可以在课堂上提出疑问，通过网站、电子邮件或可视会议系统与培训师进行互动。随着技术的发展，多媒体远程培训已经能够达到多边远程互动的效果。

1. 优点

第一，感官效果佳，培训的现场感强。第二，突破了时空的限制。第三，多向式沟通，信息流动效率高。

2. 缺点

第一，研发成本高。第二，技术要求高。第三，多媒体远程培训需要传递大量的视觉材料，所以需要将其他材料进行技术处理和转化才能方便受训者阅读。

实施远程培训应注意两个问题：第一，由于多媒体远程培训的研发成本高，故应保证拥有足够多的服务对象，只有组织规模化的培训才能实现较低的人均使用成本，缩短投资成本回收期，减轻财政压力。第二，由于远程培训对技术的要求高，故应在拥有过硬的技术支撑时采用这种培训方式。另外，在运行多媒体远程培训时应定期或不定期地进行技术维护，保证培训在良好的技术环境下顺利开展。

（五）其他方法

基于现代技术的培训方法还包括 E-Learning（网络培训法）、虚拟现实培训和卫星远程培训等。

美国 E-Learning 专家罗森伯格认为 E-Learning 是利用网络技术传送强化知识和工作绩效的一系列解决方案。他指出 E-Learning 要基于三大基本标准：第一，E-Learning 互联成网，能即时更新、储存、利用、分配和分享教学内容或信息；第二，E-Learning 利用标准的网络技术，通过电脑传送给终端学员；第三，E-Learning 注重的是最宏观的学习，是超越传统培训典范的学习解决方案。

虚拟现实培训是指以真实工作环境为模型，让受训者在仿真的虚拟环境中完成培训的一种培训方式。

卫星远程培训是结合因特网，通过卫星数据通信技术，将培训现场的实况传送出去，使其他会场能够同步观看培训现场情况，并通过各种方式与培训师进行交流。

阅读材料 从传统培训到移动学习

人们接触的信息技术和数字工具日益丰富，平板电脑和手机成为大多数人的必备生活用品。云计算技术的发展让每一个智能设备都成为一个接收终端，个人则成为需求和供给的计算中心，促进社会全面进入网络社会，互联网逐步成为人们获取知识、传播知识的主要渠道和新趋势。

丰饶的数字经济

随着经济的发展，人们的生活方式越来越被打上移动互联的印记，接受和传播知识的方式也随之发生改变：

·人们获取知识的途径越来越广泛，微博、博客、游戏、社交网站等，让大量原本封闭的知识开始流动、传播开来，正冲击着传统的知识传播体系。

·人们越来越倾向于从手机获取个人发展和教育学习类的信息。2010年中国移动互联网广告统计报告数据显示，用手机获取个人发展信息是互联网的两倍，而教育学习类信息则是互联网的1.3倍。

·移动学习方式可以让人们随时、随地、随需学习，而不是像以往一样被灌输式地学习，学习的主动性以及学习效果都获得大大提升。

企业培训方式转变：从集体泛化到个性深度培训

作为企业人力资本增值的最重要手段之一，随着移动互联时代的到来，企业培训方式正在发生转折性的变化。

从传统培训到移动学习

企业的管理者或培训实施者大多是站在自己的角度开展培训活动，往往忽略了员工自己的真实需求，而这些需求得不到有效满足，就无法真正提升培训活动的投入产出比，也无法为企业带来实际的降本增效。企业若想满足员工在新环境下的实际培训需求，就必须对现有的培训方式进行变革，通过建立灵活、高效的移动学习机制，为企业降本增效。

通过简单的粗略模拟计算，可以让我们对移动学习的投入产出比产生更大的兴趣。以某企业针对单项技能的30人特定员工群体的年度培训为例，传统的培训方式都需要租赁场地、员工差旅、购买课程、聘请讲师，还要投入相关的培训服务人员以及管理人员。甚至在培训期间内，参与培训的员工都是在消耗公司成本而没有产出。相反来看，移动学习则只需要搭建一套随身的学习平台，不仅不会产生培训误工费，还会充分利用员工工作外的碎片时间为企业创造额外效益。根据设定的假设条件，两者粗略计算的投入产出比的对比如表1所示。

表1 移动学习与传统培训的投入产出比分析

项目	成本投入						效益产出		投入产出比
	场地费	差旅费	课程费	讲师费	误工费	平台费	人力增值	时间增值	
传统培训	5万	25万	15万	35万	23万	0	100万	0	102%
移动学习	0	0	15万	0	0	35万	100万	54万	308%

备注1：假设某企业每年传统培训10次，每次培训时间为两天，参加培训人员为30人，其中15人需来回机票2万/次，酒店费用0.5万/次；假设员工每日工资为300元。

备注2：本次统计为粗略计算，只限于假设的30个员工，若延伸至企业全部员工，移动学习产生的时间增值以及人工成本减少的数据会更大。

经过对比，移动学习的投入产出比是传统培训的3.02倍，加上移动学习所产生的实效性、交互性以及持续产生的平台聚合效益，移动学习都是数倍地优于传统培训方式。不论是大型企业还是发展中的中小企业，都需要尽快搭建自身的移动学习体系，建立高效的移动学习平台，推动人力资本的保值增值，建立企业快速学习和发展的竞争优势。

建立灵活高效的移动学习平台

建立移动学习平台可以降低企业学习培训的成本。在这个过程中，企业需要针对特定的员工群体，将员工视为服务的用户，从其实际学习成长的需求出发，定制化地提供个性化的学习内容、实时的学习反馈、社区化的学习主题、集中的学习管理，从而帮助企业不断积累云学习知识库，建立起灵活、快速、智慧的学习机制。

高效实用的移动学习平台需要具备以下三个特点：

· 简单易用：良好的用户体验是提高学习平台使用率的最有效手段，从产品的设计、研发到试用、推广，都需要持续不断地优化用户体验。用户体验的核心在于直接而简单地满足特定用户的实际需求，避免复杂功能产生的无所适从感。

· 个性定制：平台的核心价值在于满足特定员工群体的个性化学习需求。因此，企业首先需要明确移动学习平台所要服务的员工群体，如一线人员、客服人员、技术人员、基层主管、中层经理等，通过需求调研和分析，为其量身定制相应的微型培训课程，实现随时随需的下载和推送。

· 管理多维：平台须满足企业内不同工作角色的管理需要，包括企业管理者、培训管理者、员工三个群体。同时，设定不同的管理权限，且每个单独的特定学习平台不仅可以独立部署，也可以实现多个学习平台之间的融合互通，在兼顾个性的同时实现企业综合平台的统一。

移动学习是网络社会环境下的必然趋势，人与信息的交互方式正在向更加精确和个性化的方向转变。针对特定员工建立移动学习平台，不仅是企业培训变革的实际需要，更是员工学习成长和企业长期持续发展的重要基石。

第二节　各种培训方法的比较

从以上培训方法的介绍中我们可以看到，每种培训方法都有其优点和缺点，作为一名培训者或管理者，在工作中经常需要选择一种或几种培训方法。在大量可供选择的培训方法面前，你也许会感到手足无措。这时，一种可行的办法是对各种培训方法进行比较。表5-1根据不同的特点对以上讨论过的培训方法进行了评价，对学习成果的类型进行了确认，分别对学习环境、培训转化成本和效果等方面评出了高、中、低三个等级。

表 5-1　　不同培训方法的比较

	演示法		体验法						实际培训法			基于现代技术的方法			
	讲授法	视听法	讨论法	角色扮演	案例研究	商业游戏	仿真学习	行为示范	师徒制	工作轮换	调查法	多媒体培训	计算机辅助培训	网络在线培训	远程培训
学习成果															
言语信息	是	是	是	否	是	是	否	否	是	是	是	是	否	是	是
智力技能	是	否	是	否	是	是	是	否	是	否	否	否	是	是	是
认知策略	是	否	是	是	是	是	是	是	否	是	是	否	是	是	是
态度	是	是	否	是	否	否	否	否	否	否	否	是	否	否	是
运动技能	否	是	否	否	否	否	是	是	是	是	是	是	是	是	是
学习环境															
明确的目标	中	低	中	中	中	高	高	高	高	高	中	低	高	中	高
实践机会	低	低	低	中	中	中	高	高	高	高	中	低	中	低	低
有意义的内容	中	中	中	中	中	中	高	中	高	高	中	中	高	高	高
反馈	低	低	高	中	中	高	高	高	高	高	中	中	中	中	高
观察他人并互相交流	低	中	高	高	高	高	高	高	高	高	高	中	中	中	高
培训转化成本	低	低	中	中	中	中	高	高	高	高	中	低	低	高	高
开发成本	中	中	低	中	中	高	高	中	高	中	中	中	高	高	高
管理成本	低	低	中	中	低	中	低	中	高	低	中	低	低	低	中
效果	对于言语信息效果好	一般	一般	一般	一般	一般	好	好	好	好	一般	好	好	好	好

实际上，没有一种培训方法是万能的，没有一种方法将永远是最佳的，重要的是根据不同的教学内容、目的，根据教学对象的不同，时间地点等的不同，选择不同的方法，对于进行选择的人来说，重点是了解不同方法的优缺点，了解不同方法在应用中应注意的问题。

第三节　培训方法的选择

作为一名培训者，如何选择培训方法至关重要，因为这直接关系着培训工作的成败。作为培训管理者，或者是作为培训师都会面临选择培训方法的难题，因为培训方法的多样性，再加上不同的培训方法具有各不相同的优缺点，所以其应用范围也各不相同。这就使选择培训方法变得很难，许多培训者会在这时变得不知如何下手。

先进公司和领先企业都十分重视培训方法的选择。例如，在快餐业领先的麦当劳，根据其战略所确定的培训要点是：工作态度的三 C（沟通、协调、合作）、清洁、快速和标准化。它又根据培训对象的不同将培训分为两大类，一类是一线员工培训，一类是管理层的培训。在一线员工培训方面，他们将培训内容模块化，设计了 10 天的课程，实地进行，包括各个环节（厨房调理、炸鱼、烘包、炸薯条、煎肉饼、进货、仓库进出、站柜台、大堂服务、办儿童生日会），各项工作已经标准化，易学易懂，平均两小时一项。选择的培训方法有两种，一种是老员工当培训员培训新员工，一种是录像，对每个操作都进行了录像，在学习每一项操作之前看 20 分钟的录像。

既然有这么多的培训方法和手段可供选择，那么我们究竟应该选哪种呢？在考虑这个问题的时候，培训者应该遵循一定的原则，同时参考培训目标、可利用的资源和受训者的特点等因素来进行选择。培训技术的选择是保证培训实现理想目标的根本，每一种培训技术都有其长处和短处，选择一个好的培训方法是至关重要的。

一、培训方法选择的原则

培训方法选择的原则有如下五个：

（1）目标导向性原则。培训的目标是确定培训内容、制订培训计划、开展培训效果评估的根本，故应该以培训目标为导向，选择合适的培训方法与技术。

（2）实用性原则。培训的最终目的是提高工作绩效，故培训方法和技术的选择应该考虑其在实际工作中的运用效果。

（3）经济性原则。培训活动从本质上来说是一种人力资本的投资。根据利润最大化的原则，在选择培训方法时应考虑投入—产出比，选择经济效益较好的培训方式。

（4）兴趣引导性原则。受训者的态度是影响培训效果的关键之一，故应选择能激发受训者兴趣的培训方法和技术。

（5）全面性原则。一个培训项目的完成不一定只需要一种培训方法，同一个培训项目中可能有多个不同层面的培训要点，这就需要采用多种培训方法相结合的方式来完成整个培训。故在选择培训方法和技术时应全面考虑各种培训方法与技术的适用性，最终选出最合理的培训方法组合。

二、培训方法选择的依据

每种培训方法都有优势和劣势，企业在选择时应全面考虑以下因素：

1. 培训的目标

在选择培训方法前应明确培训的目标，即希望通过培训达到怎样的学习效果，如知识的掌握、技能的提高、态度的改善、绩效的提高、观念的转变、思维的发展、心理的调整等。不同的培训方法能够达到不同的培训目标，如对企业基本信息的掌握可采用讲授法，对角色的把握可采用行为示范等。

2. 培训的内容

不同的培训内容适用不同的培训方法，所以在选择培训方法前应对培训内容进行分析，根据培训内容的特点选择合适的培训方法。培训的内容大致可以分为知识培训、技能培训和态度培训。知识培训涉及理论和原理、概念和术语、产品和服务介绍、规章制度等的介绍，知识培训可以促进学员对实际学习的理论的掌握并扩大其知识面；技能培训涉及生产与服务的实际作业和操作能力，这类培训要求学员自己动手实践并能够及时发现不正确或不规范的做法，以便及时更正；态度培训涉及观念和意识的改变，以及言行和心态的改变。

3. 培训对象

培训对象群体的特征包括受训者的构成、工作可离度和工作压力，这些特征都会对培训方法的选择产生影响。受训者的构成包括员工的工作特征、受训者的个性特征以及技术心理成熟度。工作可离度是指暂时离开工作岗位，其工作交给他人的可替代性，当员工的工作可离度低时，企业不便于采用集中培训的方式。当员工的工作压力大时，员工会主动提出培训要求，此时就可以采用员工自主性较强的培训方法。

下面根据培训对象的成熟度和在组织中的职位层次进行培训方法选择的说明。

1. 学员的成熟度

根据学员的学习能力和学习态度，可以将他们划分在四个不同的区域内，如图 5-1 所示。

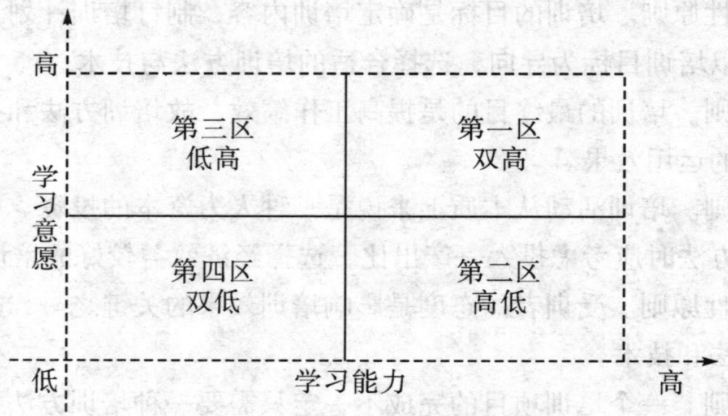

图 5-1 学员成熟度的划分

图中第一区的学员成熟度高，即学习意愿和学习能力都高；第四区的学员成熟度低，表现为学习意愿和学习能力都低；第二区为高低区，表现为学员有学习能力却无学习意愿；第三区为低高区，表现为学员有学习意愿却无学习能力。根据学员成熟度的不同，可以采用不同的培训方法，具体的培训方法的选择如表 5-2 所示。

表 5-2 **根据学员成熟度选择培训方法**

成熟度区间	学员行为特点	宜采用的培训方法
双高区间	自信心强、自主和自控能力较强，喜欢比较宽松的管理方式和更多的自由发挥空间	研讨会、案例分析和自我导向法等
双低区间	缺乏能力又不愿意承担责任，需要得到具体且明确的教导和指导	讲授法、提问法等
高低区间	有学习能力但缺乏学习意愿，应加强沟通，调动其学习积极性	案例分析、角色扮演和游戏模仿等

表5-2（续）

成熟度区间	学员行为特点	宜采用的培训方法
低高区间	缺乏学习能力，应提供支持和帮助，一方面选择合适的培训方法，另一方面帮助其掌握学习方法	讲授法、角色扮演、一对一教练法等

2. 学员的职位层次

选择培训方法除了要考虑培训对象的成熟度以外，他们的职位要求和所承担的具体职责也是需要考虑的重要因素。具体选择标准如表5-3所示。

表5-3　　根据学员职位层次选择培训方法

职位层次	工作性质	宜采用的培训方法
基层人员	负责一线的具体操作，其工作性质要求其接受的培训内容具体且实用性强	角色扮演法、一对一教练法、游戏模仿等
基层管理者	在一线负责管理工作，其工作性质要求其接受如何与一线工作人员和上层管理者进行有效沟通的培训	讲授法、案例分析法等
高层管理者	负责组织的计划、控制、决策和领导工作，其工作性质要求其接受新观念和新理念、制定战略和应对环境变化等的培训	了解行业最新动态的讲授法和激发新思想的研讨法，以及激发创新思维的户外训练法等

3. 培训条件

任何培训方法的实施都需要一定的预算或条件，如设备、费用、场地、特定的培训师等。不同的培训方法所需要的预算和条件是不同的，所以在选择培训方法前应考虑企业是否能够支付预算和提供其他条件。比如，预算紧张时培训者应该选择讲座法，这样既可以节省成本，也可以使培训在比较大的范围内进行；而当资金条件比较好时，则可以考虑使用体验法，制作录像，开发模拟器等。

4. 充分了解各种培训方法的优劣势

每种培训方法都有各自的优劣势，在选择培训方法时，应对其进行充分了解，根据培训目标与内容选择合适的培训方法。

5. 应与企业的文化相适应

企业文化是影响培训环境的关键，不同的培训方法需要在不同的培训氛围中进行，故在选择培训方法时应充分考虑企业文化。

本章小结

本章我们讨论了常用的培训方法，主要为演示法、体验法、实地培训法和基于现代技术的培训方法四种类型。演示法是指培训者为被动的信息接收者的培训方法，包括讲授法和视听法；体验法就是要求受训者积极参与培训过程的方法，一般包括讨论法、角色扮演、案例研究、游戏法、仿真学习和行为示范等方法；实地培训法就是为了避免所学知识与实际工作相脱节的问题，在工作场地进行培训的一种方法，包括师徒制、工作轮换、调查法、职务指导培训、实习法、教练法等方法；最后，我们基于现代技术的发展，讨论了几个较新的培训方法，包括多媒体培训、计算机辅助培训、网络在线培训、多媒体远程培训 E-Learning、虚拟现实培训和卫星远程培训等方法。

每种方法都有各自的优势和劣势，在选择时应遵循几大原则：目标导向性原则、实用性原则、经济性原则、兴趣导向性原则、全面性原则。

培训方法的选择应考虑以下几个问题：第一，培训的目标；第二，培训的内容；第三，培训对象；第四，培训条件；第五，充分了解各种培训方法的优劣势；第六，应与企业的文化相适应。

案例 IBM（国际商业机器公司）邰宏伟：用技术解决培养人的问题

时势造英雄。IBM 首席人才官邰宏伟的职业发展正应了这句话。

1995 年 4 月，因特网正式宣布商业化。

这一年，邰宏伟正在美国攻读教学技术的博士学位。彼时，IBM 要加快全球化销售的步伐，在只有十个讲师的情况下，把原来分布在世界各地的对 500 人的销售培训扩大至 5 000人的规模。虽然有人尝试过卫星教学，但终因费用过高而放弃。

三件事就这样悄无声息地联系在了一起。

IBM 一个电话打到邰宏伟所在的大学校长那儿，希望校长找人完成这一培训计划，结果邰宏伟被找到了。一个周五的下午，邰宏伟来到 IBM，边听对方的需求边做基于因特网的远程教育方案。快到下午 5 点时，大家要回家了，邰宏伟说："等等，我马上就好。"结果那个下午他就把 IBM 第一个，也是全球第一个基于因特网的教学管理系统的架构设计出来，又用了三个月的时间编完程序，并且把自己的作品取名为世界课堂（World Class Campus）。IBM 拿着邰宏伟设计的教学软件出席在比利时召开的全球教育会议，与会议者颇感新奇，一致看好教育培训在因特网上的应用前景，于是邰宏伟顺理成章地进入了 IBM。

一、环境是创新的动力，个人是创新的主角

1993 年的新年钟声响过 26 天之后，郭士纳接掌了 IBM，这位总裁以"电子商务"拯救了 IBM。他在半年内裁员 4.5 万人，停止了所有大型机的生产线，发誓夺回 IBM 在个人电脑市场上的霸主地位。1995 年，邰宏伟进入 IBM 时，郭士纳一系列大刀阔斧的改革举措已经初见成效。IBM 的员工告别了昔日"终身雇佣"的安逸生活，代之的是危机感、压力感和紧迫感。很多部门没了，人走了，又引进来很多新型人才。

邰宏伟正是 IBM 转型期求之若渴的网络技术人才。他进来时，做的都是创新型的产品。那时候还是个"小土豆"的邰宏伟要在 IBM 牵头开发基于因特网的教学解决方案。他所在的 IBM 的教育部门，十个是讲师，只有邰宏伟是做技术的。讲师们不了解因特网，也对这一技术的应用心存疑虑。

现在看似颇为寻常的 E-Learning，在 1995 年因特网刚刚兴起之时每个功能的应用都是突破性的进展。比如，当年 IBM 的员工只能通过电话系统报名参加公司培训，公司为此需要配备五个人来管理报名工作。邰宏伟用当时刚刚推出的 Java 程序设计出了 IBM 第一个，也是全球第一个 E-Learning 系统。所有的报名和课程选择都实现了自动化，而上课也不必再把所有人都召集到一起，通过网络即可完成教学，大大节约了公司的培训费用。

五到七年之后，教育部门有70%的人是做技术的。“一切可以用技术来解决的地方IBM一定不会放过。”郜宏伟说。

随着网络技术的红火，郜宏伟在IBM也不断地得到提升，进入公司的第三年就升为经理，第四年更是升为区域经理。2005年公司派他到中国、印度来领导人才发展，郜宏伟管理的员工数最多达5万。“我在IBM的16年，每天对我来说都是崭新的。在这里我每年换一个新工作，每两年换一个新的工作地点。”

在IBM，郜宏伟开发了许多IBM人才解决方案，包括网上学院、经理培训的整体解决方案、按需学习的课件模式等。在这些发明中，郜宏伟获得了两项专利和两个版权。“IBM任何事情都喜欢用技术来解决，这与我的兴趣刚好吻合。”恐怕也只有IBM才会培养出这种用技术解决人力资源问题的人力资源官。来到中国后，郜宏伟的脑子也没停过，先是推出“G100”领导力发展计划，从普通员工中选拔高潜力者，意在为领导岗位培养接班人，后来G100成为大中华区经理的智囊团。另外他还设计了一个领导者峰会，这一峰会成为大中华区经理的交流平台，让经理们能够及时了解整个公司的战略方向。事实证明，G100的成员在创新业务领域有着不俗的表现。郜宏伟把这些来自不同部门的人分成五到十人一组，再推选一个领导者来协作，专攻不同的创新项目。2006年时，IBM在开领导力培训大会时提到怎样使交通灯更为智能化。G100成员拿走了这个任务，2007年，一个智能化的交通管理程序已经在北京、上海得以应用。

二、天才不会因为机构的庞大而被埋没

在一个全球190个国家都有分支、有着40余万名员工的庞大公司里，让个人的创新想法脱颖而出很考验一个人的领导力。“IBM虽然在外人看来是家很老的公司，实际上它非常尊重知识、尊重创新，并且为创新提供了良好的环境。”郜宏伟说。

在一家以创新和技术为导向的公司工作，能否始终保持创新力，郜宏伟的个人经验是，最少一个季度要买一大批书学习，了解相关领域的技术发展。“我喜欢学习，喜欢用新技术去尝试，而且IBM也有以技术解决问题的氛围。”了解新技术之后，他会跟部门经理谈相关领域发生的事情，IBM应该怎么做，看准之后就做计划拿预算实施。所以，公司虽大，郜宏伟并不觉得会埋没人才，这完全取决于自己的主观能动性。

来中国之后，郜宏伟看到网上流行的“第二人生”中应用的3D技术很火，脑子里就在想着怎么把3D技术用于培训。当时IBM要在二三级城市扩张，郜宏伟想用3D进行远程教学。虽然投资高达160万元，经理层还是同意了，运营下来，远程教学的费用只占面对面教学的三分之一。“这样的情况在IBM随时随地可以看到。员工有了新想法，只要你过往成功的例子多，跟经理谈了之后他会给你支持，员工也很受鼓励。”

复习思考题

1. 常用的培训方法有哪些？
2. 现代技术对培训造成了什么影响？
3. 各种不同培训方法的优缺点和适用范围是什么？
4. 企业如何选择培训方法？

参考文献

[1] 赵耀．员工培训与开发［M］．北京：首都经济贸易大学出版社，2012.

[2] 雷蒙德·A. 诺伊．雇员培训与开发［M］．徐芳，译．北京：中国人民大学出版社，2007.

[3] 谢晋宇．企业培训管理［M］．成都：四川人民出版社，2008.

[4] 徐芳．培训与开发理论及技术［M］．上海：复旦大学出版社，2005.

[5] 谌新民．员工培训成本收益分析［M］．广州：广东经济出版社，2005.

第六章 培训效果评估及成果转化

★本章导读

理解培训评估的主要内容；

掌握培训评估的层次分析；

掌握培训评估的基本流程；

熟悉并运用各种不同的培训评估方法。

★案例导入

肯德基的培训成果

教育培训基地：员工学堂。

肯德基在中国建有适用于当地餐厅管理的专业训练系统及教育基地——教育发展中心。中心大约每两年会对旧有教材进行重新审定和编写。培训课程包括品质管理、产品品质评估、服务沟通、有效管理时间、领导风格、人力成本管理和团队精神等。

如管理人员的培训计划中包括“如何同心协力做好工作”“基础管理”“绩效管理”“项目管理”“7个好习惯”“谈判与技巧”等科目。据了解，肯德基最初的培训课程是来自国际标准的范本，但最主要的是来自当地资深员工的言传身教及对工作经验的总结。因此，教材的审定和重新编写主要是帮助一线员工在实践中获得新知识、新方法。

内部培训制度：分门别类。

肯德基的内部培训体系分为职能部门专业培训、餐厅员工岗位基础培训以及餐厅管理技能培训。

职能部门专业培训。每位职员进入公司之后要去肯德基餐厅实习七天，以了解餐厅营运和公司企业精神的内涵。对于接受了相应管理工作的职员，公司还开设了传递公司企业文化的培训课程，一方面提高了员工的工作能力，为企业及国家培养了合适的管理人才；另一方面使员工对公司的企业文化也有了深刻的了解，从而实现公司和员工的共同成长。

餐厅员工岗位基础培训。作为直接面对顾客的“窗口”——餐厅员工，从进店的第一天开始，每个人就要严格学习工作站基本的操作技能。从不会到能够胜任每一项操作，新进员工会接受公司安排的平均近200个工作小时的培训，并通过考试取得结业证书。从见习助理、二级助理、餐厅经理到区经理，随后每一段的晋升，都要进入这里学习5天的课程。根据粗略估计，光是训练一名经理，肯德基就要花上好几万元。

在肯德基，见习服务员、服务员、训练员以及餐厅管理组人员，全部是根据员工个人对工作站操作要求的熟练程度，实现职位的提升、工资水平的上涨。在这样的管理体制下，年龄、性别、教育背景等都不会对你未来在公司的发展产生任何直接影响。

餐厅管理技能培训。针对不同的管理职位，肯德基都配有不同的学习课程，学习与成长的相辅相成，是肯德基管理技能培训的一个特点。

当一名新的见习助理进入餐厅，适合每一阶段发展的全套培训科目就已在等待着他。

最初时他将要学习进入肯德基每一个工作站所需要的基本操作技能、常识以及必要的人际关系的管理技巧和智慧，随着他管理能力的提高和职位的提升，公司会再次安排不同的培训课程。当一名普通的餐厅服务人员经过多年的努力成长为管理数家肯德基餐厅的区经理时，他不但要学习领导入门的分区管理手册，同时还要接受公司的高级知识技能培训，并具备获得被送往其他国家接受新观念以开拓思路的资格的机会。除此之外，这些餐厅管理人员还要不定期地观摩录像资料，进行管理技能竞赛等。

第一节 培训评估的主要内容及一般流程

一、培训评估的主要内容

美国学者柯克帕特里克在 1959 年提出的培训效果评估模型是培训评估最有影响力的、被全球职业经理人广泛采用的模型。柯克帕特里克从评估的深度和难度将培训效果分为四个递进层次——反应层次、学习层次、行为层次、效果层次。这个概念化的模型非常有利于确定需要数据的种类。

（一）反应层次

第一层次评估学员反应，是指参与培训者的意见反馈。即受训者作为培训的参与者，在培训中和培训后会形成一些感受、态度及意见，他们的这些反应可以作为评价培训效果的依据。受训者对培训的反应涉及培训的各个方面，如培训目标是否合理，培训内容是否实用，培训方式是否合适，教学方法是否有效，培训教师是否具备相应的学识水平等。这个层次关注的是受训者对项目及其有效性的知觉。如果受训者对培训项目的评价是积极的，那么说服员工参加以后的培训就比较容易了。如果受训者不喜欢这个培训项目，或者认为自己并没有学到什么东西（即使他们实际上有收获），那么他们可能就不太愿意将学到的知识或技能运用于工作当中，也可能会使得其他人不再想去参加培训。用这个指标来评估人力资源开发项目的局限在于，它只能反应受训者对培训的满意度，不能证明培训是否实现了预期的学习目标。

在对培训者的反应进行评估时，需要注意以下方面：

（1）确定你需要调查什么；

（2）设计可以作为量化反应的条件；

（3）鼓励写出意见或建议；

（4）达到 100%的立即回应率；

（5）发展可以接受的标准；

（6）根据标准评价反应并采取恰当的行动；

（7）切实的沟通反馈。

通常对于学员反应方面信息的收集可以采取以下形式：问卷、课后的会谈或电话跟踪、课后的讨论会以及课堂的讨论。企业通常采用“学员意见反馈表”的形式来收集这方面的信息，并用统计软件进行数据处理和分析。收集信息的时间可分为：每一部分结束时、每天结束时、每一课程结束时或几周之后。由于受训员工对培训的反应受主观因素的影响，不同受训人员对同一问题的评价会存在差异，所以可根据大多数受训员工的反应来对培训效果进行评价。收集的信息可以帮助修改课程，或者做总结和报告。

（二）学习层次

第二层次评估学习成果是指培训之后的测试，是用来衡量学员对原理、事实、技术和技能的掌握程度。即受训者是否掌握了人力资源开发目标中要求他们学会的东西。这是一个非常重要的指标，许多组织都希望有效的人力资源开发项目应该满足这个目标。培训是一种学习知识和技能的活动，受训员工在培训中所获得的知识水平、所掌握技能的程度等，也可以反映出培训的效果。要了解受训员工的学习成果，通常采用测试的方法，包括笔试、技能培训和工作模拟等，或采用角色扮演等形式请受训员工将所学习的内容表演出来。该层面评估有利于评估所获得的知识和技能能否成功应用在工作中，其结果可以用来改进培训课程。

在对学习进行评估时，需要注意以下方面：

（1）如果可行，采用控制组进行对照；

（2）评价培训前后的知识、技能、态度。例如，利用纸笔测验评价知识和态度，用实际操作评价技能掌握情况；

（3）达到100%的回应率；

（4）运用评价结果以采取恰当的行动。

（三）行为层次

第三层次评估工作行为是指评估员工接受培训后行为的改变，即受训者是否在实际的工作中运用了从培训中学到的东西。也就是确定从培训项目中所学到的技能和知识在多大尺度上转化为实际工作行为的改进。组织培训的目的是提高员工的工作效率，因此受训员工在培训中获得的知识和技能能否应用在实际工作中，能否有效地实现学习成果与实际应用之间的转化，是评价培训效果的重要效度标准。

在测量这个指标时，需要对受训者的在职表现进行观察、受训者的自评、受训者同事的评价或者参考组织的相关记录。对受训员工工作行为进行评估应该在其回到工作岗位3~6个月后进行。评估的工作行为变量包括工作态度、工作行为的规范性、操作技能的熟练性、解决问题的能力等。在评估中，要对受训员工的工作行为是否发生了变化做出判断，然后分析这种变化是否由培训所导致的，以及受训员工工作行为变化的程度等。

在对行为进行评估时，需要注意以下方面：

（1）如果可行，采用控制组作对照；

（2）允许发生行为改变的足够时间；

（3）调查或访问受训者、受训者主管、受训者下属、其他经常观察受训者工作行为的人员；

（4）选取100名受训者或适当的样本数；

（5）重复进行评价；

（6）考虑评价成本和潜在收益。

信息的收集可以采用问卷，与员工、同事或经理的会谈等形式。信息的收集时间为培训前或培训后的几个月。在以下情形下，特别需要考虑该层面的评估：培训与业绩或业务的目标是相关联的；客户要保证学习的技能能够被应用于工作中；工作的能力能表现出培训的结果；培训费用很高，对组织的价值很大。

(四) 效果层次

第四层次评估经营业绩是评估企业培训的投资回报率（ROI），即培训或人力资源开发工作是否改善了组织的绩效，这涉及对组织绩效改进的监控。经过培训以后，组织的运作效率是否提高了，盈利是否增多了，服务水平是否上升了？另外，这个层次的指标也是最难评估的，因为除了员工的绩效还有许多因素会影响组织的绩效。通常在测量这个指标时需要收集和分析经济和运营方面的数据。

在对结果进行评估时，需要注意以下方面：

(1) 如果可行，采用控制组作对照；

(2) 有足够时间；

(3) 如果可行，评价培训前后的情况；

(4) 重复进行评价；

(5) 考虑评价成本和潜在收益。

信息的收集可以采取问卷、分析操作的结果、投入—产出分析等形式。收集的时间为事前和事后。在以下情形下，特别需要考虑对该层面的评估：培训与业绩或业务是相关联的；你的客户非常重视这一项目；追踪第三级的评估结果由于其他业务的原因，已经开始追踪培训项目运作的结果；培训费用很高，对组织的价值很大。

柯克帕特里克的培训效果评估模型（见表 6-1）提出后，便在企业中得到了广泛应用。例如美国电话电报公司（AT&T）就采用了类似的四水准评估，其架构为反应结果、能力结果、应用结果、价值结果。蓝色巨人 IBM 也曾在评估训练方案时使用相类似的四水准评估，其架构为反应、测试、应用、企业成果。美国的施乐公司也发展出了一套相似的四水准评估模式，其架构为进入能力、课程绩效、熟练程度、组织绩效。

表 6-1 柯克帕特里克四层次评估方法

层面	名称	问题	衡量方法
第一层面	反应层面	受训者喜欢该项目吗？对培训者和设施有什么意见？课程有用吗？他们有什么建议？	问卷
第二层面	学习层面	受训者在培训前后，知识以及技能的掌握方面有多大程度的提高？	笔试、绩效考试
第三层面	行为层面	培训后受训者的行为有什么不同？他们在工作中是否使用了在培训中学到的知识？	由监工、同事、客户和下属进行绩效考核
第四层面	效果层面	组织是否因为培训经营得更好了？	事故率、生产率、流动率、质量、士气

二、培训评估的一般流程

一般来说，培训评估包括分析培训需求、确定评估目的、建立培训评估数据库、确定培训评估的层次、调整培训项目、沟通培训项目结果这六个步骤。

（一）分析培训需求

进行培训需求分析是培训项目设计的第一步，也是培训评估的第一步。培训需求分析中所使用的最典型的方法有访谈法、调研法和问卷调查法。调查的对象主要集中在未来的受训人员和他们的管理者上；同时，还要对工作效率低的管理机构及员工所在的环境实施调查，从而确定环境是否也对工作效率有所影响。

（二）确定评估目的

评估的主要目的至少有四个：

（1）测量最后结果以评估该计划的总体成果；

（2）测量和追踪全过程以做出适度的改进；

（3）作出非量化和不可测量的结论；

（4）调查附带的效果。

在培训项目实施之前，人力资源开发人员就必须把培训评估的目的明确下来，多数情况下，培训评估的实施有助于对培训项目的前景做出决定，对培训系统的某些部分进行修订，或是对培训项目进行整体修改，以使其更符合企业的需要。例如，培训材料是否体现公司的价值观念，培训师能否完整地将知识和信息传递给受训人员等。重要的是，培训评估的目的将影响数据收集的方法和所要收集的数据类型。

（三）建立培训评估数据库

进行培训评估之前，企业必须将培训前后发生的数据收集齐备，因为培训数据是培训评估的对象。培训的数据按照能否用数字衡量可以分为两类：硬数据和软数据。硬数据是对改进情况的主要衡量标准，以比例的形式出现，是一些易于收集的无可争辩的事实。这是最需要收集的理想数据。硬数据可以分为四大类：产出、质量、成本和时间。几乎在所有的组织机构中这四类都是具有代表性的业绩衡量标准。有时候很难找到硬数据，这时，软数据在评估人力资源开发培训项目时就很有意义。常用的软数据类型可以归纳为六个部分：工作习惯、氛围、新技能、发展、满意度和主动性。

培训数据收集的关键是人力资源开发人员与直线部门人员良好的配合。例如，培训需求来自直线部门，他们知道员工技能的差距，他们能够指出员工技能改善的方向和预期改善的目标。

（四）确定培训评估的层次

有关培训评估最著名的模型是由柯克帕特里克提出的。从评估的深度和难度看，柯克帕特里克的模型包括反应层次、学习层次、行为层次和效果层次四个层次。人力资源开发人员要确定最终的培训评估层次，因为这将决定要收集的数据种类。

（五）调整培训项目

基于对收集到的信息进行认真分析，人力资源开发部门就可以有针对性地调整培训项目。如果培训项目没有什么效果或是存在问题，人力资源开发人员就要对该项目进行调整或考虑取消该项目。如果评估结果表明，培训项目的某些部分不够有效，例如内容不适当、授课方式不适当、对工作没有足够的影响或受训人员本身缺乏积极性等，人力资源开发人员就可以有针对性地考虑对这些部分进行重新设计或调整。

（六）沟通培训项目结果

在培训评估过程中，人们往往忽视对培训评估结果的沟通。尽管经过分析和解释后的评估数据将转给某个人，但是，当应该得到这些信息的人没有得到时，就会出现问题。在沟通有关培训评估信息时，培训部门一定要做到不存偏见和有效率。一般来说，企业中有四种人是必须要得到培训评估结果的。最重要的人是人力资源开发人员，他们需要这些信息来改进培训项目。只有在得到反馈意见的基础上精益求精，培训项目才能得到提高。管理层是另一个重要的人群，因为他们当中有一些是决策人物，决定着培训项目的未来。评估的基本目的之一就是为妥善地决策提供基础。第三个群体是受训人员，他们应该知道自己的培训效果怎么样，并且将自己的业绩表现与其他人的业绩表现进行比较。这种意见反馈有助于鼓励他们继续努力，也有助于鼓励将来参加该培训项目学习的人员不断努力。第四个群体是受训人员的直接经理。

第二节 培训评估的实施类型和方法

一、培训评估的实施类型

（一）基于学习分级模式的评估

在20世纪50年代，培训专家柯克帕特里克创立了学习分级模式学说，这个学说对培训评估理论的影响是十分巨大的。柯克帕特里克的模式说认为：对各种评估来说，都有一个基本的学习的分级，或者称之为学习的层次、步骤。根据柯克帕特里克的学说，关键是受训者培训之后的反应。如果反应效果很差，那么受训者就不大可能学到知识，因而工作表现的改进就不可能了。如果效果反应良好，受训者可能会学到知识。但我们也应当意识到即使受训者对培训计划的反应很好，也仍有可能没有学到知识。如果他们确实学到了知识，那下一问题就是他们能否把所学的知识运用到工作中并提高工作效率。个人工作表现的改进并不意味着组织整体效率的提高。柯克帕特里克的模式可以用图6-1来表示。

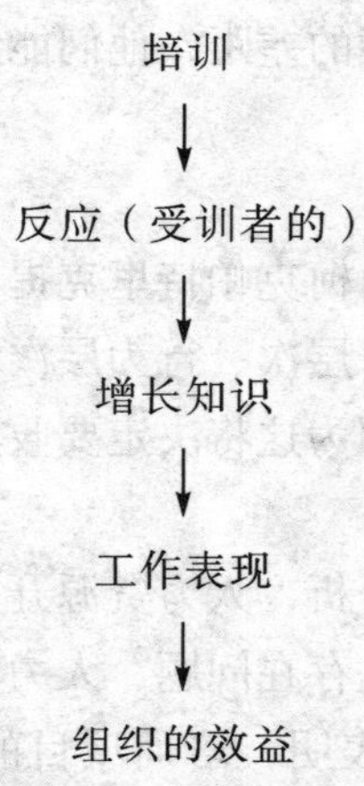

图6-1 学习分级模式

在这个模式中，隐含着两个重要的假设。第一个假设是：学习的每一个层次步骤领先于前一层步骤。员工只有对培训反应良好时，他们才能学到知识。同样，除非他们学到了知识，否则他们的工作表现就不可能得到改进。也只有当员工的表现有了很大的改进时，组织的效益才能提高。第二个假设是：一旦这个联系被承认和接受，那就有理由认为组织的效益是必须衡量的最重要的因素，工作表现的改进次之。

这个模式简单、清晰、精巧、有感染力，能解释有关培训计划的大多数问题。

但由柯克帕特里克总结出的这个模式有一些重要的缺陷。其中一个问题是这个模式并不能解释某些问题，如，这个模式认为如果反应不好则不可能学到知识，但最古老的一种培训形式——军训——并不要求受训者对培训的反应良好。实际上，军训的设计就是通过忽略受训者的反应而打破旧的看法。其他的反例也可以举出。那些“生硬”的和不受欢迎的老师多年后也会因他们所教知识的价值而受到学生们的感激。

过多注意最终结果的另一个问题是它忽略了干扰变量。比如，尽管参与培训的每一个人都认为某个培训项目是成功的，但从组织的角度它可能并不成功，有时中间因素也会使真正的结果模糊起来。又如，一项课程设计得很好并且完成得也很好，但由于它发生在一个不受支持的气氛中，结果也就不会很好。当一项培训项目确实产生了更高的生产率时，由于同时期内新环境的挑战，工作负担的增大，而使总的单位生产力看起来由于工作调整而降低了。另外，新技术也会干扰培训结果。甚至在没有干扰变量时，培训计划也会产生很难评估的结果，因为显著成果的出现往往需要很长时间（比如安全项目），或需要大量的人力投入（比如领导艺术培训项目）。

（二）改进的学习层次模式的评估

改进学习层次模式，使该模式能在单个的范围内适应。修改后的办法认为知识和受训者的反应都能影响受训者的工作表现。在某些情况下，知识是至关重要的因素，但另一些情况下，反应可能是至关重要的因素。最好的策略是制定尽可能多的评估层次，多方面考虑可为过程评估提供绝好的机会。多方面评估不会导致工作量的增加，因为它们是在培训过程的不同阶段进行的。图 6-2 显示了改进的学习层次模式。

在建立一项评估计划时，往往要考虑所有的在评估的不同阶段会用到的指示物。利用评估模型可以简化这一过程。具体如图 6-2 所示。

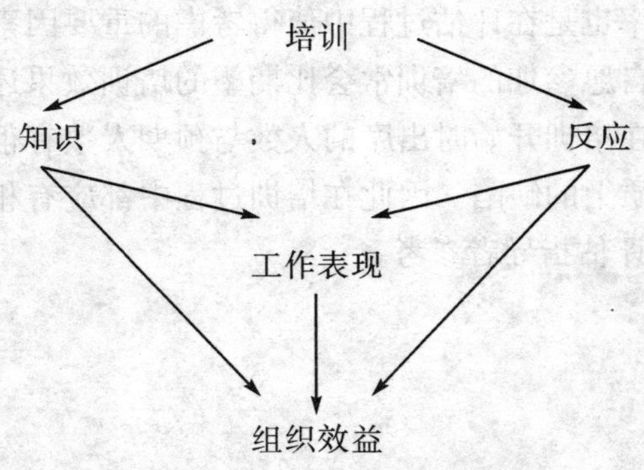

图 6-2 改进的学习层次模式

（三）在培训层次上的评估

在培训层次上，需要评估三个方面：培训需要、最初设计、培训机制。对这三方面的评估将有助于决定培训是否为一个有用的目的服务，以及它是否能有效地进行。

1. 培训需求

首先要评估的区域是培训需求（需求评价）。组织的需求通过策略计划活动来反映，这些活动有：个人计划和优先性评估、组织环境评估、有关客户满意的资料、与同领域领先组织的标准比较等。工作技能的需求以表现差距的方法（面向问题的方法）或理解的方法（工作评估的方法）来具体地反映。个人的需求则通过以下途径反映：个人发展计划、表现成就、表现测试、诊断测试或评估中心的帮助。

2. 最初设计

最初设计包括有关听众、教学策略、后勤安排等多方面的许多决定。评估最初设计效果的好方法是进行一次实验性的前导培训计划。真正的前导培训计划将包含许多志愿者，他们会有意识地监控最初设计以便提出建议，另外，前导培训计划还要组织一支专家评估队伍，他们参与计划实施的全过程并评述计划的优缺点。

由于前导培训计划很难安排，并且第一次计划总会有一些不足，所以又有了另一种策略及外部审查。在实施计划之前，参与计划该培训项目的培训专家可求证其他的培训专家或咨询委员会的意见。这样，从外面得到的反馈可以对原计划事先做出相应的修改。

3. 培训机制

培训机制是指培训过程中参与和运行的方式。培训师对培训过程的观察结果是有关项目优缺点的资源来源。即使同一个培训师将要进行下一次培训，这些观察结果也应用文字记载下来。如：在培训过程中，偏离课程计划的情况时有发生，这些应包括在下一次修订后的课程计划中吗？什么学习目标看起来还缺乏足够的例子和联系？什么解释与期望值相比不够清楚？在可用的时间里是否会因材料太多而影响受训者的理解与掌握？这些问题都可由培训师回答。

了解、掌握课程计划的观察者也能提出有用的评估信息。外部观察者也可能包括很多人，例如培训员的同行、培训管理者、其他经理或培训咨询委员会成员。除非某一项目很不重要或将永远不会再次实施，否则就应该至少安排一名外部评估者到场评估该项目，并且在项目第一次实施时给出反馈。

受训者出席率和完成率也是在评估过程中值得考虑的重要因素。因为这与项目的总体成功有很大关系。比如，自愿参加的培训常会比期望的培训效果还差，因为有人迟到，有人早退，有人逃课。如果在培训开始时出席的人数与预期人数有很大差距的话，那么很有可能是项目计划本身有本质上的缺陷。因此在培训过程中都应有相关登记者、参加者、完成者的统计。表 6-2 可供评估指导者参考。

表 6-2 培训层次的评价模型表

<table>
<tr><th>层次</th><th colspan="2">衡量什么</th><th>资料来源</th></tr>
<tr><td rowspan="5">培训</td><td rowspan="3">培训需求</td><td rowspan="3">组织需要
工作技能需要
个人需要</td><td>策略的计划（人员计划、执行评价）
组织氛围的评价
有关顾客满意的资料
与其他组织相比的差距</td></tr>
<tr><td>表现差距的方法
理解的方法</td></tr>
<tr><td>个人发展计划
表现评价
针对测试
评价中心</td></tr>
<tr><td colspan="2">最初设计</td><td>前导培训计划
设计的外部审查</td></tr>
<tr><td colspan="2">培训机制</td><td>有关项目优缺点的培训师的观察
外部观察
出席率、完成率</td></tr>
</table>

（四）对受训者反应的评估

受训者的反应有时会被认为是不重要的信息源。但事实上，受训者的反应是迅速而详细的信息的最佳来源。另一种对受训者反应的错误认识是认为它是信息唯一的、最重要的、最终的来源。

在评估受训者的反应时应注意项目的三个方面：第一个方面是项目的内容是否有用、有趣、清晰，培训进行的速度如何，辅助材料准备得如何等；第二个方面更多地与培训师有关，如培训师的可信度、幽默感、语言表达能力、在人群中的感染力等；第三个方面是后勤保障，如房间、温度等。

1. 受训者的“反应调查表”

有关受训者反馈的常用形式是问卷调查表，通常称之为受训者“反应调查表”。这种表可以在一个项目或一系列项目完成后填写。但用这个简单、便宜、有价值的信息来源时也必须考虑许多因素。反应调查表应保持简短，因为我们几乎不可能一下子问完所有问题，所以必须决定要收集的信息的先后顺序。就短期培训而言，一页反应调查表加一页能写多余评估的空页最合适不过。对那些投资大、时间长的计划可以用两到三页的反应调查表。反应调查表的设计应确保受训者很快能填完。大多数问题应设计成多项选择题的形式。如有确实需要，也可以利用简答题形式。具体如表 6-3 所示。

表 6-3 受训者的“反应调查表”

<table>
<tr><td>培训主题：</td><td>培训日期：</td></tr>
<tr><td>培训师：</td><td>地点：</td></tr>
<tr><td colspan="2">你的工作名称：</td></tr>
<tr><td colspan="2">列举你希望能够在工作中用到的所培训内容的一至多种方法：</td></tr>
</table>

表6-3(续)

请评价课程内容（依据它对你的作用）。 特别有用——信息对你现在的工作立刻能发挥作用。 有用——所学信息将来会有价值。 有些用处，因为（可选多项）： 所学信息不适用我现在的工作。 我已知道这些信息。 我觉得我可能被禁止用这些信息。 这些信息没有针对我的需要。 培训师培训得（仅能选一项）： 特别好——培训方法十分有效，所有问题都回答得很彻底。 好——方法满意，问题得到解答。 一般——有些方法没有达到目的，并且还有些问题没有回答。 差——许多培训活动无意义，并且或大部分问题没有回答。

设计调查表时需要考虑的另外两个重要问题是确定性与反馈。记名调查会减少否定问答并要求回答者承担更多的责任。因此，除非有让受训者承担一定责任的必要，否则一般最好是采用匿名的形式。即使是记名调查，也一定要给被调查者一定的责任感。在可能时，如果对被调查者的回答给出反馈，将有利于将来的评估。有时可要求前期培训的人讨论他们回答的问题，以便得到有关该项目的更详细的信息。公正地审查受训者的回答，培训师在接下去的培训过程中将发现回答率会上升，并且被调查者的填写会更充分、更彻底。

2. 面谈

由于学习是一件高度个人化的事情，所以通过面谈可以得到深层次的个人化的反馈。我们可以将面谈作为系统评估的一部分来做。采取事前准备好一系列问题的形式，或采取非正式的总结的形式与所有的受训者面谈，也可以只与其中一部分进行面谈。有时，面谈会在所有培训过程中进行，则面谈既是讲授计划的一部分内容，也是评估的一部分内容。面谈也可于培训项目结束时进行，那时受训者就可更加清楚地反应培训计划的全过程。当然面谈也可在项目结束一段时间之后再进行，以便更好地了解培训内容是否被应用于实践。

3. 公开讨论

公开讨论可以从受训者那里得到信息，并能增强受训者参与设计过程的感觉。公开讨论不太适合于那些相对短一些的培训计划，但对于中等长度或长一些的计划来说，公开讨论可以给全体受训者提供反思培训经历的机会。在长项目中，公开讨论是最好的结束活动。公开讨论不仅能代替书面评估，还能够补充书面评估所没有问及的问题。

在前导培训计划中，比较合适的是从前导培训计划判断出真正的计划，并根据前导培训计划的结果单独进行讨论。这样的讨论可以仅就计划设计坦率地、自觉地进行意见交流。讨论的大部分内容应集中于怎样改进计划这个问题。一般情况下，应该准备一系列问题，并且要使所有的受训者都能表达自己的观点。比如，组织者可以问这样的问题：计划的哪一部分对你最有用？该项目的培训层次和培训进度对你是否合适？计划的哪一部分对你不适用？计划的哪一部分对你来讲显得太慢？计划中是否有一些部分让你厌烦？受训者怎么样才能更多地参与到项目中来，并更主动一些？

当公开讨论作为一个项目的结束时，一种更加积极的、面向知识的方法更加有用。例如，培训师可以让受训者说出他说学的内容中最重要的三件事，或课程的高潮及最让他们吃惊的课程的某一方面。尽管这种方法会产生一些扭曲的结论，但他所得到的信息是十分有效的。这一办法也是一种有用的学习策略，可以帮助受训者温习他们所学的知识。书面的评价可以提出一些有关怎么样改进项目的详细问题。表 6-4 展示了评估受训者对项目反应的可选项。

表 6-4　　反应层次的评估模型可选项

层次	衡量什么	资料来源
反应	内容	反应调查表、面谈、公开讨论
	培训师	反应调查表、面谈、公开讨论
	后勤	反应调查表、面谈、公开讨论

（五）对知识层次的评估

知识层面的评估需要对两个基本的学习类型进行评估：常识的和行为的。常识的学习要掌握智力技能，比如描述一个过程。行为的学习通常包括实际行为或模拟行为的演示。对这两种学习类型的评估存在着很大的区别。

评估中，应该采用有标准参考的测试，有利于根据每一任务的每一步骤衡量受训者所学的信息和技能。有标准参考的测试多数是技术培训的首要方法。而非技术培训会让目标轻松一些，并且对于测试内容和测试的正确答案有一个更大的范围。

1. 常识的学习

对常识进行测试的常见形式是书面考试。考试内容也可有多种形式，如多项选择题、对错题、匹配题、小论文等。它能了解受训者关于特定信息、概念知识、过程描述等的回答。

诊断测试在评估中具有的特殊作用是它提供有关进步的基准。诊断测试的其他作用有：判断哪些人不能够免除培训，为全班的分析收集资料等。当培训的候选人在本领域有一定背景或经验时，诊断测试就是极有价值的工具。但如果培训候选人对该领域知识很少或根本没有知识时，诊断测试则会使他们很沮丧，而且也是时间上的浪费。

除了标准的书面测试之外，还有许多学习的评估方式。课堂练习过程中的测试，能够使教师和学生在轻松的气氛中掌握知识。班级项目或学习小组项目是间接评估的另一种有效形式。如在执行者培训项目中，受训者往往被要求就某一问题作介绍。自我培训小组，例如质量提高队伍，将依据他们承担的问题的数目和难度用他们想出的解决方案评估他们的成绩。在有些情况下，也许应要求学员个人作出报告，并且依据报告评估项目。自我评价不应被轻视，尽管自我评价已在讨论受训者调查表时提到，但它仍是一种好的教学和评估工具。我们再次讨论的有些间接方法是质量性的，它并不能提供方便的基准材料。但质量性和数量性的指示物的有效结合可提供丰富的信息，这也是评估的最终目的。

2. 行为的学习

在行为学习的评估中，使用频率最高的是基于良好表现所必需的标准的观察检查表。一般地讲，检查表将不包括没有包含在学习目标内的项目。除了非常复杂的学习情况外，那些细小且具体的行为目标是最好的。在复杂的学习情况下，学生具有相当水平时，严格的、有标准作参考的方法可为另一种方法所代替。在这种方法中，对那些不尽如人意的表现可进行错综复杂的操作，但这种情形的前提是学院已经掌握了基本的东西，传统的教学方法才能产生更好的效果。

对行为学习的评估通常有两种类型：第一种类型是发生在教室、评估中心和类似地方的评估，第二种类型是发生在近乎正常或完全正常条件下的工作区域内的评估。

教室或类似环境可被用来进行演示、实习、表现测试。其中演示和实习可以在几个层次上进行。简单的受训者演示包括手工操作，例如打字、查看记录仪，或掌握一个拆卸工具等。复杂工种操作的实习又是会发生于教师高度控制的环境中，如在靶场练习射击，在这样的情况下程度的一致性十分必要。实习也可以在模拟环境中得以完善，如军队里面模拟战场来训练飞行员等。

表现测试应始终用于同受训者练习技能同样的环境和普通的情形，表现测试时材料应该是新的，但通常形式和标准也应该是确定的。

在现场的表现评估中，学员通常是被转移到工作地点进行练习和测试。在实际环境下的练习演示应有一名培训师或教练在场；同时，安排一个有经验的教练在岗指导培训。实际环境中的练习和测试应和平时的练习环境类似。但是最后一道表现应是工作实例。在工作实例中既要有一名监督者或培训员对每一点做间断性检查，又要有全范围的表现审视，在那些运用具有时间标准的实例检测技术来检测受训者的表现，或把受训者的表现与其他人的表现进行比较等都是极好的办法。

受训者的练习一般不能认为是培训项目的评估因素，这是由于它通常没有被量化而且没有被严格控制。但它是形成过程和总结性信息的有价值来源。严格观察练习情形，培训项目中的问题能被迅速发现并纠正，或使该培训项目得到重新设计。如果在学习阶段只用测试来衡量，那么在所得资料中只能发现一些一般性问题。练习中的观察更可能会提供解决问题的方法。表 6-5 列出了评估学习的可选项。

表 6-5　　对知识层次的评估

层次	衡量什么	材料来源
知识	常识的学习	书面考试 诊断测试 班级项目 报告 自我评价
	行为的学习	观察检查表 教室方法 · 手工操作的实习、演示 · 角色表演 · 模拟环境 · 表现测试 现场方法 · 手工操作的演示 · 表现测试 · 工作实例

（六）对受训者工作表现的评估

尽管工作表现可以从受训者个人的角度来检查，但在此我们将集中到受训人员工作表现的评估上来。

受训者的反应和知识的评估应该在项目结束之前进行，但工作表现的评估只能在项目结束之后才可以进行，并且只能在结束足够长时间之后才能看出培训的效果，结束后要等一周、几个月甚至一年。在此我们将讨论通过三条途径对工作表现进行评估：通过受训者自己、通过其他人、通过客观方法。这三种评估方法都是行之有效的方法，但我们将花大量时间在客观方法上，因为这些客观方法被使用得很不充分且最有挑战性。

由培训带来的行为变化的评估方法之一，是通过问卷调查表现方式询问受训者或与他们进行面谈，得到他们对培训以来所注意到的信息变化。尤其值得强调的是必须按顺序来。与目标平行的一系列问题则可以用打分制的形式给出。比如，一个问题可以这样进行提问：你觉得对监狱中毒品的高级治疗服务官员进行培训有用吗？（用0~5分给出，分越高用处越大）。由于这种评价太主观，所以应在被评价的每一项中给出一个变化或提高的例子加以明确。如，受训者应被问：能否举一例说明你在监狱中应用了课程中所学的程序和原则，得以更有效地处理毒品？换言之，这个问题提醒受训者记忆学习目标，并为他们提供一个评估培训效果的机会，但它必须以一个甚至多个可靠的例子来加以证明。这个程序也明确了两种知识的区别，即那种已经被掌握但因不需要用而没有用过的知识，和那种目前还没有转化为自己的知识的区别。

在向那些新学员和那些提高型的老学员提问题时应用不同的方法策略是很有效的。在基础培训的情况下，因为有那么多的东西要学，所以很容易进行广泛的学习，尤为重要的是能发现培训项目中的重大遗漏和缺陷，因此，问题应该集中于那些没有学的重要指示和讲得很差或太简单的知识上。相反，中高级培训的目的是加强目前已有的理解，并使受训者的工作表现更好。因此，最有用的策略是捕捉那些高质量变现所必需的细节性的资料。

另外一种方法是对那些与受训者在一起工作的非受训者进行调查。应与受训者的下属、同事、上司面谈。或让他们填写问卷来调查他们对培训效果的看法。由于这种培训很难量化，因而对个人内部素质培训特别有用。用这种方法调查时要注意的事项与前面已经说过的调查受训者本人要注意的事项一样。行为的例子应用来确定更加主观的问题。基础培训应被审查是否有遗漏，中高级培训则应该被审查是否有行为的可察觉的变化。

客观方法是特别重要的，它能建立可信性，同时也是衡量数量成果的方式。客观方法要求有数据基础来建立表现的基础，并且于培训后在相关人群中衡量变化。当然最重要的是人群还是培训人员本身。受训者的表现水平在培训前和培训后是怎样的，这些数据基础对培训影响的分析来说是至关重要的。第二重要的人群是受训人员所在的那个群体或者其他组织的类似人群，即比较受训人员与整体人群（比较人群与控制人群）在培训前与培训后的表现。尽管这些资料对最基本的分析并不十分重要，但如果具有较高的可信任性和比较贴近目标的话，那它就是非常有用的，非常有价值的。美国印第安纳税收部对税务审计员培训项目的分析提供了这种评估结果的典型例子。

案例　在公共事业培训项目中的评价方法

在某些领域，包括税收管理领域，有的可以直接而快速地证明：培训给政府增加的收入多于培训花费的支出。为证明这一点，美国学者以印第安纳税部为研究对象，制订了培训计划核对税务审计员的评估。需求分析发现，初级税务审计员很不胜任自己的工作，因此该培训项目以初级审计员为目标，并用了案例分析、审计指导和一个复杂案例作为培训策略。

培训前和培训后，受训者和整个审计厅人员的基本资料均被收集了。如在培训前，一个表现差的组织能发现纳税人 4 697.53 美元的错误，而同期整个审计厅的平均值为 7 368.82美元。但培训后，表现差的那个组共发现 7 189.90 美元的错误，而审计厅的平均水平为7 873.81美元。换言之，审计厅整体增长了6.85%。在差错方面受训者平均增长了53.06%。

尽管这组数据并不是随机抽取的，但结论已经清楚地显示出，在很短的时间内，表现差则可以提高到整体平均水平，它也说明了培训项目花费在短短的四周后就全部收回。尽管这种计算方法对私营企事业的培训更为典型，但它仍可用于某些公共事业领域，并能产生良好效果。

可用来做客观方法的资料来源实际上是很多的，并且依赖于培训项目，最好的且最常用的有准确性、质量、生产率等。常用的一种准确率是出错率，即在工作中犯了多少错误。上面的印第安纳税收部的例子中，被发现的纳税人的错误是用来衡量审计员出错率最好的方法。

质量的比例包括损坏设备的比例、抱怨的比例、花费节约的比例。从上述案例中可看出，从纳税人那里所得到的总节约量已被计算出来，这表明不但是服务更加精确了，而且培训给政府创造的效益也远大于培训的费用。

客观的评估方法所需的时间和精力相当大，而且常有许多明确的或隐含的借口能为没有这样作辩护，比如没有充分的时间，没有充分的财力、资料，没有即时跟踪，或者认为判断一个项目是否成功不必要进行一次“学术”研究。但我们有更充分的理由要求大家至少把客观的评估方法记在脑中，包括在计划项目时，细心地计划可大大用来减少用于评估上的时间。在新项目定型前改进它是十分重要的，可用的所有工具都应该从现在开始保存。如果准确率、合格率、生产率等数据没有保存，怎能知道自己做得怎样？怎能知道上面地方需要注意而上面地方的问题仅仅是异常而已？又怎么能知道自己是做得更好还是做得更差？培训改进应集中于哪些方面？

质量管理革命强调以资料数据为基础的决策。这一强调更加促进和重视过程评估、对生产线管理者和工人有用的数据基准以及与政府和工业领先者相比的差距。表6-6列出了评估工作表现的可选项。

表6-6　　工作表现层次上的评估模型

层次	衡量什么	材料来源
工作表现	受训者注意到的行为变化	问卷调查 面谈
	别人注意到的行为变化	问卷调查 面谈
	改进的客观衡量	准确率 · 出错率 · 返工率 质量 · 货物损坏率 · 抱怨的比例 · 节约率 生产率 · 完成率 · 准时率

（七）对组织效益层次的评估

培训的最终目的是提高组织的效益，因此，对组织发展效益的评估也就至关重要了。

观察组织的净效果的障碍可能会很多，因此在大多数情况下，工作表现改进的评估就显得更有必要去完成。在公共事业组织中，评估培训项目效果的困难往往会比在私人组织中困难更大，因为公共事业组织中常有一种肩负复杂使命的感觉。在私人组织中，投资回报经常被当做试金石，但在公共事业部分，投资回报并不是首要的，因为有一系列的其他值可以替代它：为公共服务，使纳税人花费最少，平等对待顾客，遵守法律法规，保护公众，服务特殊人群等。除非这些值的重要性有明确的优先顺序，否则组织效益的评估是不可能的。除了这些公共事业组织必须面对的理论上的困难，在中小项目上几乎找不出基准差别，因此，进行这类评估的最重要的一步是要有信心，同时还要十分谨慎。

组织调查可以有一个确定的培训焦点，也可以认为是组织功能状态的一个较宽的焦点，上述的两种方法都很有用。比如，每三年进行一次广泛的组织调查来检测部署的能力。尽管有些问题与人力资源进步直接相关，但大多数问题与培训职能是间接关联的。成功的培训计划从调查中反映出来，也会使需要更加注意的地方显现出来。既然一个广泛的总体质量管理计划已成制度，质量管理的参数如顾客重点、员工参与、持续发展等都应在调查结果中得以显示。

当在全组织的范围内讨论有关培训职能的特定问题时，回答往往反映出培训质量以外的其他因素。调查也会衡量特定培训项目的地位，组织中给予培训的总值，有时只是知识的缺乏程度，甚至在人们对项目的感受与技术的、深层次的评估不同时，这些感觉仍是有价值的，因为他们反映出不但要改变项目本身，而且也需要改变人们的态度。

组织的衡量是另一种方法，准确性测量包括出错率和返工率。质量测量包括抱怨率、破损设备率、缺席率、准时率、安排率等。生产率测量包括完成率、生产水平、利润和节约的费用等。所有这些测量工作的前提是观察组织的表现水平怎样，并且评估在这一表现中培训的地位。在表现好的方面，分析比较简单，培训（和其他因素）一定是在比较乐观的水平上发挥作用。如果表现水平不如期望的那么高，那就必须考虑这一方面的培训是否比较缺乏。如果培训不够，是应启动一项新的培训计划，还是对旧计划作修改或补充？也许培训并不是首要因素，而是其他的组织职能运用得不够乐观，也许是因为环境的剧烈变化而必须进行结构重组。表 6-7 给出了评价组织效益的可选项。

表 6-7　　组织效益评测

层次	衡量什么	材料来源
组织效益	感觉到的进步	组织调查
	变化的客观衡量	准确性测量 ·出错率 ·返工率 质量测量 ·货物损坏率 ·抱怨率 ·缺席率 ·准时率 ·安排率 生产率测量 ·完成率 ·利润 ·节约

二、培训评估的方法

分析评价培训效果的具体方法有很多，大致分两类：定性和定量。

（一）定性方法

采用定性方法进行培训效果评估是目前国内大多数企业采用的做法。它是指评估者在调查研究、了解实际情况的基础上，根据自己的经验和相关标准，对培训的效果做出评价。这种方法的特点在于评估的结果只是一种价值判断，如“培训整体效果较好”“培训讲师教学水平很高”之类的结论。以定性方法进行评估只是对培训项目的实施效果做出一个方向性的判断，也就是说主要是“好”与“坏”的判断。由于其不能得到数量化的结论，故不能对培训效果达到的程度做一个准确的表述。

定性方法的优点在于简单易行、综合性较强、需要的数据资料较少、可以考虑到很多因素、评估过程中评估者可以充分发挥自己的经验等。但定性评估法的一大缺点在于其评估结果受评估者的主观因素、理论水平和实践经验影响较大。不同评估者可能由于工作岗位不同、工作经历不同、掌握信息不同、理论水平和实践经验的差异以及对问题的主观看法不同，对同一问题产生不同的判断。

1. 讨论法

将受训者召集在一起，开一次讨论会。会议上，让每一名员工提出他学会了什么，他是如何把学到的知识应用到工作中的，以及他需要什么样的进一步帮助等一些问题，从中获取关于培训效果的信息。讨论会不要在培训一结束时就进行，在培训结束后一段时间以后可能更为适合，比如一个月后。这时，培训的效果基本上体现出来了，过早的评估可能很难得到有效的信息。

2. 观察法

观察法是指评估者在培训结束后亲自到受训者所在地工作岗位上，通过仔细观察记录培训对象在工作中的业绩进行比较，以此来衡量培训对受训者所起到的作用。这种方法由于要花很多时间，并不能大范围使用，一般只是针对一些投资大、培训效果对企业发展影响较大的项目。

3. 比较评估法

比较评估法是一种相对评估法，包括纵向比较评估和横向比较评估两个方面。纵向评估是将评估对象放在自身的发展过程中，进行历史和现实的比较，看其发展的相对位置是进步了还是退步了，其效果是增强了还是削弱了。横向比较是首先在评估对象中选择好培训组，接着选择对比组，然后分别进行测定，这两个测定结果应该是相似的，即工作表现、工作绩效以及个性特征（包括性别、年龄、教育水平、在职年限以及技能水平）相似，接着对培训组进行培训，而在同一时期对比组照常工作而不进行培训，最后在同一时间内对培训组和对比组分别进行评估，以此来判定培训是否达到了效果。

4. 问卷调查法

问卷调查法，即以书面形式，拟订若干问题请有关人员填写、回答。对一些评估指标可以通过问卷的方式直接向评估对象了解，有时把答案按一定标准折合成分数。这种方法也是目前企业培训活动中运用得非常普遍的方法。运用这种方法的关键在于设计出一份优秀的问卷。一份优秀的问卷应该与培训目标紧密相连，并且与培训内容有关，问卷内容应该包括培训的一些主要因素，如培训师、培训场地、培训教材等主要环节。为了对不同对象或者培训活动的某一特定阶段进行重点评估，评估者可以专门就某一对象或培训活动的某一阶段设计问卷，以便及时获得相关信息，如专门对受训者进行评估，或专门对培训师进行评估，或专门对课程、教材进行评估。此外，评估者亦可专门就某一对象在培训活动的不同阶段的表现设计问卷进行评估。问卷评估的内容或范围可多可少，可大可小，但表上的每一个问题应有意义。总之，问卷设计得是否得当，往往是这一方法能否成功运用的根本。评估问卷没有统一的格式，问题也不固定。评估人员可以根据评估目的、评估要求和评估重点自行设计。

（二）定量方法

定量方法是用数量统计或数学模式等方法，对所收集的数据进行处理，对培训效果进行评估的一种方法。定量方法通常有很多种，例如成本—收益分析法、机会成本法、编辑收益分析法、假设检验法以及时间序列法等。

1. 成本—收益分析法

通过成本—收益分析，计算出培训的投资回报率（ROI）是培训效果评估的一种最常见的定量分析方法。培训成本来源包括项目开发或购买成本，培训师工资成本，培训师及受训者学习材料成本，培训场所、设备成本，培训组织者及辅助员工的工资及福利成本，因培训发生的交通及餐宿成本，受训者因参加培训而损失的生产量。若是一次性发生的成本，如项目开发，购买培训设备、修建场所，可按会计方法进行分摊。培训的实施可能是要降低生产成本或额外成本、改进产品质量、增加生产量，或者增加市场销售。总之，培训收益是企业因培训获得的经营成果的增加量。下面以研究所的一次培训实例来进行成本—收益分析。

成本—收益分析法可有两种判断途径，一是计算培训项目的培训收益；二是计算培训项目的投资回报率。两种方法基本相同。

（1）培训项目的培训收益

培训项目的经济收益是指培训所获得的总收益减去总成本之后所得的净收益。培训收益越高，培训项目的经济效果越好。我们可用下列公式表示培训项目的收益：

$$\Delta u = T \cdot N \cdot dt \cdot SDy - N \cdot C$$

其中：Δu 为培训收益；

T 为培训将产生效益的时间（年）；

N 为受训者数量；

SDy 为未受培训者工作成绩的差别（标准差，根据国外学者的研究，约等于年工资的 40%）；

C 为人均培训成本；

dt 为效用尺度，即接受培训者与未接受培训者工作成果的平均差。

$$dt = \frac{\overline{X}_e - \overline{X}_c}{SD\sqrt{R_{yy}}}$$

其中：$\overline{X}_e$ 为已培训者平均工作效率；

$\overline{X}_c$ 为未接受培训者平均工资效率；

SD 为未接受培训者平均工作效率的标准差；

R_{yy}为工作效率评价过程的可行性（如不同评价者评定结果的相关程度）。

（2）培训项目的投资回报率

培训的投资回报率是指用于培训的每单位投资所获得的收益，可以作为衡量培训成果的一个指标。投资回报率越高，培训效果越好。公式如下：

$$IR = \frac{TE}{C} \times 100\%$$

其中：IR 为投资回报率；

TE 为培训收益（净收益）；

C 为培训成本。

2. 假设检验法

假设检验法是对培训效果的显著性问题进行评估方法。通过判定培训效果的有效性程度，对培训项目做出接受或拒绝的判断，是在成本的收益分析法的基础上又一个对培训项目作出评估的方法。

案例　培训的费用构成

任何一个企业要进行培训，首先需要了解的问题是：培训的费用构成是什么？

培训的收益到底又包含什么？在选择培训课程时，一项 800 美元的课程和一项1 200美元的课程到底有什么区别呢？这是困扰许多企业的问题。下面我们以一个美国高科技产业公司为例来解答这个问题。

公司为一个销售人员的一天支付多少开销？

首先我们分析一个职业销售人员一年的真正开销：平均薪水加上该领域的福利，一个销售人员的收入大约是 190 000 美元。这包括直接薪水，保险，股票，税金和其他州级、政府级的费用。除此之外，还有间接开销包括：汽车、保险、房屋、其他供应品、必需品、商务旅行以及娱乐。再加上公司招聘费用、培训、岗位调整的开销。这几项合计起来，一年还有 40 000 美元的开销。

与销售人员相关的还有一块很大费用是技术部门的巨大开销。我们所共事的大多数公司都有技术支持部门（设计、系统工程、技术咨询等），因为他们的客户有很少或没有这方面的支持。这些部门的支出在许多情况下只是销售成本的一部分。大多数客户同意一年用于支付一个工程师的费用超过 200 000 美元。假设其开销的四分之一列支于对销售人员的支持，则为 50 000 美元。根据这一分析，在这个市场中，雇佣、培训、支持、维系一个销售人员的总开销为 280 000 美元。当然，这个数字是很保守的，因为我们的许多客户的这一个数字为 350 000~400 000 美元。如果按美国公司一年工作日为 225 日计算，则每一工作日一个销售人员的开销大约为 1 350 美元。

计算三天培训的间接费用

由此我们可以计算出，假设一项三天的培训课程外加一天的路途时间，该销售人员的直接开销是 5 400 美元。

直接的旅行开销是每张机票 400~1 600 美元，平均一天的就餐费为 75 美元。三晚的平均住宿费用加上税金是400美元。每天每个人的会议开销是35美元。其他费用（出租车、小费、电话）为25美元一天。所以每个人的旅行和住宿的花费总和是1 600美元。

把这些加到直接开销中去，每人参加一项三天培训的开销是7 000美元。

这些费用还不算培训本身，数字看起来已经很高了。

800美元和1 200美元的培训课程的区别是什么？

公司培训部的组织人员开销每天约1 600美元，同受训人员基本一致。培训部领导的一天费用为1 500~2 500美元，三天培训总开销是7 600美元。把这些费用平均到18个人的小班上是每个人开销422美元。把这一费用加在7 000美元基础上可得7 422美元。

关于分析800美元和1 200美元的培训课程的区别问题时，仅仅在7 422美元的基础上加上800美元和1 200美元，则分别得到8 222美元和8 622美元。

如何比较培训投资的回报

比较培训投资的回报是培训投资非常重要的一个环节。在专业机构所做的两项研究中，我们发现在销售领域的培训可以有以下五个方面的影响。它们分别是：

(1) 完成的销售是没有接受培训时不可能做到的。

(2) 即时结束某项，从而减少公司的损失。

(3) 扩大销售规模，从而扩大公司的收益。

(4) 赢得销售边际利润，增加公司收入。

(5) 确定放弃该商业机会较有利。

所有这些情况都受个人经验的影响。有些是很容易解决的，像提高边际利润。有些几乎是不可能做到的，像放弃销售。咨询机构认识到培训课程可以对每个参与者的公司产生不同的影响。

在对部分培训客户的研究中表明，通过销售培训，销售额达到350万美元，客户创造了700 000多美元的利润，而平均每位参与者的开销是8 622美元。这样的一个培训，投资回报是非常明显的，在这当中，培训课程是800美元，还是1200美元，它的区别不是最关键的，最关键的问题是培训的投资回报问题。

培训参与者应该考虑的是：投资回报的结果是如何计算出来的？上文给出的分析方法将有助于企业对此进行界定。集团公司、销售主管以及培训主管应该需要关注每个人参加培训的开销，但这不是唯一的事，更重要的是，他们应该能预期到实在的价值，在考虑参与培训者的投资回报的基础上仔细评估培训的投资和回报。

第三节　培训成果转化及成果的评价

一、培训成果转化

企业培训的目的之一在于促使受训者持续而有效地将所学的知识和技能运用于工作当中。由于培训成果的学习、长时间的维持以及在工作中的应用不单纯是培训活动能够解决的，所以企业必须创造有利的组织氛围，确保培训成果的应用，并防止受训者回到已经掌握的习惯的行为方式上。

有许多学者曾经对培训成果转化有过论述。鲍德温（Baldwin）和福特（Ford）认为培训成果转化是将在培训过程中获得的技能推广到实际的工作环境中，并且始终保持这种获得的技能的过程。斯温尼（Swinney）将培训成果转化定义为一种课堂效果与期望现实环境中发生的绩效两者之间的有机的联系。布罗德（Broad）和纽斯姆（Newstrom）指出培训成果转化是指受训者将培训中所学的知识、技能、行为方式和认知策略有效且持续地运用于工作当中。泰勒（Taylor）将工作场所的培训成果转化定义为受训者将培训中所学的知识、技能、行为方式和认知策略有效且持续地运用于工作当中。虽然这些定义在字面上有些差别，但归根到底培训成果转化所要强调的是以下两个方面的内容：

（1）在什么样的情形和什么样的行为中我们期望受训者运用他们在培训活动中所获得的知识、技能等？也就是说，培训者要确定三个方面的问题：我们期望受训者在培训之后必须改变什么行为，培训成果转化发生的频率和情境，受训者在面对变化的工作情境时能够应用所学内容的程度。

（2）我们期望受训者学习到的知识、技能和态度能保持多久的时间以及在工作中哪些因素能够加强知识和技巧的发展？也就是行为维持的问题和在转化环境当中新行为保持的问题。

综上所述，所谓的培训成果转化，就是指受训者持续而有效地将其在培训中所获得的知识、技能、行为和态度运用于工作当中，从而使培训项目发挥其最大价值的过程。当人力资源开发成为企业人力资源管理的核心环节时，培训如何转化成为业绩就成为了关键问题。当个人的知识、技能、行为和态度的转变与组织的需求紧密地联系在一起时，培训成果转化就成为了核心问题。因此，如果企业要想通过培训提高员工和组织的整体业绩，就必须了解如何实现在企业中的培训成果转化。

很多学者认为，培训成果转化失败的原因之一就是培训项目设计很少考虑到学习成果的转化。也就是说，认知学习很可能会发生，但是受训者很可能没有在实际工作中运用培训内容的机会，或者培训过程中并没有教会受训者如何将所学内容运用于实际工作中。

如图 6-3 所示，培训成果转化受转化气氛、管理者的支持、同事的支持、运用所学能力的机会、技术支持以及自我管理（动机、能力）等方面因素的影响。

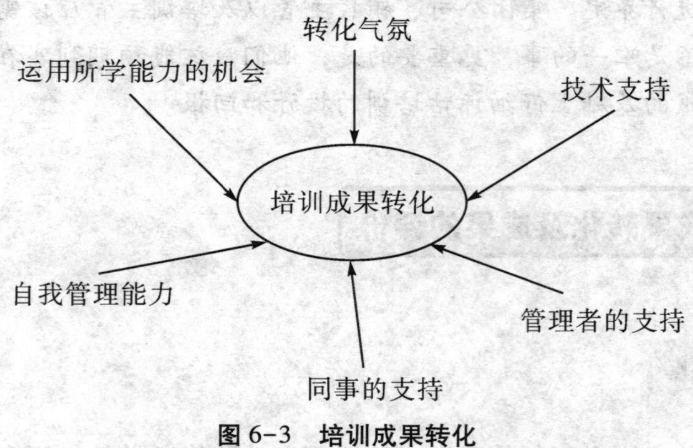

图 6-3 培训成果转化

另外，要促使培训成果转化为生产力，则必须制定一系列的制度与措施，把培训与考核相结合，把培训与使用相结合，把培训与工作报偿相结合，把培训与员工职业生涯相结合。

案例　影响培训效果的五大要素

影响培训效果的要素比较多，但归纳起来，主要有：培训内容的选择、培训师的选择、员工因素的影响、培训方式的影响及培训环境的影响五大要素。

第一大要素：培训内容的选择

根据公司的需要，结合员工的实际情况，开发和实施有针对性的培训内容是保证培训效果的重要条件。过去很多企业盲目选择培训内容，哪个培训师名气大就请哪个培训师，哪个课程上得火就上哪个课程，结果自然是培训时热热闹闹，培训后才发现没有什么效果。因此，要取得预期的培训效果，明确培训的目的并“对症下药”非常重要。

第二大要素：培训师的选择

目前，市面上的培训师基本上可分为理论派、实战派和兼顾派三种。企业应该通过试听课程、观看影像资料、考察工作经历和背景以及探听客户口碑等方法来了解培训师的具体情况，根据培训的不同需求和不同的培训内容及受训人员状况，选择不同类型的培训师，以达到最佳的培训效果。

第三大要素：员工因素的影响

培训规模和人数是影响培训效果的重要因素之一。有些企业为了节省成本，不管什么培训，都以参加人员的多少来衡量好坏，总认为参与人员多多益善。于是不管什么类型的培训，动辄上百人，结果，由于人数过多，课堂上该演练的部分没有时间深入练习，对培训效果产生了影响，不能达到预期的目的。另外，在培训时间上，很多企业将培训时间安排在周末，影响了员工的休息，会有部分员工产生抵触情绪，因此影响了培训效果。关注员工对培训效果的影响因素有助于提升组织培训效果。

第四大要素：培训方式的影响

目前，许多企业仍然喜欢单一的培训方式，一味要求授课式的培训方式，并给培训师设限：不要分组，不要提问，不要互动太多，不要过多活动等。这严重影响了培训效果。为了达到预期的培训效果，必须根据培训的内容选择不同的培训方式，比如小组讨论、角色扮演、管理游戏、案例分析等。

第五大要素：培训环境的影响

好的学习氛围和环境又能提升培训的效果，同样，坏的学习环境和氛围会影响学员的学习情绪，进而降低培训的效果。培训环境既包括培训设施、场地布局、音响照明等硬件环境，还包括课堂气氛、学员参与度等软性环境。所以，只有培训管理者和培训师共同努力，才能营造出良好的学习氛围和环境。

二、培训成果的评价

（一）培训成果评价中的重要指标

培训成果评价中的重要指标有四个：第一，标准的相关度，指培训成果与培训计划中强调的应该学习的能力之间的相关性；第二，信度，指一项成果的测量结果长期稳定的程度；第三，区分度，指受训者取得的成果能真正反映绩效的差别；第四，可行性，指收集成果和测量结果的难易程度。

（二）培训成果评价的作用

对培训项目进行评价的作用主要有两方面：第一，决定是否应在整个组织内继续进行培训；第二，对培训进行改进。培训评估要基于培训设计和提交阶段所建立的培训目标。柯克帕特里克提出了培训评估的四种标准（或方法），包括受训者的反应、学习、行为和结果。因此，培训评估通常在四个层次上进行，如表 6-8 所示。

表 6-8　培训评价

层次	可以问的问题	衡量方法
反应层（一级）	受训人员喜欢该项目吗？对培训人员和设施有什么意见？课程有用吗？他们有些什么建议？	问卷
学习层（二级）	受训人员在培训前后，知识、技能的掌握方面有多大程度的提高？	笔试、绩效考试
行为层（三级）	培训后，受训人员的行为有无不同？他们在工作中是否运用了在培训中学到的知识？	由主管、同事、客户和下属进行绩效考核
结果层（四级）	组织是否因为培训而经营得更好了？	事故率、生产率、流动率、质量、士气

（三）培训成果评价的具体方法和标准

1. 回工作岗位后的评定方法

（1）结训后一段时期，通过调查受训者的工作效益来评定培训成果。如结训后每隔六个月，以书面调查或实地访问的方式，调查受训者的工作效益。

（2）如实地观察受训者的工作实况，评定培训的成果。如根据实地观察发现，受过培训的员工在工作上确能表现出高昂的工作热诚、良好的工作态度、高度的责任感等，则可认定受训已产生效果。

（3）调查或访问受训者的上下级主管或下属，根据所得意见来评定培训的成果。受训者回工作岗位一段时间后，以书面调查或实地访问的方式，了解受训者的上级主管或下属对受训者在工作上表现的看法。如主管人员否认为受过培训的员工的工作有进步，无论是主管或下属的意见，均为评定培训成果的重要资料。

（4）分析培训员工的人事记录，评定培训的成果。如受过培训的员工的绩效考核较以前有进步，缺勤和请假次数减少，受奖次数增加，则表示培训对该员工的工作积极性已发挥作用。

（5）根据受过培训与未受过培训的员工工作效率的比较来评定培训成果。

（6）根据受过培训的员工是否达到工作标准来评定培训的成果。

（7）根据可否达到培训目标来评价培训的成果。如回工作岗位后，职工解决了培训计划中预期需要解决的问题，达到了培训计划所规定的要求，则说明培训已产生了效果。

2. 培训结业时的评定方法

（1）应用学识技能的测验评定培训成果。对参加测验的员工在培训开始和结束时用同样的方式，先后做两次，把两次测验进行比较。

（2）应用工作态度调查评定培训成果。对参加培训的员工，在开训和结训时，用同样的方式调查员工对工作的态度。

（3）调查员工关于培训的改进建议。在培训时把调查表发给受训员工，征求他们对培训的意见，如员工确能提出有价值的改进建议或其他意见，则表示员工对培训已获得应有的重视，并具有更深的认识，可断定培训已有成果。

（4）记录培训期间出席人员的变动情况。在培训期间，可约定若干人员为观察员，平心静气地观察培训的进行情况及受训人员平时对培训工作的反应，在培训时提出观察报告。

（5）根据主持培训及协助培训人员的报告来评定培训成果。

（6）根据受训人结训成绩评定培训成果。

（四）培训成果评价的标准

（1）接受培训的人员对培训的反应。每一个接受培训的人都会对培训做出效果好坏的评价，结合所有人员的总体反应可以得出对培训效果的基本认识。

（2）对培训的学习过程进行评价。主要是评价培训过程中实施的具体手段、方法是否合理、有效。培训中的每一步学习过程是否满足或达到了培训所提出的要求。

（3）培训是否带来了人员行为上的改变。培训的目的是提高能力，而能力是通过行为表现出来的。因此，评价培训的效果就是要看接受培训的人是否在工作行为上发生了可观察的变化，并有利于工作绩效的提高。

（4）工作行为改变的结果是什么。培训的最终评价是以组织的工作绩效为准。也就是说，工作行为的改变带来的是工作绩效的提高。如果培训能够带来这种积极效果，也就可以说完成了培训的目标。

（五）培训成果的评价时机

（1）培训结束时的评价。对参加培训的人员在培训期间的各种表现作评价，并与参加培训前的技能水平作比较，可以确定培训有无成效。主要评价内容是：学识有无增进或增进多少，技能有无获得或获得多少，工作水平有无提高或提高多少。

（2）培训结束后回工作岗位后的评价。培训的目的不在于员工在受训期间的表现，而在于培训后的工作表现。因此培训后回工作岗位的评价，要比培训结束时的评价更为重要。评价内容有：工作态度有无改变，改变的程度如何，维持时间多久，工作效率有无增进，增加的程度如何，培训的目标有无达到等。

另外，在评价时，注意培训成果的类型。培训成果分为五大类：认知成果、技能成果、情感成果、绩效成果及投资回报率（见表6-9）。

表6-9　培训项目评估使用的成果

成果	举例	如何衡量
认知成果	·安全规则 ·电子学原理 ·评估面谈的步骤	·笔试 ·工作抽样
技能成果	·使用拼图 ·倾听技能 ·指导技能 ·着陆一架飞机	·观察 ·工作抽样 ·评分

表6-9(续)

成果	举例	如何衡量
情感成果	·对培训的满意度 ·对其他文化的信仰	·访谈 ·关注某小组 ·态度调查
绩效成果	·缺勤率 ·事故发生率 ·专利	·观察 ·从信息系统或绩效记录中收集数据
投资回报率	·美元	·确认并比较项目的成本与收益

本章小结

培训效果评估是指系统地收集有关人力资源开发项目的描述性和评判性信息的过程，通过运用不同的测量工具来评价培训目标的达成度，判断培训的有效性。培训效果评估的目的是判断项目是否实现了预期目标，证实人力资源开发项目的价值，增加项目的可信度。

本章系统介绍了一系列培训效果评估的类型和方法，企业可根据自身特点和不同员工、不同类型培训的实际加以选择确定。

培训成果转化就是指受训者持续而有效地将其在培训中所获得的知识、技能、行为和态度运用于工作当中，从而使培训项目发挥其最大价值的过程。

案例　保洁大学：无处不在的学院

“宝洁校友”在商界的威名，甚至让猎头公司直接把分公司开进了宝洁所在的写字楼。

一所企业的大学为何有这么大的能量和魅力？它的课程究竟有怎样的魔法？

很难想象，一家已经173岁的老公司，每年还能吸引无数年轻名校生的青睐，人才流失率一直维持在不到行业平均水平的一半。而即便那些离开的人，也大多对这所商界的“黄埔军校”心存感激与怀念。他们都以曾在这所学校学习过而倍感自豪，并自发为之建立了一个闻名业界的校友会。

它并不是牛津、剑桥，不是耶鲁、哈佛，它只是一所企业的大学。它的名字叫宝洁学院。

在“宝洁校友会”长长的名单中，不乏微软的史蒂夫·鲍尔默，易趣的梅格·惠特曼，波音的吉姆·麦克纳尼，通用电气的杰夫·伊梅尔特，联合利华的保罗·波尔曼这些大名鼎鼎的商业领袖。

人才工厂

“太牛了！先是一位美国盲人分享攀登珠穆朗玛的经历，然后是画家给学员们画像，做成一面形态各异的人物墙，还有就是人力资源经理跟着自己的顾客去商场购物……每次都有一个鲜明的主题，精彩极了！”说这些话时，陆国坤眉飞色舞。

陆国坤是宝洁大中华区的人力资源副总监。尽管已是有着15年人力资源工作经验的高管，但这种寓教于乐的培训课程还是让他大开眼界。

那是去年在宝洁总部进行的一次例行培训。作为宝洁内部最高级别的培训项目，总经理学院（GM College）专门负责培训那些总经理级别或拟提升为总经理的员工。这个师资高端、耗资巨大的项目以主题鲜明的奇特课程著称。

“对总经理级的高管是会专门配备教练的。”陆国坤所经历的、宝洁总经理学院的培训，分为两个板块，除了每个季度各个大区的总经理都会到辛辛那提的总部开会，由总部的副总裁甚至首席执行官讲课以外，还有一个板块需要总经理们和自己的人力资源经理一起参加。令陆国坤印象深刻的美国之行，便是他以“总经理教练”的身份去的。

为了做好“教练”的工作，陆国坤也要参加专门的培训。“前阵子我就去马尼拉参加了四天培训，专门教你作为总经理的教练，如何去培训你的总经理，怎么帮助他制订计划，参加他的会议，怎么跟同事交流等。”

这不过是宝洁庞大的培训体系中很小的一部分。作为一家业务遍及全球80个国家和地区，拥有超过13万名雇员的巨无霸企业，宝洁的内部人才培养项目就像它旗下的300多个品牌一样繁多与复杂。也正是这个神奇体系，打造了商界“黄埔军校”的传奇。

简言之，宝洁的企业大学由全球总部的GM学院、全球总部职能部门的职能学院、各大区的宝洁学院和大区的职能学院四部分共同构成。其中，GM学院针对的是总经理级及拟提升为总经理的员工；宝洁在全球的每个大区都有一所宝洁学院，它的定位非常清晰，只负责培训新员工的公共技能；相关专业技能培训则由全球总部级别的职能大学及每个大区的职能学院承担。因此宝洁大学就是由几十个彼此独立的学院构成的全球化的企业大学。

在整个体系里，培训机制是非常重要的组成部分，也是宝洁口碑最好的制度之一，它涵盖了宝洁从实习生到总经理的所有员工，自迈进宝洁大门的那一天开始，培训的项目将会贯穿他们直到退休的整个职业生涯。在不同的职业阶段，在不同的部门岗位，都有相对应的培训项目——就仿佛一条制造人才的流水线，在个人成长的不同环节为你定制不同的部件和养料。

无处不在的学院

正式成立于1992年的宝洁学院（P&G College），是一个有正式编制和专职工作人员的实体部门。其宗旨是将公司高级经理的经验及理念传授给其他年轻的员工，每年大约有4 000名员工在宝洁学院接受培训。

作为宝洁大中华区人力资源部副总监，除了参与金字塔尖的GM学院培训，陆国坤主要的工作之一就是领导中国的大区宝洁学院。这个设在人力资源部内的组织由他挂帅，下辖4名左右的培训协调员。这些协调员每人负责内容相近的几门课程，相当于这些课程的项目经理，负责发掘讲师、更新讲师、培训教材更新、培训申请注册、课程评估等整个培训的过程。

从教学力量的角度看，宝洁学院又是一所虚拟学院。因为学院的老师是分散在各职能部门的主管，学院主要扮演组织者和协调者的角色，按照课程的需求邀请资深的高级经理人来讲课。

在中国宝洁学院，有20多门公共课程，大致分为领导力、基本管理沟通技巧和通用管理技巧三类。就像大学里的公共课一样，它们教给员工的是“通识能力”。

“其实宝洁有很多的学院，我们做的主要是像‘高效工作的7个习惯’这类对所有人都适用的课程。”陆国坤解释，大区宝洁学院的定位非常清晰，只负责新员工培训中的公共部分和公共管理技能的部分培训，不会包揽一切。不管是美国总部还是各大区，更专业的技能培训都由总部和各大区的职能学院来具体承担。

与有正式编制和专职工作人员的宝洁学院不同，各职能学院是高度灵活的非正式组织，学院的名称每年都可能发生变化。除了生产部和销售部等大的部门设立专职培训经理和培训管理员外，其他部门的培训经理和培训协调员都是兼职的。这些专职或兼职的培训经理就是职能学院的“院长”，需要为本部门的同事设计最符合部门特色的专业课程，请来最合适的讲师授课。

“我们部门现在就有个三级经理在做‘bring outside in’（‘引进来’）课程，每次一个话题，请别的跨国公司、咨询公司、公关公司的高层来讲课，很受欢迎。”对外事务部高级经理张群翔说，在强调内部传承的宝洁，这种外部讲师授课的形式并不多见，“也仅是因为我们部门是窗口，才会这样”。

就跟传统大学里按学科划分的学院一样，依据各自的特色需求，不同部门的职能学院建立起的培训内容和体系常常会截然不同，只不过比传统大学的课程更贴近企业的需要。在客户关系发展部（CBD），一名新进的管理培训生将得到一整年52个星期的岗上培训。如果你进的是核心生意渠道（CBC），这一年中得到的则是销售技巧的集中培训，并会与分销商的销售代表一起进行各种规模的顾客覆盖和运营。

无论是哪一个职能学院，按级别培训的思路和大区宝洁学院都是一样的。宝洁大中华区通用的员工级别从1级到6级，一个正式员工从1级经理开始，每往上升一级都要经历对应的培训课程。据陆国坤介绍，级别不同，课程的内容和难度也不同。而像市场部，对应不同级别员工的职能学院干脆直接冠名为“助理品牌经理学院”“品牌经理学院”和“总监、副总监学院”。

精彩在课外

在宝洁，五花八门的培训还不止于此。

“一些经验分享和公司发展是没有关系的，这个外面人可能很难理解。”张群翔说，一些诸如“女性关心女性”“人人互助”、“双职工的相互支持”看上去就跟绩效考核没多大关系，但这种培训会减轻员工的心理压力，让人更开心，也体现了宝洁培训的另外一个理念——文化的影响。

企业文化始终是宝洁最看重的一项培训内容。在宝洁的办公楼里，PVP（宗旨、价值观和原则）的标志和内容随处可见，甚至印在所有员工的门卡上。这些宝洁文化中最基本也最核心的内容并不像很多企业的标语那样仅仅是个形式，而是真正成了流淌其中的血液，并结出了硕果。

硕果之一，就是被宝洁人骄傲地视为核心竞争力的“内部提升制”。

从宝洁全球建立之日算起，两位创始人花了约30年的时间来研究解决员工流动性和忠诚度的问题。最终，他们找到了内部提升法。“内部选拔”的用人制度被写进了PVP，在一百多年的漫长岁月中，从未改变过。

在宝洁看来，和员工签订的雇佣合同就像一纸婚书，相互之间应该尽快进入角色，进行身份的认同。新人从加入公司的第一天起，就要按照“早期责任”制度要求，迅速进入状态，承担起真正的责任。宝洁相信，这会让新人获得宝贵的实践经验，更快地成长。

“公司不会一脚把你踢进大海，他会给你游泳圈，还会有教练在一旁指导你，让你从不会游到游得很好。”宝洁大中华区市场部、设计部和品牌运营部人力资源经理左佳评价说。

2006年，刚进公司第二年后左佳就被派到了香港开拓招聘市场。在不长的时间内，她从一个不会说粤语，不懂香港文化，没有独立负责单元经验的新手，成长为管理着100名员工、600名美容顾问的职业经理人。左佳认为正是公司的在职培训为自己打开了成功之门。

虽然有着庞大的课堂培训体系，但宝洁人依然坚持自己的观点：每天的经营活动都是学习和培训的源泉，在职训练才是最好的培训。

“每个星期老板都会问我工作的困难，帮助我从什么都不懂到慢慢适应直到独当一面，做出一些成绩。”左佳说的是宝洁在职培训中最著名的“直接经理制”。这是一个由顶头上司担任直接经理人的制度。左佳的老板陆国坤不但要定期一对一地指导她的工作，还要以直接经理人的身份参与制定左佳的个人发展规划（Work and Development Plan，WDP）。

双方沟通后共同完成的WDP是做年终总结和来年计划的依据。在WDP里，左佳可以清楚地看到经理对自己的评价，理清自己的长处和不足。在下一年的工作中，不管是参加更有针对性的各种培训项目，还是提出晋升的申请，乃至明确长期职业发展的途径，都会被写进WDP。

反过来，下属发展的好坏也直接成为考核老板一年工作成果的重要指标。在每一位经理的年度总结中，有一项特定的内容必须要填写：请列出在过去一年中你对公司组织的贡献。如果想升职，带出优秀的下属是基本前提，因为这项工作足足会占去你年度绩效评价的50%！

有时，由于直接经理人是员工所在部门的直接领导，一对一的对话可能因关系双方的敏感话题而沟通不力。此时就轮到“导师制”出场了。就像大学中导师制的双向选择一样，师徒式关系的确立，需要导师和学生双方的同意和认可。然后，一位任职其他部门，没有利害关系的前辈将成为职场新鲜人的师傅。他是愿意在宝洁广州总部楼下的星巴克里边喝咖啡边听你倾诉困惑的好伙伴，更是一位以自身的经验提点苦恼的年轻人的好老师。

近年来，一个被称为“宝洁大学”的项目正在中国的大学校园流行。不管是课堂讲座、经历分享以及学生导师的形式，还是公司知识学院、部门知识学院、管理知识学院的一系列课程，都让人看到了宝洁学院的影子。不同之处只在于它针对的目标为宝洁的潜在员工——知名高校的大学生们。对想进外企的中国大学生来说，不管是网上申请、托业英语能力测评还是面试时的“宝洁八问”，都是耳熟能详的经典流程。

如今，这个借鉴了内向型宝洁学院课程与架构的项目看起来想要做得更多。在宝洁这个培养了无数商业领袖的大学里，除了宝洁学院这所“研究生院”，他们又创造出了一所新的“本科院校”，来发掘更多的人才。

宝洁人从未忘记前董事长理查德·杜普利的那句名言：“如果你把我们的资金、厂房及品牌留下，把我们的人带走，我们的公司会垮掉；如果你拿走我们的资金、厂房及品牌，而留下我们的人，十年内我们将重建一切。”

企业大学

企业大学又称公司大学，是指由企业出资，以企业高管、教授及专业培训师为师资，通过实战模拟、案例研讨、互动教学等手段，以培养企业内部中高级管理人才和企业供销合作者为目的的一种新型教育体系。

自1955年全球第一所企业大学——通用克劳顿学院成立以来，企业大学在全球迅速普及。现在世界500强的企业中，80%都已建立了自己的企业大学。据预测，2010年全球企业大学的数量将达到3 700所，未来，企业大学有可能超越传统大学，成为成人职场教育及终身学习的主流。

1993年，摩托罗拉率先将企业大学这一理念和形式引入中国，1998年第一家中国的企业大学春兰学院宣告成立。目前已有超过200家的中资企业设立了企业大学。不过，大多有名无实，仅是将原来的培训部或者培训中心换了一个招牌而已。

企业大学分类

按照开放程度的不同，企业大学可分为内向型和外向型两种。内向型企业大学主要服务于企业内部的员工培训，并不对外开放，如麦当劳大学、通用克劳顿学院。外向型企业大学又可分两类：一种是仅仅面向其供应链体系开放，将供应商、分销商或客户纳入学员体系，主要目的是支持自身业务发展，如爱立信学院、摩托罗拉大学；另一种则是面向全社会，主要目的是提升企业形象或实现经济效益，如惠普商学院。

宝洁大学组织架构

1. 总部GM学院

GM学院设在宝洁全球总部美国的辛辛那提市，作为宝洁的总经理学院，其培训对象是各国总经理级及拟提升为总经理的员工，为其授课的也大都是宝洁总部的总裁级高管。

2. 总部职能学院

总部职能学院主要为高级专业人员的技术和专业培训，由全球总部的职能部门组织实施。

各大区职能部门的PE（工艺工程）学院主要针对新入职的技术人员，对于已经工作了7~8年，对基本工艺已经非常熟悉的技术人员，则需要进行更有创造性的提升培训。这项工作就由宝洁总部职能部门发起，Technical Engineering School（高级工程学院，简称TE学院）负责培训。

3. 大区宝洁学院

大区宝洁学院设在大区人力资源部内，由人力资源部副总监负责运作，下设4~5名培训协调员，主要负责M系列1~3职位层次的培训和新员工公共部分的培训。宝洁学院的定位非常清晰，只负责新员工培训中的公共部分和公共管理技能的部分培训。

以中国宝洁学院为例，共有20多门公共课程，包括领导力、沟通技能、创新、项目管理、高效会议、团队建设、公文写作等。

4. 大区职能学院

宝洁学院是正式的组织，有正式的编制和专职工作人员，但也是一个虚拟学院，学院的讲师分散在各个职能部门，学院主要扮演组织者和协调者的角色。与宝洁学院不同，职能学院则是高度灵活的非正式组织，大部分人员都是兼职，而且学院的名称每年都可能发生变化。

案例　SATE[①] 培训管理模式

D公司是一家专门提供移动通信网络整体解决方案的科技公司。多年来，其凭借领先的科技实力，取得了良好的效益，目前已是通信产业的领航人。公司高层管理者充分认识到，作为新兴高科技产业，只有迅速提高员工的素质才能在未来的通信产业中立于不败之地。因此，近年来该公司与颇具知名度的Z培训公司合作，组织了几次大型培训。钱投了不少，可效果却都不理想，原因何在？从以下两个事中也许能了解一二。

事例一：

小李在参加技能培训前向培训负责人反映："新机器比我原来操作的那台复杂多了，并且在操作时总是出错。"负责人说："也许你尚未完全掌握要领，而我们提供的这次培训就是帮助你胜任这项工作的。"然而，培训后的小李却满是疑问："可是在培训中演练的那台机器与我这台'新家伙'完全不同呀！"另有技术骨干小张反映："直属上司似乎并不支持我来参加培训，在培训期间不断布置新任务，我根本没有精力，也无法静下心来上课。"

事例二：

除了技术类的培训，公司还为中高层管理人员安排了工商管理硕士课程。可培训还没开始，大批老员工就声明不参加培训，他们觉得自己就这样了，没什么好培训的。于是要么推说工作忙，要么干脆请病假。另一些员工也是本着完成任务的态度，有的甚至认为："无非是走个过场，就当放几天假，休息一下好了。"

复习思考题

1. 阐述柯克帕特里克模型的四个评估层次。
2. 什么是培训成果转化？
3. 阐述培训效果评估数据来源的渠道有哪些？不同渠道的优缺点是什么？

参考文献

[1] 雷蒙德·A. 诺伊. 雇员培训与开发 [M]. 徐芳，译. 北京：中国人民大学出版社，2007.

[2] 徐芳. 培训与开发理论及技术 [M]. 上海：复旦大学出版社，2004.

[3] 董克用. 人力资源管理概论 [M]. 北京：中国人民大学出版社，2011.

[4] 林媛媛. 企业培训理论与实践 [M]. 厦门：厦门大学出版社，2005.

---

① 即 Support（领导支持机制）、Analysis（需求分析机制）、Transfer（成果转化机制）、Effectiveness（效果评估机制）的英文首字母缩写。

第七章 各类人员的培训

★本章导读

·理解各类人员培训的内涵;

·掌握新员工、管理人员、销售人员培训的目标;

·掌握新员工、管理人员、销售人员培训的原则、依据;

·熟悉并运用不同人员的培训内容与方法。

★案例导入

沃尔玛的员工培训机制探究

全球最大的零售帝国——沃尔玛（Wal-Mart）之所以成为世界500强企业之首的零售业“巨无霸”，原因有很多。而最关键的在于始终将员工视为最大的财富，注重对员工的培训与提升，搭建有效的员工培训平台，以培训打造一流的服务团队。探究沃尔玛员工培训机制，对于我国企业完善员工培训体系，具有借鉴意义。

一、培训计划：推行培训与员工发展计划相结合

在员工培训计划上，沃尔玛始终推行员工培训与发展计划相结合的方式。培训工作是沃尔玛人力资源管理中的重中之重。在沃尔玛内部，各国际公司必须在每年9月份与沃尔玛国际部共同制订和审核年度培训计划。沃尔玛人力资源部会为每一位员工制订相应的员工发展计划，并以此为基础，依据员工各自的成长路线为其提供相应的培训。

在沃尔玛，大多数员工的升迁速度很快，经常是半年、一年就会有一个提升。因此人力资源部会与每个新员工沟通，共同制订员工的职业生涯发展计划。员工的职业生涯发展计划一般由一个个具体的目标组成，最基础的目标就是接任自己上司的职位，这个目标清晰且不难触及，使得员工能以很快的速度达到下一个目标。

伴随着每个员工的成长，公司在每个关键环节都会组织员工进行与岗位或职位相对应的培训。例如，从新员工的入职培训，到普通员工的岗位技能培训和部门专业知识培训，到部门主管和经理的基础领导艺术培训，到卖场副总经理以上高管人员的高级管理艺术培训、沃尔顿学院系统培训等。可以说，沃尔玛的员工在每次成长或晋升时都会有不同的培训实践和体验。

为了让员工更好地理解他们的工作职责，并鼓励他们勇于迎接工作中的挑战。沃尔玛还为合乎条件的员工制订了横向培训计划和实习管理培训计划。横向培训是一个长期的计划，在工作态度及办事能力上有突出表现的员工，会被挑选去参加横向培训。例如，收银员会有机会参加收银主管的培训。为了让具有领导潜力的员工有机会加入公司管理层，公司还开设了为期8周的实习管理培训课程，符合条件的员工还会被派往其他部门接受业务及管理上的培训。

二、培训内容：实行全面培训策略

入职培训、技术培训、岗位培训、海外培训、女性员工培训等都是员工的重要培训内

容，而且所有管理人员还要接受管理技能与艺术方面的培训。

（一）独特的入职培训

沃尔玛新员工的入职培训别具一格，采取的是时间长、重操作、全面性的培训店实习培训。为了做好入职培训，沃尔玛在全球各地都设立了培训店。沃尔玛一般会在新店开业前半年开始招聘新员工，并组织新员工到邻近的培训店接受3到6个月的实习培训。新员工到培训店实习时并不确定具体的岗位，而是要在3到6个月内接受公司文化、信息系统、业务营运、管理政策等各方面的培训，以全面了解一个卖场是如何运作的。实习培训期间最为重要的培训就是“1-30-60-90计划”，即在新员工入职的第1天、30天、60天、90天分别会有四次侧重点不同的入职培训。沃尔玛认为，员工入职的这4个日子都是非常关键的时期，培训一定要配合员工这个时期的心理变化和对公司、业务了解的变化。

新员工入职培训的第1天，要接受企业文化的培训，听培训师讲述沃尔玛的创建和发展历史，以培养员工的荣誉感和自豪感。另外还要知道的和其他部门的员工进行沟通，并要到各店面进行参观以熟悉公司的运营情况等。沃尔玛的新员工在接受一天的入职培训后，还将分别在第30天、60天和90天与管理层或人力资源部的负责人一起，进一步了解沃尔玛的企业文化和规章制度。这样既可以了解新员工对企业文化的适应度和上下级之间的融合度，又能帮助其更快适应并融入沃尔玛团队。

（二）关键岗位的系统化技术培训

沃尔玛非常重视对关键岗位员工的技术培训。例如，沃尔玛的采购经理需要定期接受系统化的技术培训，包括英语交流、谈判技巧、产品认知和产品促销等各种技能培训。为了提高员工的专业技能，沃尔玛独创了一个新的培训项目，叫做“沃尔玛鲜食学院”。这个学院设置在沃尔玛中国主要的店面中，针对中国人的文化和饮食习惯而创立，培训员工如何制作符合当地人口味的各种面点、菜肴和熟食等食品，以达到增加销售的最终目的。

（三）差别化的岗位培训

沃尔玛针对不同岗位和不同级别的员工有相应的培训计划。英语培训、岗位技能及管理艺术的培训是重要的三个方面。在沃尔玛，管5个人以上的员工都要接受管理培训。经理岗位的员工上任后，首先要脱产3天，参加“基础领导艺术培训”。各分店的店长以上或是C级以上的管理者需要进行封闭培训，这种学习有上半年和下半年两次课程，每次有为时一星期的封闭式培训。

（四）通往高管之路的海外培训

在沃尔玛完善的培训体系中，海外培训是其培养和选拔高级人才的重要途径，因为只有高管人员才有机会获得海外培训的机会；而沃尔顿学院则是其人才培训的摇篮。在沃尔顿学院，高级管理人员会接受“国际领导艺术培训计划”。培训的主要内容是讲领导艺术和如何在店内进行非常细节的管理。从沃尔顿学院出来后，他们还将有机会接受高级领导艺术的培训，然后还会被送到卡内基学院再进一步深造。

（五）女性员工培训

沃尔玛公司对男女员工一视同仁，并尽一切可能多招收女性从事重要职位的工作，这使沃尔玛很受女性的欢迎。在沃尔玛，女员工占员工总数的一半左右，而女性的管理者占管理人员总数的41%。在培训方面，沃尔玛还针对女性员工实施了“目标管理者加速培养计划”（简称TMAP计划）。这一计划是沃尔玛全球培训体系中最具特色的课程之一。该计划原来叫“女性管理者培训计划”，是沃尔玛专门为有潜力并愿意成为公司高级管理者的女员工设立的。后来，为了更明确地表达这个计划的目的即培养直接继承人，使员工认识到自己就是上一层领导的后备军，需要加速成长，所以更名为“目标管理者加速培养计划”。

TMAP 计划被引入中国沃尔玛后，公司召开了从全国两万名员工中选出的 41 位女性员工参加的峰会。在这个计划中，培训内容富有针对性并且趣味性十足。沃尔玛这项计划的成功推出，不仅使公司在本国得到巨大发展，而且也使世界各地的妇女积极踊跃加入到沃尔玛的销售大军当中。

“知识改变命运，学习成就未来。”一个企业要真正实现可持续发展，就要对新进员工、管理人员、销售人员等进行针对性地培训。培养其学习心态、进步意识，努力打造一个学习型团队，使得企业的整体素质在发展中不断快速提升和进步。

各类人员培训是指企业根据组织中不同岗位、不同层级传授其完成本职工作、提高工作能力所必须掌握的各种知识和技能（如与工作相关的知识、技能、价值观念、行为规范等）的过程活动。

第一节 新员工的培训

当今企业越来越重视新员工的培训，系统地规划实施新员工的培训，对新员工了解企业概况、发展战略规划、组织结构、价值文化、规章制度建设、企业的硬件环境、工作环境、岗位职责、员工权利等具有深刻意义，从而增强新员工对企业的归属感，同时有效保证企业组织目标的实现。

一、新员工培训的内涵

（一）新员工培训的含义

新员工培训是指给企业的新雇员提供有关企业的基本背景情况，使员工了解所从事的工作的基本内容与方法，使他们明确自己工作的职责、程序、标准，并向他们初步灌输企业及其部门所期望的态度、规范、价值观和行为模式等，从而帮助他们顺利地适应企业环境和新的工作岗位，使他们尽快进入角色。

对新员工培训含义的正确理解，需要把握以下方面：

（1）新员工培训的对象是企业新进员工，包括校招新员工、社招新员工、调岗者及其他人员。

（2）新员工培训的内容应当与新员工未来岗位的工作内容存在关联性。

（3）新员工培训的目的是适应企业环境和新的工作岗位。

（二）新员工的特点

作为组织中的新员工，新员工最突出的特点就是心理上的特点，主要表现在以下几方面：

1. 是否被同事接纳

对于群体来说，新员工作为未来的工作伙伴，其对未来自身的发展存在一些疑问，是阻碍个人发展还是促进个人发展都不得而知。故群体对新员工的态度是谨慎的，当新员工威胁到自身利益时就会产生提防的做法，甚至做出不友好的行为。故新员工往往担心自己是否会被排挤、被欺负，这对每位新进入者来说，都是一个不小的心理负担。能被同事接纳，从而获得良好的人际工作氛围，新员工才能以一种愉快的心情来充分地展现他的才智，做好自己的本职工作。

2. 企业当初的承诺是否会兑现

在招聘时，企业往往提出优厚的条件来吸引人才，对愿意加入的应聘者许下美好的承诺，然而，当员工正式入职后，某些原来承诺的条件可能无法兑现。与员工的工作准则、企业的历史及目标相比，员工更加关心自己的工资、福利、假期、发展前景等。只有自己的切身利益得到保障之后，他们才可能从心理上接受企业的文化，融入公司的群体中，否则他们会表现为消极怠工，即使是积极的，他们也是在准备工作经验，一旦时机成熟就跳槽。故新员工往往担心企业是否能履行当时的承诺。

3. 是否适应第一工作环境

这里所说的工作环境的概念是广义概念，既包括工作的条件、地点，也包括公司的人际关系、工作风格等。新的环境是吸引新员工，还是排斥新员工？同事们是否会主动与新员工交往并向他们提供必要的工作常识、经验，并进行指导？新员工有没有完成工作必需的工作设备或条件？上述问题直接关系到新员工对企业的评价和印象。所以对于新员工来说，面对陌生的第一工作环境，难免担忧。

如果上述问题都得到了完善的解决，那么新员工会尽自己的努力去适应组织的期望，而这样的态度和绩效会在工作中不断地被奖励从而强化。

（三）新员工培训的目标

新员工培训的具体目标包括：

1. 消除新员工的焦虑与困惑

对新员工进行培训可以让员工快速了解工作岗位对知识、技能方面的要求，体验工作的人际氛围以及新员工在企业中的角色或地位。通过这些方面的了解，可以帮助新员工解决以上三个方面的疑问，消除焦虑与困惑。

2. 稳定员工队伍。

通过培训，新员工可以从多方面了解企业的情况，结合自己的未来发展或期望，对新岗位进行参考或衡量，做出最终的选择。培训后留下来的新员工往往是已经通过仔细考虑，决定将新岗位作为其职业生涯规划的一个部分的员工。这些新员工往往拥有稳定的心态，故新员工培训有利于稳定员工队伍。

3. 缩短新员工从学习阶段向创造价值阶段过渡的时间

通过对新员工的一系列培训，可以让新员工尽快学会专业知识，掌握所在岗位的所需技能，了解工作开展的既定规则和正确的运行程序，让新员工以较短的时间胜任新岗位，快速从一名学习者转化为一名为企业创造价值的员工。

4. 培养新员工的态度和价值观

每个组织都有特定文化，只有组织成员与组织文化相一致才能推动整个组织向着既定的目标前进。通过新员工培训可以让新员工了解组织文化，形成组织认同的价值观，从而与组织间建立信任，实现对组织的忠诚。

5. 明确岗位责任和权利

对于一个新员工而言，当他们刚刚进入一个新企业时，面对的企业的战略、产品、同事、企业文化，一切都是新的，感觉就像跨入了原始森林，容易迷失方向、不辨东西。因此，新员工责权利是否明晰，是否对等对其情绪影响较大，大量的内耗都产生于此，不满和怨愤是企业最大的成本，因此新员工培训一定要明确岗位责任及其权利。通过此方面的培训，可以使员工对本职工作有较深的了解，从而可以迅速适应岗位要求。

二、新员工培训的原则

新员工培训不管是培训内容还是培训方式都要遵循如下原则：

1. 战略原则

企业培训要服从企业的整体发展战略，最终目的是实现企业的发展目标；要以战略的眼光去组织企业培训，不能只局限于某一个培训项目或某一项培训需求。

2. 目标导向性原则

培训的目标是确定培训内容、制订培训计划、开展培训效果评估的根本。故应该以培训目标为导向，选择合适的培训方法与技术。

3. 实用性原则

企业组织员工培训的目的在于通过培训让员工掌握必要的知识技能，以完成规定的工作，最终为提高企业的经济效益服务。因此，在培训项目实施中，要把培训内容和培训后的使用衔接起来。

4. 经济性原则

培训活动从本质上来说是一种人力资本的投资。根据利润最大化的原则，在选择培训方法时应考虑投入—产出比，选择经济效益较好的培训方式。

5. 兴趣引导性原则

受训者的态度是影响培训效果的关键之一，故应选择能激发受训者兴趣的培训方法与技术，调动员工接受教育培训的积极性，使培训更具针对性，从而促使员工主动参与。

6. 全面性原则

一个培训项目的完成不一定只需要一种培训方法，同一个培训项目中可能有多个不同层面的培训要点，这就需要采用多种培训方法相结合的方式来完成整个培训。故在选择培训方法与技术时应全面考虑各种培训方法与技术的适用性，最终选出最合理的培训方法组合。

7. 长期性原则

员工培训需要企业投入大量的人力、物力，这对企业的当前工作可能会造成一定的影响。要正确认识智力投资和人才开发的长期性和持续性，要用“以人为本”的经营理念来搞好员工培训。企业要摒弃急功近利的态度，坚持培训的长期性和持续性。

8. 严格考核和择优奖励原则

严格考核是保证培训质量的必要措施，也是检验培训质量的重要手段。只有培训考核合格，才能择优录用或提拔。激励是调动组织成员为实现组织目标共同努力的主要动力。

三、新员工培训的依据

新员工培训工作的有效开展是建立于组织、工作岗位、新员工个体分析的基础之上的。因此，要对这三方面依据进行全面的分析。

（一）从组织的角度

新员工的培训从企业组织的角度，在于明晰组织为了使新员工能够胜任工作而希望他们能够具备哪些素质、知识和能力。从新员工进入企业开始，企业便希望新员工能够尽快调整心态，认知自己，认知企业，能够了解企业的历史、发展战略、组织结构、文化和价值观，认同企业的价值观，具有团队合作精神，遵守企业的规章制度等。随着新员工初步了解企业、进入所在部门开始工作时，企业希望新员工能够尽快熟悉本部门的职能、人员结构、本岗位的工作职责和工作流程，具有一定的执行能力和沟通协调能力，能够尽快地融入工作团队中。在熟悉本部门和本岗位情况之后，企业希望新员工能够掌握本岗位的各种知识和技能，尽快胜任工作。一般来说，与企业实体相关的新员工培训的依据主要从以下三个方面展开：

（1）企业历史、成长及企业发展战略目标。

（2）企业的组织结构及企业规章制度。

（3）企业文化。

新员工通过培训，可以从宏观上加强对组织的了解，熟悉组织环境和相关规章制度，从而减少因环境变化而带来的陌生感，并很快融入企业的环境和文化中，迅速展开工作。

（二）从工作岗位的角度

新员工培训从工作岗位的角度，在于分析新员工为有效地完成所在岗位工作而应该具备哪些素质、知识和技能。从新员工进入岗位开始，要了解本岗位的基本情况，包括本部门的工作职责、人员结构，本岗位的工作职责、工作流程、工作关系，具有团队合作、沟通和执行力等。在初步了解本岗位的基本信息之后，通过学习和工作，能够熟练开展自己的工作，掌握胜任岗位工作的知识和技能。因此，刚刚到岗或换岗的新员工都会存有一些疑问——“我将要从事怎样的工作？我将会面临哪些问题？我能胜任吗？我还需要学习哪些方面的知识？”企业应围绕新员工的这些问题来进行相关的培训。

1. 工作要求及职责

根据员工岗位说明书，分析新工作对新员工的知识和技能要求以及具体的职责，从而有针对性地确定入职培训的具体内容。

2. 工作流程

新员工应以怎样的步骤开展工作？要和哪些部门进行沟通、协调、合作？各部门是如何分工的？

从工作流程的角度，可以明确员工“在如何开展工作上”所需要了解的内容，从而有针对性地设置培训课程。

3. 工作绩效考核和晋升

一般来说，新员工在了解企业、工作相关情况之后，都迫切想知道自己能否胜任工作以及企业如何进行考评和晋升。因此，让其获悉部门工作绩效的考核标准和晋升制度也是入职培训的依据。

（三）从新员工的角度

从新员工的角度，在于了解新员工为了胜任工作而应希望了解和掌握哪些知识，具备哪些素质和技能。进入企业之后，面对陌生的环境，新员工具有好奇心，希望能够初步了解组织结构、企业文化、部门设置、产品、企业历史、薪酬和福利、规章制度等内容。随着对本企业的了解，新员工渴望了解工作，了解自己的职业发展情况，能够被其他人接纳。他们希望了解工作团队的运作模式、工作职责、工作目标以及人际关系等内容，并能够掌握行业或者工作语言，具有较好的沟通能力。最后，新员工希望能够不断提升自己的专业知识和岗位技能，胜任岗位工作，从而得到组织和他人的认可和肯定。在具体实施入职培训之前，应针对不同背景和不同资历的新员工，以其工作经验、知识水平及能力为依据，并与企业的工作要求相比较，从而找出差距，进而根据这些差距进行相关培训。

1. 新进人员的角度

（1）“有工作经验的”新进员工

“有工作经验的”新进员工是指那些从另一家企业进入本企业、已拥有工作经历的新员工。对于这些员工来说，他们需要实现从一种企业文化进入另一种企业文化的转变。

这时，本企业的企业文化、企业管理理念等内容，将会影响新员工在未来工作中的动机、态度及业绩等。因此，企业对这些新员工培训的重点应放在让他们迅速实现转变，快速融入新企业的文化和工作环境中。

（2）新毕业生

对于刚从学校毕业的学生而言，职场经验一片空白，其将面临的是与学校完全不同的环境。企业在对这类新员工如何开展工作培训的同时，还承担着将其从“学校人”转变为“企业人”的培训责任。

2. 调岗者的角度

这类员工已经在本企业工作，培训部门很容易忽视他们的入职培训。

对于这些人来说，虽然不用对其重新介绍企业文化和规章制度，但以下四项内容对于调岗员工的培训还是非常必要的，即新职位的岗位要求、组织期望其达到的绩效水平、对新团体的认识和融入以及所需的新技能。

3. 其他人员的角度

兼职、借调及实习人员的特殊情况（暂时在企业工作），对他们的培训往往更容易被忽视或被认为没有必要。实际上，为了更好地实现企业工作目标和完成企业各项工作任务，企业非常有必要像对正式员工那样对他们开展入职培训，以便于他们更好地和其他工作人员进行协调和配合。

四、新员工培训的内容及适合对象

根据新员工的特点，收集、整理、制定新员工入职培训的内容。

（一）确定与工作环境相关的内容

1. 企业概况

企业概况的培训内容包括：

企业的创业史、成长历程、发展趋势、战略目标、企业的优势和存在的问题。这部分培训适合校招新员工、社招新员工以及兼职、借调及实习人员。

企业文化：企业文化本身包括了理念文化、制度文化、行为文化和物质文化四个方面的内容，可以使新进员工对公司的各个方面都有一个比较全面的了解。另外企业文化是公司员工长期积累并得到公司认可的价值观和行为体系，将公司的文化传授给新进入者，可以使他们快速融入公司。

主要体现在：公司如何对待员工的主要思想与配套措施，如公司为员工实现个人价值创造了哪些环境，个人在公司的发展前景等；突出公司的文化愿景、战略及核心价值观；发生在企业的有名的故事与案例，让大家在一种身临其境的过程中学习公司的文化；文化对公司发展的重要性及与公司文化保持一致的方法与重要性；公司员工的行为准则等。

企业概况的培训由企业的管理者和人力资源部门主讲。企业概况培训主要是帮助新员工全面而准确地认识企业、了解企业，从而尽快找准自己在企业中的定位。企业概况的培训时间以 2 天为好，建议增加 1 天带领新员工参观企业的工厂或具有代表性的地方，并安排座谈交流。企业培训结束后一定要进行企业概况认知性的测验，以强化企业的各项基本知识在员工脑中的记忆和理解。

2. 确定与工作政策、制度有关的内容

（1）人事管理制度

①人事管理制度包括考勤制度、岗位责任制度、人员进出制度、财务制度等。这部分培训适合校招新员工、社招新员工、调岗者、兼职、借调及实习人员。

②薪酬制度

薪酬制度包括工作日制度、基本工资制度、加班及补偿制度、薪酬方法的方式及日期、纳税方法、奖惩制度等。这部分培训适合校招新员工、社招新员工、调岗者、兼职、借调及实习人员。

③聘用与绩效考核制度

聘用与绩效考核制度包括员工晋升制度、试用、辞职、解聘制度等。这部分培训适合校招新员工、社招新员工、调岗者。

④社会保障制度

社会保障制度包括社会医疗、养老、失业、工伤、生育保险制度以及保险金提取制度等。这部分培训适合校招新员工、社招新员工、调岗者。

⑤额外福利制度

额外福利制度包括休假（婚假、丧假、产假等）、请假（事假、病假等）、在职培训机会、咨询服务、自助餐厅、娱乐和社会活动、企业其他服务等。这部分培训适合校招新员工、社招新员工、调岗者、兼职、借调及实习人员。

（2）办公管理制度

办公管理制度包括办公用品领用制度、钥匙、门禁卡保管规定、与其他部门或同事的联络方式、电子邮件的使用说明、企业内部网络的使用说明、计算机使用管理规定、会议制度等。这部分培训适合校招新员工、社招新员工、调岗者、兼职、借调及实习人员。

（3）法律文件

法律文件主要指基于《中华人民共和国劳动法》而产生的劳动合同制度，包括劳动合同的签订、履行、变更、解除、终止及保密协议等。这部分培训适合校招新员工、社招新员工、调岗者。

（4）职业安全与卫生

职业安全与卫生包括作业安全措施、卫生管理规定、安全预防、火灾预防和控制、事故报告、意外、紧急事故处理程序和报告、职业安全和卫生条例、员工体检规定等。重点强调违章作业的危害及安全防范和发生事故后如何应急处理（包括逃生、报警、呼救等）以减少事故损失等。工作政策、制度有关内容的培训由人力资源部主讲，这部分内容与新进员工的切身利益息息相关。因此，新进员工可以对相关政策制度的疑问进行咨询。这部分培训适合校招新员工、社招新员工、调岗者、兼职、借调及实习人员。

（5）确定与工作岗位有关的内容

与工作岗位有关内容的培训是为了使新员工尤其是刚走出校门的学生完成角色转换，成为一名职业化的工作人员。

①岗位职责培训

岗位职责培训师根据员工岗位说明书，向新员工介绍其所在岗位的主要职责、员工的主要任务和责任、工作绩效考核的具体规定等。同时，根据工作流程图，向员工介绍企业各相关部门的职责和岗位职能，以及本部门和其他部门的关系。这部分培训适合校招新员工、社招新员工、调岗者。

②技术培训

对于技术性特别强的岗位，企业可以安排新员工到新的工作岗位上进行实地训练，由一位资深员工指导，说明操作规范，协助新员工独立完成工作，并告之应改进的地方。这部分培训适合校招新员工、社招新员工、调岗者。

③行为规范培训

行为规范培训主要是针对员工行为标准、着装、工作场所行为规范、生活守则、工作休息制度、企业内礼仪、问候礼节等方面的培训。这部分培训适合校招新员工、社招新员工、调岗者、兼职、借调及实习人员。

可将以上内容归纳总结并制作成表格（如表 7-1 所示），以便随时检查与完善。

表 7-1　　新员工培训内容表

姓名：　　部门：　　职务：　　到职日期：　　年　月　日

序号	培训内容		培训日期	时间	培训人
1	企业概况	企业基本情况； 企业创业、成长、经营理念和未来战略目标； 企业组织结构说明			
2	人员介绍	介绍公司主要高层领导； 介绍各级主管； 介绍部门同事； 员工自我介绍；			
3	规章制度	1. 人事管理规章制度； 2. 办公室管理制度； 3. 奖罚规章； 4. 休假和加班规定； 5. 绩效考核制度；			

表7-1(续)

序号	培训内容		培训日期	时间	培训人
4	财务制度	财务制度说明； 出差规程与费用报销流程； 主要财务政策；			
5	部门本职位工作内容介绍				
6	消防安全知识普及				
7	紧急事故及灾害处理方法				

五、新员工培训的方法选择

前文已经详细介绍了各种培训方法及其各种培训方法的优点与缺点。根据以上分析的新员工的特点、培训目标及培训内容等进行综合判断、分析，选择适合新员工的培训方法。具体如表 7-2 所示。

表 7-2　新员工培训的方法选择表

序号	培训内容	培训方法
1	公司概况、法律政策介绍	授课法、多媒体培训、网络培训法
2	考勤、薪酬、保险、福利、办公制度	授课法
3	职业安全与卫生	授课法、案例分析法、工作模拟法、行为示范法
4	工作岗位职责	讲授法、讨论法、案例分析法、多媒体培训
5	工作技术技能	师带徒、导师、教练、授课法、讨论法、工作实践体验、工作轮换、案例分析法、角色扮演法、工作模拟法、行动学习法
6	行为规范	授课法、讨论法、工作实践体验、案例分析法、角色扮演法、工作模拟法、行动学习法
7	人际关系	工作轮换、角色扮演法、工作模拟法、拓展训练法

阅读材料　宝洁新员工培训之宝洁大学生培养

宝洁公司 1988 年进入中国市场，从 20 世纪 90 年代初就开始通过校园招聘招收应届大学毕业生，这一批批新鲜血液已经成为今天宝洁中国的人才主体。

当大学生拿到宝洁管理培训生录取书以后，宝洁就会马上启动为期 18 个月的快速启动计划。

第一阶段是从大学生拿到录取书到正式入职，共 6 个月时间。在不影响应届生正常学习的基础上，这阶段的学习方式主要是以网上学习为主，采取有弹性的培训计划，此外在每个城市还设有学习小组可以进行讨论。培训主要集中在两个方面：一是对公司及其产品的简单了解，二是对电脑技能和商业英语的培训。进入公司第一周，全国的新员工（包括中国香港）会集中到大中华区总部广州进行入职培训。培训方式采取的是"基于KAS的360度的培训模型"。K是指知识（Knowledge），主要包括很深层次的公司知识、文化、政策等；A是指态度（Attitude），着重在使新员工实现从大学生到职业经理人的转变，包括如何跟不同部门的人一起去工作，如何影响不同级别、不同文化的人等；S是指技能(Skill)，包括怎么样用英语进行商业文书写作等。

第二阶段是在进入公司6个月后，所有大学生再集中起来进行培训。这阶段培训主要体现在技能上，公司会看他们需要哪方面的技能提升，从而进行及时的、有针对性的培训，比如高效演讲技能、项目管理技能等。

上述基于KAS的三方面培训都只是公司人力资源部层面提供的。除此之外，宝洁还有两个帮助员工学习与发展的系统：一个是直线经理对日常工作的辅导，宝洁称之为On-the-Job Coach；另一个是成人学习的解决方案，宝洁会提供New Hire Blog（新员工博客）和学习小组，建议他们每个月重点去学习观摩。此外对于每一位员工，宝洁还设有导师计划，员工可以根据自己职业发展的需要寻找高级经理成为自己的导师。在宝洁，导师是不受部门与地域限制的，比如，有些员工的导师就在菲律宾、新加坡或者日本工作。这种跨部门、跨级别、跨文化的导师系统是宝洁"全球领袖中国造"计划的一部分，该计划旨在培养中国本土人才成为全球宝洁的领袖。

第二节 管理人员的培训

在前一节里我们已经简要介绍了新员工的入职培训计划，但在企业的培训中，有一种培训计划，越来越受到人们的重视，那就是管理人员的培训。管理人员的培训是企业员工培训中的一个重要方面。管理人员只有通过不断地学习、进步、充实和提高，才能适应组织内外环境的不断变化，才能胜任要求，不断提高自己的素质、管理知识水平和管理能力，以适应管理工作的需要，适应新的挑战，从而保证组织目标的实现，促进企业的持续发展。管理人员的培训是组织获得竞争优势的一项重要因素。

一、管理人员培训的内涵

（一）管理人员培训的含义

约翰·琼斯和迈克·伍德科克在《管理人员开发手册》一书中提到丹宁、赫西、纽曼(Denning，Hussey and Newman，1985）给管理人员开发下的定义：管理人员开发是指组织采取的一系列措施，使管理人员能够适应工作环境的发展和变化。理查德·伊斯特本(Richard Eastburn，1992）在《管理人员开发》一书中指出：管理人员开发是针对管理人员的教育，以使他们能有效地管理下属，同时能实现公司的战略和目标。贝底格尼斯(H. C. de Bettignies）认为，管理人员开发是指通过有计划的学习过程提高管理效率的一种尝试。从以上看出，第一种观点是从管理者适应环境的变化的角度，第二种观点是从实现组织战略目标的角度，而第三种观点则是从管理者提高管理效率的角度阐释管理人员开发。从以上观点可以看出管理人员技能水平的提高，依赖于管理人员的培训。

综合看来，管理人员开发就是企业为了自身长久的发展而不断地从内部或外部挑选、培养管理人员，培训和发掘他们的管理潜力并提高他们的管理水平，鼓励他们进行自我开发，从而能够跟上企业发展的步伐，并通过他们自身的发展来促进企业的发展。从这个定义可以看到，管理人员开发是一个广义的概念，既包括管理人员的识别和甄选，也包括管理人员的培训。而我们这一节主要讲管理人员的培训。

管理人员培训是指对组织中不同层次的管理人员，即基层管理人员、中层管理人员、高层管理人员，进行针对性地管理岗位所需要的知识、技能的培训，还包括管理者的自我管理、管理方法、管理思维等多方面的培训内容，从而提高管理水平。

对管理人员培训含义的正确理解，需要把握以下方面：

(1) 管理人员培训的对象是管理人员，包括基层管理人员、中层管理人员、高层管理人员。

(2) 管理人员培训的内容主要集中在管理方法、管理技能方面。

(3) 管理人员培训的目的是提高管理水平。

(二) 管理人员的特点

管理人员与一般员工在工作上的本质区别是，管理人员是通过指派工作，并对工作进行指导以及评估等以实现组织的目标，而非完全直接完成具体工作任务，关键在于从事管理活动。因此其特点如下：

(1) 从事管理工作，履行管理职能。

(2) 有直接下属，负责指挥下属开展各项工作。

(三) 管理人员培训的目标

管理人员培训的具体目标包括：

1. 提高管理能力和效率

管理是一门科学也是一门艺术，并非所有管理人员天生就拥有这种技能，管理技能需要通过培养才能掌握。在技术发展和竞争的压力下，很多管理人员都遇到了技能老化的问题，如所拥有的管理技能已经无法完成管理的任务，甚至对企业日常工作开展造成了负面影响。有的管理者甚至触及了专业顶峰的问题，职业生涯发展遇到了阻碍。通过管理人员的培训能够使管理者掌握先进的管理技能，摆脱技能老化和职业顶峰的问题，不断提高管理能力和效率。

2. 为企业建立接班人队伍

管理人员作为决策者和领导者，是影响企业发展的根本之一。管理人才储备在很大程度上决定了企业的成长力和战斗力。通过管理人员的培训可以使企业了解内部管理实力，依据培训考核结果，选拔出有潜力的管理人才，并通过计划性的培训培养出接班人队伍，做好人才储备。

3. 实现企业的职业化管理的要求

随着社会的发展与进步，企业的管理向规范化的方向发展，对管理人员的职业化要求越来越高。对管理人员的培训可以丰富其管理理论和管理实践，规范管理人员的管理技能，形成一定的管理风格，从而实现企业的职业化管理。

二、管理人员培训的原则

管理人员培训的原则除了参照新员工培训的原则之外，还要遵循如下原则：

1. 超前性原则

人员培训，其产出通常有两种情形：一是“立竿见影”，效果在较短时间内就得以显现；另一种现象则是延迟效应，培训后1年，甚至数年才能见到显著效果。同时，企业生产经营的发展也需要管理人员的能力素质和思想观念具有一定的超前性。所以，在进行管理人员培训时，既要考虑当前又要顾及长远，为企业远景发展目标的实现打好基础。

2. 个性化原则

鉴于企业中不同层次的管理人员的能力素质和岗位职责的差异，而对培训需求各异的实际，培训内容设计必须体现差异性，因人而异，增加个性化的培训内容。

三、管理人员培训的依据

管理人员培训工作主要从组织中不同层次的管理人员角度进行分析。

（一）从企业基层管理人员的角度

基层管理人员是指在企业生产、销售、研发等生产经营活动第一线执行管理职能的管理者，他们最接近员工，是联系上下的纽带，主要是协调和解决员工工作中遇到的具体问题，是整个管理系统的基础。因此他们的素质状况对维持组织的稳定性有很大影响。

基层管理人员培训的依据重点是个人能力分析，从基层管理人员必备的能力角度评估其现有的能力水平，从而收集、整理、制定培训内容。

（1）沟通技巧：体现在是否能运用清晰的语言进行表达及演说；是否仔细聆听、善于回应他人的感受；是否善于与人交流，推动沟通过程，传递有利于组织发展的信息；能否使他人接受建议，并采取相应的行动；能否维护他人尊严，增加他人自信。

（2）建立和维护团队合作关系：体现在能否积极寻求帮助，邀请并鼓励员工参与讨论；言行是否一致，遵守诺言；小组行动是否一致，使下属明确工作期望值；能否互相学习，主动提出改善建议，促进团队目标实现。

（3）个人影响力：体现在能否激发员工士气，引导他人自我调整；是否主动发挥影响力，促使组织内的持续改善工作成为对团队和机构发展的有益渠道；能否处理员工纠纷及失职时遵从事实依据；能否善于发现员工的问题，并及时提供相应的指导与帮助；言行是否一致，赢得他人的尊敬与认可。

（4）问题分析与解决能力：体现在能否及时收集反馈信息，集中分析，归纳问题关键点；能否灵活运用资源，鼓励他人参与并找出多种建设性方案；能否评估可行方案，择优选用，果断做出决策；能否有效解决问题，灵活地根据具体情况选定解决方法，并确定跟进方案；能否总结回顾，预防问题再次发生。

（5）组织感知能力：体现在对公司的企业文化及发展理念是否有深入认识；是否具备敏锐的观察能力，发现员工工作隐患；能否辨认妨碍发挥团队绩效的不利因素；能否明确当前组织开展的工作及目标；能否了解公司发展的长期目标，并制订行动计划。

（6）领导潜能：体现在能否了解权力与影响力的区别与应用；能否了解员工所处的状

态与情境，选用合适的领导风格；能否有效授权，发挥下属工作主动性；能否对勇于承担责任的员工适当给予支持，辅导员工，加强其专业技能；能否引导员工的发展方向，帮助其提高工作能力。

（7）压力承受能力：体现在能否意识到目前面临的压力；能否坦然面对工作中的挑战和困难，并积极寻找解决方法；能否明确个人职能及应承担的责任；能否适时释放压力，进行自我放松和调整；能否勇于面对因个人过失而带来的负面影响。

（8）个人的培养与发展：体现在能否明确知道团队的合作与发展所需要的人才；是否了解每个员工的能力与意愿，并根据情况安排适当的工作与职位；是否了解每个员工的工作所要求的培训，并能保证提供相应的培训给员工；能否肯定下属正在接受的为个人事业的下一步做准备的培训等。

（二）从企业中层管理人员的角度

中层管理人员通常是指处于高层管理人员和基层管理人员之间的一个或若干个中间层次的管理人员，以企业的经营战略、方针、计划为基础实现其目的的人员，是企业管理团队的中坚力量，而且是高层管理人员的后备力量，起着承上启下的作用，对上下级之间的信息沟通负有重要的责任。企业应当把培训重点放在这一层次上。

中层管理人员培训的依据重点是使其明确企业的经营目标和经营方针，使企业的宗旨、使命、价值观和企业文化正确而顺利地传达，为其提供胜任未来工作所必需的经验、知识和技能，使其适应不断变化的环境并解决所面对的问题，提升企业的整体管理水平。

1. 组织角度

组织角度主要从宏观角度出发，考虑企业的经营战略目标，保证中层管理人员的培训符合企业的整体目标与发展战略。

2. 从工作角度

工作角度主要从有关职务的详细内容及岗位任职资格条件，作为中层管理人员培训的依据。

3. 从中层管理人员个人角度

（1）个体特征

个体特征可以从中层管理人员性别结构、年龄结构、知识结构、专业结构、性格特征、管理风格等方面进行。

（2）个人能力

个人能力可以从计划组织能力、协调控制能力、决策能力等方面。

（3）职业生涯规划

职业生涯规划从中层管理人员对自身工作岗位的认识和对未来的个人发展要求，作为中层管理人员培训的依据之一。

（三）从企业高层管理人员的角度

企业高层管理人员一般是指位于层级组织的最高层，需要对整个组织负责，负责确定组织目标，制定实现既定目标的战略，监督与解释外部环境状况以及就影响整个组织的问题进行决策。企业高层管理人员主要面向更长期的未来考虑问题，需要关心一般环境的发展趋势和组织总体的成功，在高层管理人员的所有职责中，最重要的责任是沟通组织的共同远景。企业高层管理人员一般都受过高等教育，尽管如此，他们仍要接受定期的培训，如请知名教授讲课，或到国内外考察交流等。

主要也是以组织、工作和个人三个层面作为培训的依据。

四、管理人员培训的内容及适合对象

罗伯特·卡茨提出的三成分模型列出了各类管理人员培训内容比例结构分参考数值（如表 7-3 所示）。

表 7-3　　管理人员培训内容结构

	技术能力培训	人际关系能力培训	创新能力培训
高层管理人员	18	43	39
中层管理人员	35	42	23
基层管理人员	50	38	12

从表 7-3 可以看出，高层管理人员培训的内容侧重于人际管理能力以及创新能力的培训，中层管理人员的培训重点在技术能力培训和人际关系能力培训，而基层管理人员的培训重点则在技术能力培训。这与他们在企业中所发挥的作用是密切相关的。

结合罗伯特·卡茨的观点，并根据管理人员的在组织中的不同层次，收集、整理、制定出具体管理人员培训的内容。

（一）基层管理人员培训的内容

基层管理人员在企业中扮演着生产参与者、计划的执行者和组织者等多种角色，须具备熟练的专业技能和一定的管理技能。因此，培训的重点应是提升其管理和领导能力及实际工作技能方面。

1. 基层管理者的角色认知

基层管理者的角色认知包括：基层管理者在企业中的角色、地位以及责任，以及基层管理人员具备的素质要求，如具有诚实而正直的品质、具有责任心、奉献、博爱、自律、面对挫折进取奋发、将压力转化为动力等。

2. 管理技能

（1）团队建设与管理

培训基层管理人员增强建设团队凝聚力、团队的合作意识和团队士气的能力。

（2）沟通、协调技能

沟通、协调技能是管理人员制定决策、执行决策的基础，良好的沟通、协调能力能帮助管理人员获得足量的、真实的信息，然后做出正确的决策。另外，即使最好的决策、最完美的计划，如果没有良好的沟通、协调也是无法实施的，所以沟通、协调技能是非常重要的。

（3）员工激励技能

激发员工的工作积极性是管理人员的本职工作之一。激励员工是一项技巧性的工作。管理者应拥有根据不同的员工采取不同激励手段的技能。

（4）倾听技能

管理人员需要全面、及时地了解来自各方面的信息，如下属、上级、合作伙伴等。这就要求管理者掌握良好的倾听技能，即能够积极主动地去倾听，充分了解各种信息的内涵，掌握信息的要点。

（5）反馈技能

管理人员在工作中需要将自己所获得的情况反馈给下属，有效的反馈应强调具体行为和目标，确保反馈信息能够被准确理解，消极的反馈应指向接受者可控制的行为。

（6）授权技能

在日常工作中，管理人员往往需要将权力分派给其他人以完成组织任务，如授权下属组织某些活动、执行某个方案等。授权不是简单的指派工作，而需要管理人员解释授权范围，向相关人员通报授权行为，建立授权反馈机制。

（7）训导技能

对下属的训导是管理人员的重要工作之一，有效的训导需要满足以下几个条件：首先，应该以平静、客观、严肃的态度指出问题的具体所在，不针对具体人。其次，在保持对讨论的控制的前提下允许员工陈述自己的观点。最后，对今后如何预防错误与员工达成共识。

（8）冲突管理技能

日常工作中往往会遇到各种冲突，只要出现某种抵触或矛盾就会产生冲突。只有及时、有效地处理冲突，才能扫除障碍，保证工作的顺利开展。

（9）时间管理技能

只有有效利用时间，才能在规定的时间里完成管理任务，保证日常工作的顺利开展。

（10）其他技能

如计划与控制技能、员工绩效管理技能、员工安全管理技能、人员工作调配技能。

3. 管理实务

管理实务包括生产计划的编制与控制；如何进行成本控制；质量管理等。

（二）中层管理人员培训的内容

中层管理人员培训的内容重点在于提高他们的管理能力和业务能力，并要结合晋升目标来考虑。除了基层管理人员培训的基本技能以外，要进行企业环境分析能力、业务管理能力、领导力提升及自我管理的培训。

1. 企业环境分析

企业环境分析包括企业战略、企业目标、企业组织结构与决策流程。

2. 业务管理能力

业务管理能力包括专业技术知识、如何纠正工作偏差、目标管理、项目管理、时间管理、会议管理、组织管理、冲突管理、职业生涯规划等。

3. 领导艺术

领导艺术包括沟通技巧、如何有效授权、如何激励、如何指导和培养下属、高效领导力等。

4. 团队管理

团队管理包括学习型组织的建立、定编定员管理、团队合作与工作管理等。

（三）高层管理人员培训的内容

高层管理人员具备广阔的事业，其职务决定了他们要从大局上把握整个企业所面临的环境及企业发展方向。因此，高层管理人员的培训内容应从全局性的角度出发，侧重于领导知识、理念与管理技能的培训。

1. 企业所处环境的培训

企业所处环境的培训包括（全球）国内经济和政治状况，企业所处的经营环境分析，企业所属行业发展研究，企业相关法律、法规、各项政策等。

2. 企业战略发展研究及企业战略管理

企业战略发展研究及企业战略管理包括企业面临的机遇与挑战、企业核心竞争力研究、如何制定企业的发展战略。企业战略分析包括核心业务、核心竞争力、核心价值观、发展导向分析。市场资源分析包括有形资源价值分析、无形字眼价值分析、市场机会分析、市场威胁分析、企业优势分析、企业劣势分析等。

3. 现代企业管理概述

现代企业管理概述包括现代企业的经济增长分析、管理变革的动力、各级管理者工作侧重管理、“目标”与“任务”管理等。

4. 企业现代管理技术

企业现代管理技术包括人力资源管理、生产管理、财务管理、质量管理、信息管理等。

5. 领导艺术

除了基层管理人员和中层管理人员相关的培训内容外，还要加强个人修养与魅力的提升、领导行为与管理行为的辩证关系等。

6. 创新意识培养

创新意识培养包括创新思维训练、思维技巧等。

7. 公关危机处理

公关危机处理包括公关危机预防对策模式、公关危机处理程序等。

五、管理人员培训的方法选择（表 7-4）

表 7-4 管理人员的培训方法

培训对象	培训方法
基层管理人员	角色扮演、游戏法、短期培训、工作轮换、无领导小组讨论法、案例分析
中层管理人员	短期培训、工作轮换、替补训练、案例分析、角色扮演、公文处理法
高层管理人员	经理人训练营、T 小组训练、工作轮换、替补训练、脱产进修

在管理人员培训的方法中，除了以上各种培训方法以外，这里强调管理人员的管理技能开发技术，主要用于培训开发领导能力，增强管理人员对他人的敏感性，激发下属员工的工作士气，提高下属的人力资本效率和改善工作绩效，减少部门之间的冲突。目前国际上比较流行的管理技能培训与开发技术主要有领导者匹配培训、领导能力培训、人际关系分析培训、敏感性训练。

（一）领导者匹配培训

领导者匹配培训主要是培训企业管理者如何确定自己的领导风格并适应特定环境的一种培训项目。该培训项目采用一本手册来实施，手册中附有能够让领导者评价自己习惯的管理风格以及对自己所处环境的控制的问卷。该技术的开发者菲德勒认为领导问题主要是适应环境并保持在自己能够有效工作的环境中工作。它假设领导者能够控制局面的程度决定了到底采取“以人为中心”的风格合适，还是以“任务为中心”的领导风格合适。“以任务为中心”的领导者，无论在他们能够高度控制还是几乎无法控制的环境中都能有效工作。在高度控制的环境中，领导者的话就是“法”，工作非常程序化，即工作小组随时待命，下属人员期望上级告诉他们去做什么。而在控制程度很低的环境中，领导者既不能重新雇人也不能解雇人，要做的工作是非常规化的，如果没有领导者的主动干预和控制，工作小组就会瓦解。因此，无论在高控制还是低控制的环境中，都要求采取严肃的“以任务为中心”的领导风格。菲德勒说，就中等类型而言，环境没有这样泾渭分明，最大的问题通常是可能发生冲突，影响工作小组的工作绩效。在这种情况下，领导者必须具有支持作用并“以人为中心”，因为这时对他或她来说，耐心地引导下属人员一起工作是很重要的。改变自己的环境，或是选择适当的环境同时比改变自己的领导风格更容易。因此他提供了几个旨在使管理者能够让自己的风格与环境相匹配的处方。比如，一个发现自己被误置于中等控制环境中的“以任务为中心”的领导者应当采取行动更多地控制所处的环境，这种行动包括让她或他的上司给她或他以聘用和解聘下属的权力等。

（二）领导能力培训

领导能力培训是为了提高管理者决策能力而实施的一种管理技能开发项目，该项目主要是确定让下属人员参与决策的程度。首先，维罗姆和耶顿指出有几种参与程度：无参与、最低程度参与、比较多的参与、更多的参与、完全的参与。在此基础上，维罗姆和耶顿指出适当的参与程度取决于几个环境特征，包括决策质量的重要性，你自己在多大程度上占有足以做出高质量决策的信息，要决策的问题是常规的，结构性的，还是模糊不清的、复杂的等。最后，他提出了一个用决策树的形式确定员工参与适应程度的图表，先是确定决策质量是否重要，然后，确定是否充分占有做出高质量决策信息等。学员对每个问题作出“是”或“否”的回答，就可按自己的方式通过决策树确定何种参与程度最佳。在实施以这种模式为基础的开发项目时，受训者首先要学习这种方法的基本原理，然后利用决策树来确定最佳风格。运用维罗姆—耶顿模型培训管理人员的成果表明这种培训是有效的。

（三）人际关系分析培训

人际关系分析培训是在分析管理者与下属之间的人际“交易”或沟通模式的基础上，帮助管理者在工作中以理性的、合乎逻辑的方式，通过理解和互动来进行沟通和相处的一种方法。该培训能使管理者更好地分析各种人际环境，分析自己所处的特定自我状态。这三种自我状态分别是家长式、成年人式和儿童式。当某个人处在某种特定的自我状态时，其行为也具有相应的特征。处在家长式状态的人的行为特征表现为过分保护性、专断、责任心强、正直等，主张不以逻辑事实为依据，而以规则或以往成功的经验为依据。因此，这种人争辩和辩解的方式很像其父母对他所做的那样，始终摇着一个手指表示不满意，采取这种方式的人通常不是一个出色的管理者。处在儿童式状态的人总是表现出儿童所特有的特征，如通常采取不合逻辑的莽撞行为，喜怒无常，易发脾气，有时用沉默表示怨气、害羞等。处在成人式状态的人采取理性的、合乎逻辑的方式，善于处理新资料，仔细搜寻新信息，以事实为依据提出论点。处在成人式状态的管理人员一般是优秀的管理人员，他们不会极力“为难”自己的下属，或设法使下属人员承担感到为难的任务，而是乐于以积极、明智的方式面对问题、解决问题，通常经过通盘考虑各种观点后找到解决问题的办法。

（四）敏感性训练

敏感性训练是一种通过在改善关系小组“实验室”中公开表达情感，以提高参与者对自己行为以及他人行为洞察力的方法。这种训练的假设前提是，接受敏感性训练而变得敏感的员工会觉得比较容易作为一个小组成员与他人和睦相处，一起工作。敏感性训练要求在改善关系小组中就参加者的个人情感、态度以及行为进行坦率而公正的讨论，努力达到提高人际敏感性的目的。在这种小组中，鼓励参加者真诚地相互交流对各自行为的看法并说明所引起的情绪反应。

在我国现阶段可以采用“多级瀑布式”培训意识和时间。为了充分地、有效地实现培训效用，许多美国企业、机构提倡和实践逐级传递的“瀑布式”培训方法。即高层管理人员接受培训后，负责结合机构部门实际，实施对下属的培训。在一定意义上说，是否有培训意识是衡量一个管理人员是否有领导意识的标准。

阅读材料　西门子的多级培训制度

培训使西门子公司长年保持着员工的高素质，尤其是对管理层的培训，这是其强大竞争力的来源之一。

其中西门子公司管理层培训体系中，西门子公司特别重视员工的在职培训，在公司每年投入的8亿马克培训费中，60%用于员工在职培训。西门子员工的在职培训和进修主要有两种形式：西门子管理教程和在职培训员工再培训计划。其中管理教程培训尤为独特。

西门子中管理教程分五个级别，各级培训分别以前一级别培训为基础，从第五级别到第一级别所获技能依次提高。

第五级别是针对具有管理潜能的员工。通过管理理论教程的培训提高参与者的自我管理能力和团队建设能力。培训内容有西门子企业文化、自我管理能力、个人发展计划、项目管理、了解及满足客户需求的团队协调技能。

第四级别的培训对象是具有较高潜力的初级管理人员。培训目的是让参与者准备好进行初级管理工作。培训内容包括综合项目的完成、质量及生产效率管理、财务管理、流程管理、组织建设及团队行为、有效的交流和网络化。

最高的第一级别就叫西门子执行教程培训。培训对象也成了已经或者有可能担任重要职位的管理人员。培训目的就是提高其领导能力。培训内容也是根据参与者的情况特别安排的，一般根据管理学知识和西门子公司业务的需要而制定。

通过参加西门子管理教程培训，公司中正在从事管理工作的员工或有管理潜能的员工得到了学习管理知识和参加管理实践的绝好机会。这些教程提高了参与者管理自己和他人的能力，使他们从跨职能部门交流和跨国知识交换中受益，在公司员工间建立了密切的内部网络联系，增强了企业和员工的竞争力，达到了开发员工管理潜能、培训公司管理人才的目的。

在某种意义上说，正是这种强大的培训体系，造就了西门子公司辉煌的业绩。

第三节 销售人员的培训

销售人员是市场的开拓者、企业利润的直接实现者，其工作态度、知识水平和职业素质在很大程度上决定了企业的利润水平及市场竞争力。销售人员要想不断提升自己的销售业绩，就需要不断通过企业培训来提高自己的销售技能。

一、销售人员培训的内涵

（一）销售人员培训的含义

销售人员培训是指企业或相关机构组织围绕销售人员、产品、客户等不断对销售人员进行心态、产品知识、客户关系、销售技巧等方面的培训。这些培训内容包括：

对销售人员培训含义的正确理解，需要把握以下方面：

（1）销售人员培训的对象是销售人员。

（2）销售人员培训的内容主要集中在知识、销售技巧、心理素质和工作态度等方面。

（3）销售人员培训的目的是提高销售人员整体素质和销售技能。

（二）销售人员的特点

销售人员作为企业员工中相对独立的一个群体，有着自身独有的特点：

（1）对市场有敏锐的洞察力。

（2）知识的全面性要求高。

（3）综合能力强。

（三）销售人员培训的目标

销售人员培训的总目标是提高销售人员整体素质和销售技能，增加销售人员对企业的了解和信任，激发销售人员的潜能，提高销售人员的自信心，从而提高销售人员的业绩，进而提高企业销售额和市场占有率，达成企业的市场目标，实现企业的经营业绩。具体表现为：

（1）掌握系统的销售理论和销售技巧。

（2）增加销售人员的产品知识、行业知识。

（3）提高销售人员的自信心，帮助他们树立积极的心态。

（4）提高销售人员的社交能力及与人沟通的能力。

（5）增强销售人员目标管理和团队合作意识。

（6）提高销售人员与顾客建立长久业务关系的意识和能力。

二、销售人员培训的原则

销售人员培训的原则除了参照新员工培训的原则之外，还要突出注重体验原则：

销售人员的培训都要求“实用”，因此销售人员的培训绝不能是单向的知识灌输，必须设计更多的实操环节，加入演练等行动学习的方式，通过不断交流来促进培训内容在实际业务中的应用。

三、销售人员培训的依据

不同企业的产品不同，目标顾客不同，对销售人员的素质要求也不同，为了使培训更具有实际意义，应对销售人员的培训进行如下分析：

（一）从组织要求的角度

（1）组织环境角度：市场知识、合同知识、商业贸易条例、法律法规。

（2）客户角度：客户的资料、定位和需求以及客户服务方面的知识等。

（3）企业自身角度：企业概况、企业文化、组织结构、企业对客户所负的责任、产品与服务、销售渠道、业务策略等。

（4）竞争对手角度：竞争对手的行业地位、产品及市场销售情况等。

（二）从工作岗位的角度

销售人员的主要岗位职责就是市场开发、完成企业销售目标及回款、维护良好的客户关系、收集市场信息等。销售人员的这些职责决定了销售人员的培训应该注重以下几个方面：

（1）岗位任职资格。

（2）工作关系。

（3）工作任务与职责。

从销售人员的工作任务与职责角度，了解销售人员的工作表现或状态，找出两者之间的差距，进行针对性的培训。

（4）销售的方法和技巧。

（三）从个人能力的角度

1. 知识掌握程度

（1）产品知识，主要包括本企业产品的性能、价位、特点、使用技巧及注意事项、市场同类产品状况等。

（2）专业知识，包括市场营销知识、消费心理学等。

（3）其他相关知识。

2. 能力角度

（1）市场分析能力，包括对市场信息的敏感度、对市场前景的预测能力等。

（2）人际沟通能力，包括与客户沟通的能力、谈判能力、谈话技巧等。

（3）灵活应变能力，即销售人员根据环境的变化和状况的改变作出适时调整的能力。

（4）团队合作能力，包括与上级、同事、客户等相关人员的合作能力。

（5）承压能力，包括每月须完成一定销售定额的心理承受能力、应对客户拒绝的承受能力、对客户投诉的巧妙处理能力等。

3. 个人工作绩效角度

个人工作绩效主要指通过考核销售人员的工作绩效情况，分析销售人员目前的工作绩效与企业所期望的结果之间的差距，最终找出销售人员需要改进的地方。

（四）从工作态度的角度

销售人员要想取得好的销售业绩，除了应具备一定的销售能力外，自身的工作态度也是不可忽视的一个重要因素。

四、销售人员培训的内容

销售人员所承受的工作压力比较大，所经受的拒绝和挫折相对也比较多，因此，对销售人员除了进行一般的营销理念、销售理论、销售策略、市场开发策略和销售技巧的培训以外，还需要对其进行提高心理素质、树立积极心态、自我减压等方面的培训。这些培训内容包括：

（1）现代市场营销与销售。

（2）销售基本概念和理论。

（3）销售与社会、企业及个人的关系。

（4）销售产品或服务所属行业的专业知识。

（5）顾客类型及心理把握。

（6）销售人员的素质、品德与态度要求。

（7）销售人员的仪表和礼仪技巧。

（8）销售人员的自我目标和计划管理。

（9）销售前的准备。

（10）顾客约见与心理距离的拉近。

（11）销售谈判艺术。

（12）观察、倾听和询问技巧。

（13）销售人员的时间管理。

（14）促成销售的方法。

（15）与顾客道别的方法。

（16）增加销售业绩的方法。

（17）如何处理销售过程中的异议。

（18）如何与顾客建立长久的业务关系。

（19）怎样进行电话销售。

（20）面对大客户的销售艺术。

（21）销售人员的团队共识。

（22）销售合同的起草与订立。

（23）销售人员的潜能开发。

（24）销售人员的心理素质训练。

（25）销售人员的心态。

（26）销售渠道的开发与管理。

五、销售人员培训的方法选择（表 7-5）

表 7-5　　销售人员的培训方法

培训内容	培训方法
企业概况、产品知识、销售原理、技能培训、心理素质培训	授课法、网络培训法
销售原理、心理素质、态度培训	会议培训法
销售方法、销售技巧、态度培训、反应能力培训、适应能力培训	案例分析法、讨论法、角色扮演法、情景模拟法
产品生产流程、现场销售	参观学习
销售业务流程、电话技巧、工作方法培训	导师制、教练法等

阅读材料　IBM 公司的销售人员“苦行僧”式培训

国际商用机器公司（International Business Machines Corporation，IBM）是一家拥有 40 万中层管理人员，520 亿美元资产的大型企业，其年销售额为 500 多亿美元，利润为 70 多亿美元。它是世界上经营最好、管理最成功的公司之一。

IBM 公司追求卓越，特别是在人才培训、造就销售人才方面取得了成功的经验。具体地说，IBM 公司决不让一名未经培训或者未经全面培训的人到销售第一线去。销售人员们说些什么、做些什么以及怎样说和怎样做，都对公司的形象和信用影响极大。如果准备不足就仓促上阵，会使一个很有潜力的销售人员夭折。因此该公司用于培训的资金充足，计划严密，结构合理。一到培训结束，学员就可以有足够的技能，满怀信心地同用户打交道。

IBM 公司的销售人员要接受为期 12 个月的初步培训，主要采用现场实习和课堂讲授相结合的教学方法。其中 75%的时间是在各地分公司中度过的；25%的时间在公司的教育中心学习。分公司负责培训工作的中层管理人员将检查该公司学员的教学大纲。这个大纲包括从公司中学员的素养、价值观念、信念原则到整个生产过程中的基本知识等方面的内容。学员们利用一定时间与市场营销人员一起访问用户，从实际工作中得到体会。

销售培训的第一期课程包括 IBM 公司经营方针的很多内容，如销售政策、市场营销实践以及计算机概念和 IBM 公司的产品介绍。第二期课程主要是学习如何销售。在课堂上，该公司的学员了解了公司有关后勤系统以及怎样应用这个系统。他们研究竞争和发展一般业务的技能。学员们在逐渐成为一个合格的销售代表或系统工程师的过程中，始终坚持理论联系实际的学习方法。学员们到分公司可以看到他们在课堂上学到的知识的实际部分。

现场实习之后，再进行一段长时间的理论学习。紧张的学习从每天早上 8 时到晚上 6 时，而附加的课外作业常常要使学生们熬到半夜。在商业界中，人们必须学会合理安排自己的时间，他们必须明白：充分努力意味着什么？整个通宵是否比只学习到晚上 10 时好？经过一段时间的学习之后，考试便增加了主观因素，学员们还要进行销售学习，这是一项具有很高的价值和收益的活动。一个用户判断一个销售人员的能力时，只能从他如何表达自己的知识来鉴别其能力的高低，商业界就是一个自我表现的世界，销售人员必须做好准备去适应这个世界。一般情况下，学员们在艰苦的培训过程中，在长时间的激烈竞争中迅速成长。每天长达 14 至 15 个小时的紧张学习压得人喘不过气来，然而，却很少有人抱怨，几乎每个人都能完成学业。

IBM 公司市场营销培训的一个基本组成部分是模拟销售角色。在公司第一年的全部培训课程中，没有一天不涉及这个问题，并始终强调要保证学习或介绍的客观性，包括为什么要到某处推销和希望达到的目的。

IBM 公司为销售培训所发展的具有代表性、最复杂的技巧之一就是阿姆斯特朗案例练习，它集中考虑一种假设的，由饭店网络、海洋运输、零售批发、制造业和体育用品等部门组成的，具有复杂的国际间业务联系。通过这种练习可以对工程师、财务经理、市场营销人员、主要的经营管理人员、总部执行人员等的形象进行详尽的分析，由教员扮演阿姆斯特朗案例人员，从而创造出一个非常逼真的环境。在这个组织中学员们需要对各种人员完成一系列错综复杂的拜访。

本章小结

各类人员培训是指企业根据组织中不同岗位、不同层级传授其完成本职工作、提高工作能力所必须掌握的各种知识和技能（如与工作相关的知识、技能、价值观念、行为规范等）的过程活动。本书主要对新员工、管理人员、销售人员阐述各类人员培训的目标、特点以及培训的原则、依据制定相关的培训内容和选择相适应的培训方法。

新员工培训是指给企业的新雇员提供有关企业的基本背景情况，使员工了解所从事的工作的基本内容与方法，使他们明确自己工作的职责、程序、标准，并向他们初步灌输企业及其部门所期望的态度、规范、价值观和行为模式等，从而帮助他们顺利地适应企业环境和新的工作岗位，使他们尽快进入角色。

管理人员培训是指对组织中不同层次的管理人员，即基层管理人员、中层管理人员、高层管理人员，进行针对性的管理岗位所需要的知识、技能的培训，还包括管理者的自我管理、管理方法、管理思维等多方面的培训内容，从而提高管理水平。

销售人员培训是指企业或相关机构组织围绕销售人员、产品、客户等不断对销售人员进行心态、产品知识、客户关系、销售技巧等方面的培训。

案例 康佳集团的新员工入职培训

新员工培训，又称岗前培训、职前培训。它是指一个企业所录用的员工从局外人转变为企业人，从一个团体融入另一个团体的过程；同时，也是一个员工逐渐熟悉、适应组织环境，规划自己的职业生涯，准确定位自己角色，充分发挥自己才能的一个过程。因此，可以说，成功的新员工培训可以强化员工的行为和精神的层面，使其成为企业与员工间群体互动行为的开始。

康佳集团自成立之始，就相当重视新员工的入职培训，一直把它作为集团培训体系中的重点，给予了相当的关注，而且还专门成立康佳学院来统筹安排并规划新员工的入职培训。多年新员工入职培训的组织实践，使康佳学院针对企业用工的特点，摸索出了一套行之有效的新员工入职培训方案，最大限度地发挥了新员工培训的作用，使新入职的员工通过康佳学院的系统培训，能够迅速地转变为具有康佳企业文化特色的企业人，敬业爱岗，为企业的发展做出了应有的贡献。

康佳集团新员工入职培训的最大特色是能够针对不同的新员工类型，规划出不同的新员工培训方案，而且，运用多种培训手段和培训方式来实施新员工培训。

康佳集团针对新员工的学历、岗位及工作经验的不同，将新入职的员工分成一线员工入职培训、有经验的专业技术人员入职培训和应届毕业生入职培训三种类型。不同的类型，培训内容和培训重点也各有不同，针对一线员工的入职培训，除了共同性的企业文化、人事福利制度、安全基本常识、环境与质量体系等内容以外，还规划了一线优秀员工座谈、生产岗位介绍、生产流程讲解、消防安全演练等课程，而且，还采用师带徒的方式，指定专人对新员工进行生活和工作方面的指导。对于有经验的专业技术人员的入职培训，除了共同性的必修内容外，更多地还增加了企业环境与生产线参观、企业历史实物陈列室讲解，集团未来发展规划、团队建设与组织理解演练、团队与沟通技能训练、销售与开发介绍及公司产品销售实践等课程。而对于应届毕业生的入职培训，除了一些共同的课程外，还针对其特点，安排有校友座谈、公司各部门负责人讨论、极限挑战、野外郊外等活动；同时，还规划有三个月生产线各岗位轮流实习、专业岗位技术实习等内容，采取导师制的方式，派资深员工辅导新员工进行个人生涯规划设计，并对整个一年的工作实习期进行工作指导与考核，使其能尽快熟悉企业，成为真正的企业人。

另外，针对企业用工的特点，康佳还配合人力资源部，对不定期招聘的单个新员工采取报到教育的方式。每一个新招聘的员工，不管是从何时进入企业，在办理入司手续之前，必须经过康佳学院的报到教育，由康佳学院指派专人进行个别的单独培训。培训时间安排为 3 小时，培训内容安排有作为一个新入职的员工必须掌握的内容，如上下班时间与规定、公司基本礼仪、办公室规定、公司基本组织架构等。只有等新员工人数达到康佳学院规定的培训人数后，才针对新员工的类型，组织实施新员工入职培训。

通过不同形式、不同内容的新员工入职培训方案的实施，有效地贯彻了集团公司选才、用才、留才的人力资源宗旨，并且通过培训，缩短了新入职人员在公司的实习过程，使部分有能力、有才干的人能够很快脱颖而出，成为公司的骨干，降低了招聘成本，规避了选才风险，成为公司人力资源管理中最为重要的一环。

附：康佳学院应届毕业生入职培训规划书

入职培训规划为六天，全部项目由三部分组成：

一、相见欢

1. Ice Breaking（破冰术）："我的画像"

通过康佳学院精心设计的游戏，让新员工自我介绍、相互认识，使相互间有一个初步的了解。

2. 组织团队：建立高绩效团队的起步。把新员工分成若干个小组，每组人数三至七名（最好是五名）。每个小组成员要求搭配合理（性别搭配、学校搭配、体能搭配、家庭背景搭配）。每个小组民主选出一名组长，带领全组成员完成本小组团队建设的内容：组名、组徽、组口号、组歌及其他等。

3. 举行入司式：培养对公司的热爱。在中华人民共和国国歌和康佳集团司歌的伴奏下，新员工代表带领大家向公司总裁庄严宣誓（宣誓词为公司晨读内容）。

二、培训内容展开

（1）人事福利制度介绍：由人力资源部负责人介绍公司在劳动用工合同、工资、奖金、福利、休假等人事方面的相关制度，使学员清楚地了解自己能享受的权利和应承担的义务。

（2）康佳发展历史、组织架构、发展规划等介绍，使学员对企业有一个较清晰的了解，帮助新员工发现企业的优势、特点，从而树立起企业的崇敬之情，培养作为一名康佳人的自豪感。该部分由企业文化中心、发展中心负责人讲授。

（3）通信及电视的开发管理课程。由通信与家电开发中心负责人带领新员工参观开发中心，并在参观中逐项介绍公司新产品在投产前产品开发的主要流程及各个阶段，使新员工初步了解新产品开发过程中各个流程的重要作用。

（4）营销管理课程。由营销公司负责人介绍公司产品的营销战略、市场定位、销售策略及竞争对手分析，使新员工能够迅速了解公司产品的营销方式和所面临的竞争压力。

（5）安全、健康、纪纲教育课程。由安全委员会负责讲授，主要介绍公司基本的规章制度和违规处罚标准。目的是培养新员工的安全意识，养成良好的生活与工作习惯，同时提醒学员在日后的工作中注意遵守，共同创造文明有序的工作环境。

（6）岗位礼仪及公司礼节、5S 教育课程。由康佳学院讲师讲授，主要涉及集团公司在问候、着装、汇报工作等方面商务礼仪的培训和个人办公中应注意的礼节问题，目的是创造公司内部文明的工作环境，维护公司对外文明的企业形象，推行企业 5S 观念。

（7）商场促销活动（实践课程）。由康佳学院、销售公司共同组织，安排学员到各个商场进行现场促销，亲身体验市场上各个家电厂商间的激烈竞争气氛，培养新学员居安思危的思想观念，同时活动结束，通过激烈的讨论，来深化新员工的认识能力。

（8）公司各部门及产品生产线参观。由康佳学院带领，参观公司的各个职能部门，由各个部门负责人介绍本部门的业务范围与业务重点，同时还带领学员参观公司产品生产线，了解产品的各个生产流程，进一步加深对公司的感性认识。

（9）角色转变课程，由康佳学院讲师讲授，主要包括以下几个课程：

①组织理解游戏。通过游戏，让学员认识到组织中不同的成员对目标理解存在的差异，并初步认识个体与组织间的关系。

②团队、沟通技能培训：通过科学设置的系列课程项目，体悟团队的作用，以增进对集团的参与意识，消除抱怨与负面冲突；同时，还可以培养自我授权的团队领导力。

③企业模拟挑战赛。运用相关软件，通过挑战赛形式来达到培养学员正确面对竞争的观念，培养学员既要勇于冒险，也要有勇于承担责任的精神，同时还培养了小组成员的团队意识和团队成员间的合作能力。

三、室外活动（选择实施）

（1）极限能力（自我挑战）培训。通过一次长途拉练来锻炼学员的意志力和团队合作精神（如爬深圳梧桐山）。

（2）野外郊游。通常安排在深圳的大、小梅沙海滨。全部培训结束，学员们在宁静的大海边放松自己，体会生活的美好。同时，对培训进行最后的总结，提交书面的培训总结报告，并评选出本次培训的各种奖项（如最有成就的小组、最富有合作精神的小组、康佳之歌唱得最好的小组、本次培训最潇洒先生、最靓小姐、最有前途的组长等)，由康佳学院予以表彰。

案例分析与讨论题：

运用所学知识，试评价康佳集团的新员工入职培训。

复习思考题

1. 新员工培训的对象主要有哪些?
2. 管理人员培训的目标是什么?
3. 针对销售人员的销售方法和技巧主要选择什么培训方法?

参考文献

[1] 雷蒙德·A. 诺伊. 雇员培训与开发 [M]. 徐芳，译. 北京：中国人民大学出版社，2007.

[2] 董克用. 人力资源管理概论 [M]. 北京：中国人民大学出版社，2011.

[3] 孙宗虎，姚小凤. 培训管理实务手册 [M]. 北京：人民邮电出版社，2007.

[4] 赵耀. 员工培训与开发 [M]. 北京：首都经济贸易大学出版社，2012.

[5] 张雅光. 财富500强经典案例之四沃尔玛的员工培训机制探究 [J]. 中国人才，2009 (1).

[6] 许宁. 西门子的多级培训制度 [J]. 中国职业技术教育，2006 (3).

[7] 周俊. 康佳集团的新员工入职培训 [J]. 人才资源开发，2008 (4).

[8] 加里·德斯乐. 人力资源管理概论 [M]. 北京：中国人民大学出版社，1999.

[9] 张雅光. 沃尔玛的员工培训机制探究 [J]. 中国人才，2009 (1).

第八章 员工培训与职业发展

★本章导读

·理解职业生涯规划的含义；

·掌握职业生涯规划的步骤；

·掌握员工培训与职业发展的关系；

·掌握组织对员工职业生涯的管理。

★案例导入

从员工培训到职业发展的“征途”

企业员工培训开发是企业保持和提升竞争力的必然选择，但许多企业对培训却深有疑虑，原因何在？企业又应该如何应对？

2008 年 11 月的某一天下午，一直阴沉的天气转为晴天，杭州某集团公司总部持续两天的 2008 年年度预算会议终于结束了。人力资源部经理张强显得有点疲惫，但他还是格外高兴，因为在预算会议上，公司高层一致决定明年提高员工培训的预算额度，将此前培训预算费用从占工资总额的 5%提高到 8%，这对于人力资源部以及培训工作来说，是一个莫大的支持和肯定。高兴之余，王威同时又觉得压力很大，他感到，虽然公司的培训工作如火如荼地开展着，也获得了很多部门和员工的称赞，但他心里明白，即使是人力资源部，对于培训给企业带来的价值，和真正对员工绩效所起到的实际作用，还缺乏十足的底气，他陷入深深的思考当中，究竟问题出在什么地方？

相信这个困惑对于国内很多企业来说，都是普遍存在的问题。国内很大一部分企业觉得培训很重要，一直不遗余力地推行员工培训，他们虽然不清楚这些投入究竟能给企业带来什么实际的效果，但心里认为培训比不培训显然要划算得多。究其原因，我们不难发现，现有培训仅仅聚焦在“培训与学习”本身，把员工培训简单理解为讲师对知识、技能的传授和解惑，企业希望通过培训提升员工的整体素质水平，并将这些“素质”（包括知识、技能、经验、特质等）充分应用在实际工作上，借以提升工作绩效，最终为企业的发展提供保障，赢取市场竞争的有利位置。但实际上，培训本身并不能达到这个目的，这种狭义意义下的培训，存在着一个致命问题：不能解决人与组织协调发展的矛盾。

矛盾存在于培训的两个主体——企业和员工之间，他们都对培训有自己的理解和要求。员工希望通过培训，增加自己的知识与技能，提升自己的竞争力，有助于自己未来长期的职业发展，主要关注的是自我的提升；对于企业来讲，企业的最终目的是获取利润，这也是企业的职责所在，因此企业所有的投入最终均要为此目标而服务，培训投入也不例外。企业期望通过培训提升员工的素质，帮助员工提升个人绩效，从而提升整个企业的绩效。但这只是企业单方面的美好愿望，一是培训是否能显著提升员工素质，很多企业心里并没有底；二是员工通过培训提高了自我素质，但他最后是否充分应用在工作上，并达到效果，这一点我们也很难考证；三是员工获得知识和技能的提升后，是否一直在为企业服务，我们仍然没有显著的把握。在和人力资源部同仁交流过程中，我们听过太多员工因为培训服务协议而与企业发生冲突的案例。

如果企业开展培训，只是想到为了提升员工整体素质，进而应用在公司上，这只是企业一厢情愿的想法。在培训需求环节，就可以看到这个矛盾的具体表现形式。当我们将培训需求调查问卷收上来后，我们往往发现，员工对于培训的选择，都是从自身个体需要选择的，然而从企业角度出发，必须考虑对企业发展有切实帮助的培训投入。由于培训资源的有限性，很多企业采取折中的办法处理这个矛盾，选取一些企业期望的课程内容，再选取一些员工期望的课程，而结果是两个方面的要求都没有得到满足，反而是造成了资源的浪费，丝毫没有取得应有的效果。

这个案例可说是点出了多数企业对人员培训开发的隐忧。而解决思路，正好符合人力资源发展的三个方面：培训与开发、组织发展和职业发展。培训与开发的重点在于“通过有计划的学习，鉴别和确定员工为胜任现任或将来的工作所必备的能力及相关技能，并帮助提高这些知识和技能”。在这个定义中，关键词是“学习”和“个人”，旨在提升员工个人的综合素质。组织发展旨在“确保团队内部和团队之间的健康关系并帮助各个团队启动和把握变革”。“团队”是这个定义的关键词，组织发展主要目标是创建有利于员工在团队内充分发挥作用并实现团队之间高效合作的机制。职业发展的重点是确保个人职业目标与整个组织的职业管理系统保持协调一致，以期实现个人与组织需求之间的理想结合。职业发展不是直接针对员工的个人能力和他们的工作，也不像组织发展那样重点研究个体或团队之间的关系，其目的在于确保个人与组织需求之间的协调统一。

从以上三方面的定义可以看出，人才发展不能仅仅局限于通过培训与开发提升员工的素质，而应该聚焦于组织与人的长期协调发展，使人才的培养和发展更具有效性和系统性。因此，对于现阶段来说，企业应扩展员工培训的范畴，除了提升培训开发的专业性、切实提升培养效果外，对于促使员工学习成果充分应用、实现员工与企业长期协调发展方面，需要加大与培训开发环节的配套实施，以最终增进个人和组织的效率。

第一节 职业生涯规划

职业生涯规划是员工培训的一项重要工作，也是员工在企业发展的一项重要福利。它指的是个人和组织相结合，在对一个人职业生涯的主客观条件进行测定、分析、总结研究的基础上，对自己的兴趣、爱好、能力、特长、经历及不足等各方面进行综合分析与权衡，结合时代特点，根据自己的职业倾向，确定其最佳的职业奋斗目标，并为实现这一目标作出行之有效的安排。

随着现代人才竞争的加剧，吸引人才、留住人才，使员工发展与组织发展有机地结合起来，成为我国企业人力资源管理面临的一个重要问题。员工职业生涯规划是人力资源管理中的重要组成部分，是协调员工个人的职业生涯目标与组织发展目标的重要手段。

关注员工的自我发展需求，将员工职业生涯规划纳入企业人力资源发展规划中，不断开发员工潜能，实现员工的可持续发展。

一、职业生涯规划的含义

职业生涯规划最早起源于1908年的美国。有“职业指导之父”之称的帕森斯（Frank Parsons）针对大量年轻人失业的情况，成立了世界上第一个职业咨询机构——波士顿地方就业局，首次提出了“职业咨询”的概念。从此，职业指导开始系统化。到20世纪五六十年代，舒伯等人提出“生涯”的概念，于是生涯规划不再局限于职业指导的局面。

职业生涯规划（Career Plan）是指一个人通过对自身情况和客观环境的分析，确立自己的职业目标，获取职业信息，选择能实现该目标的职业，并且为实现目标而制订的行动计划和行动方案。根据这一定义，我们可以对职业生涯规划作如下理解：第一，职业生涯规划是个体人生规划的一个部分，是个体对于自己职业生涯发展的一个预期和蓝图。第二，职业生涯规划基于个体的一系列主观和客观因素而形成。主观因素包括内在价值观、兴趣、知识、动机等；客观因素包括社会、企业和家庭等所能提供的机会或限制因素。第三，职业生涯规划包括一系列的过程：自我评估和职业定位；职业生涯机会评估；职业目标的设定；职业选择；职业生涯策略的制定；职业生涯策略的调整等。职业生涯规划不仅包括个体选择组织、选择工作，还包括员工对自己在组织内所要达到的高度进行规划和设计，确定开发需求。第四，职业生涯规划是一个持续调整的过程，会根据外界环境、家庭因素等各方面的原因不断变更。

二、职业生涯规划的意义

传统的人力资源管理领域并没有关注职业生涯规划这一内容，因为它不被员工和组织所重视。但是随着知识经济时代的到来，知识资源作为社会发展的基础而备受重视，导致企业对人才的竞争愈发激烈。同时在市场经济条件下，企业和劳动者都作为自由市场的主体存在，选择的自由也使得职业生涯规划成为双方吸引彼此的重要砝码。职业生涯规划与管理作为人力资源管理系统的一个子系统，其对员工和企业的作用和意义逐渐凸显。

（一）对员工的意义

1. 有助于员工实现自己的职业目标和职业理想

首先，通过职业生涯规划，员工可以初步确定自己的职业定位、职业兴趣和职业目标。经过职业选择，员工进入组织以后，企业结合员工个人的职业发展意愿帮助员工设定在组织中的发展路径和发展目标，并一步步帮助员工向该目标迈进，以至最终实现目标。所以说职业生涯规划和职业生涯管理有助于员工实现自己的职业目标和职业理想。

2. 帮助员工使整个职业历程中的工作更富有成效

每个人的职业生涯、时间和精力部是有限的，为了使有限的时间和精力发挥最大的效用，需要很好地对这些资源进行规划和管理。职业生涯规划和职业生涯管理正是帮助员工规划自己有限的职业生涯，更好地配置有限的资源，使个人在整个职业历程中的工作富有成效。

3. 帮助员工更好地控制职业生活，实现工作和家庭的平衡

工作和家庭作为每个人生活中的两大主旋律，占据了大家绝大部分的时间和精力。如果处理不好彼此之间的关系，很容易顾此失彼，难以获得高质量的生活。做好职业生涯规

划和职业生涯管理，员工可以有清晰的职业目标和通畅的职业发展通道，专注于重要、核心的工作，避免将精力和时间浪费在不必要的工作上，从而有更多的时间照顾家庭，实现工作家庭的平衡。

（二）对企业的意义

1. 可以稳定员工队伍，减少人员流失

在现代社会，员工除了关注物质报酬外，对于自身职业发展的重视程度也越来越高。很多员工就是因为看不到发展前景而离职，给企业带来了损失。做好员工职业生涯规划培训与管理，企业结合员工的职业兴趣和职业发展意愿对员工的职业发展通道和发展路径进行有效指导和管理，帮助员工实现职业进步和职业成功，这可以稳定员工队伍，减少人员流失。

2. 进行有效的职业生涯培训与管理，可以提高企业的绩效

在员工和企业之间，存在一种心理契约。当企业满足了员工对企业的期望和要求，员工也会反过来回报企业，积极努力地投入工作，帮助组织提高绩效。所以，企业进行有效的职业生涯培训与管理，员工能够在组织内部满足自己的发展需求，实现职业抱负。员工对企业的归属感更高，工作积极性增强，工作更卖力，从而帮助企业提高绩效。

3. 重视职业生涯规划培训与管理，有助于企业文化的建设和推进

企业文化作为凝聚企业力量的灵魂和核心价值观的体现，对于员工的行为具有很强的塑造和约束作用，强势的企业文化也能让员工产生强烈的归属感。企业关注员工的职业发展，为员工的职业成功提供帮助，这些都向员工传达了企业对员工的重视和关怀，可以塑造组织的整体形象，营造以人为本的文化氛围，提高企业文化的推动力。

三、职业生涯规划的原则

职业生涯规划作为员工对自己职业发展目标的一种预期和蓝图，应该遵循以下原则：

（一）指导性

规划有短期规划和长期规划，但不管是长期规划还是短期规划，都应该对员工具有一定的指导性，是对员工未来职业发展的一种蓝图。

（二）清晰性

不仅职业发展目标应该清楚界定，而且实现目标的行动计划和方案也都应该清楚、明确。每项行动方案都要有时间规划，作为检查行动的依据。

（三）挑战性

职业生涯规划应该具有一定的挑战性，即应该是需要员工经过努力才能实现的目标和计划，如果不具有挑战性，就不会有发展和成功。与此同时，挑战性还应该是适度的，不能是员工经过努力也无法达到的目标。

（四）可行性

可行性就是说规划要有事实根据，要有实现的可能，不能是不切实际的幻想。

（五）一致性和连贯性

一致性是说职业理想、职业目标和具体的阶段目标和行动方案之间都要保持一致，不能前后矛盾。连贯性表现为职业生涯规划贯穿于每个人的生命历程。

（六）弹性

规划是在某个时间对未来情况的预计和设定，环境的多变性决定了规划也应随着环境、自身等各项因素的变化而进行调整，所以职业生涯规划一定要具有某种程度的弹性。

四、职业选择理论

职业生涯发展贯穿于人一生的过程，在整个职业生涯发展过程中，既可能出现进入职业时的职业选择，在其他职业阶段也随时有可能发生职业转换，于是就有职业再选择行为的出现。所谓的职业选择是依照职业期望和兴趣，凭借能力挑选职业，使能力与职业需求相匹配的过程。

职业选择理论着重从个体的角度探讨职业行为，重视个体的需要、兴趣、能力、人格等内在因素在职业选择和发展中的重要作用，强调个人特性与职业特性相匹配。

（一）帕森斯的特质因素论

这一理论最早由美国波士顿大学的帕森斯教授提出，这是用于职业选择与职业指导的最经典的理论之一。1909 年，帕森斯在其所著的《职业选择》一书中，明确提出了职业选择的三大要素：第一，自我了解，性向、成就、兴趣、价值观和人格特质等。第二，获得有关职业的知识，信息的类型（职业的描述、工作条件、薪水等）、职业分类系统、职业所要求的特质和因素。第三，整合有关自我与职业世界的知识。帕森斯的理论强调：在作出职业选择之前首先是要评估个人的能力，因为个人选择职业的关键就在于个人的特质与特定行业的要求是否相配；其次是要进行职业调查，即强调对工作进行分析，包括研究工作情形、参观工作场所、与工作人员进行交谈；最后要以人职匹配作为职业指导的最终目标。帕森斯认为只有这样，人才能适应工作，并且使个人和社会同时得益。

帕森斯认为职业与人的匹配，分为以下两种类型：

第一，条件匹配：所需专门技术和专业知识的职业与掌握该种特殊技能和专业知识的择业者相匹配。

第二，特长匹配：某些职业需要具有一定的特长，如具有敏感、易动感情、不守常规、有独创性、个性强、理想主义等人格特性的人，宜于从事美的、自我情感表达的艺术创作类型的职业。

帕森斯的特质因素论，作为职业选择的经典性理论，至今仍然有效，并对职业生涯规划和职业心理学的发展具有重要的指导意义。

（二）霍兰德的人格职业匹配理论

由于该理论将职业兴趣划分为六种类型，人们也将其简称为 RDASEC 理论（霍兰德的职业兴趣理论）。

在特质因素理论的基础上，美同心理学家约翰·霍兰德提出了人格匹配理论（Personality-job Fit Theory），它融进了霍兰德本人实际的职业咨询经验，对社会产生了广泛的影响。

该理论基于这样的前提：人格特点与工作环境之间需要匹配。霍兰德根据自己的研究，将人的人格类型划分为现实型、研究型、社会型、常规型、管理型、艺术型六种。这六种人格类型的人的共同特征如下：

1. 现实型（R）

愿意使用工具从事操作性工作，动手能力强，做事手脚灵活，动作协调。偏好于具体任务，不善言辞，做事保守，较为谦虚。缺乏社交能力，通常喜欢独立做事。他们喜欢使用工具、机器，需要基本操作技能的工作。对要求具备机械方面才能、体力或从事与器具、机器、工具、运动器材、植物、动物相关的职业有兴趣。比如：技术性职业（计算机硬件人员、摄影师、制图员、机械装配工），技能性职业（木匠、厨师、技工、修理工）等。

2. 研究型（I）

思想家而非实干家，抽象思维能力强，求知欲强，肯动脑，善思考，不愿动手。喜欢独立的和富有创造性的工作。知识渊博，有学识才能，不善于领导他人。考虑问题理性，做事喜欢精确，喜欢逻辑分析和推理，不断探讨未知的领域。他们喜欢智力的、抽象的、分析的、独立的任务，要求具备智力或分析才能，并将其用于观察、估测、衡量、形成理论、最终解决问题的工作。比如科学研究人员、教师、工程师、电脑编程人员、医生、系统分析员。

3. 艺术型（A）

有创造力，乐于创造新颖、与众不同的成果，渴望表现自己的个性，实现自身的价值。做事理想化，追求完美，不重实际。具有一定的艺术才能和个性。善于表达，怀旧，心态较为复杂。他们喜欢要求具备艺术修养、创造力、表达能力和直觉，并将其用于语言、行为、声音、颜色和形式的审美、思索和感受的工作。比如：艺术方面（演员、导演、艺术设计师、雕刻家、建筑师、摄影家、广告制作人），音乐方面（歌唱家、作曲家、乐队指挥），文学方面（小说家、诗人、剧作家）。

4. 社会型（S）

热情、喜欢与人交往、愿意不断结交新的朋友、善言谈、愿意教导别人；关心社会问题、渴望发挥自己的社会作用；寻求广泛的人际关系，比较看重社会义务和社会道德。他们喜欢与人打交道的工作，愿意从事提供信息、帮助、培训或治疗等服务的工作。比如医护工作人员（护士、医生）、教育工作者（教师、教育行政人员），社会工作者（咨询人员、公关人员）等。

5. 管理型（E）

追求权力、权威和物质财富，具有领导才能；喜欢竞争、敢冒风险、有野心与抱负；为人务实，习惯以利益得失、权力、地位、金钱等来衡量做事的价值，做事有较强的目的性。他们喜欢要求具备经营、管理、劝服、监督和领导才能，以实现组织、政治、社会及经济目标的工作。比如：项目经理、销售人员、营销管理人员、政府官员、企业领导、法官、律师等。

6. 常规型（C）

尊重权威和规章制度，喜欢按计划办事，细心、有条理，习惯接受他人的指挥和领导，自己不谋求领导职务。喜欢关注实际和细节情况，通常较为谨慎和保守，缺乏创造性，不喜欢冒险和竞争，富有自我牺牲精神。他们喜欢要求关注细节、精确度、有系统、有条理，具有记录、归档、根据特定要求或程序组织数据和文字信息的职业。比如：秘书、会计、行政助理、图书馆管理员、出纳员、打字员、投资分析员等。

霍兰德提出，这六种类型人格之间的关系可以图 8-1 表示。在六边形中，越接近的两种人格，相关性越强。当个体无法找到与自己人格类型完全匹配的工作，但是找到了与自己人格类型比较接近的人格类型适合的工作时，个体适应的可能性会比较大。而如果个体找到的工作是与自己的人格类型相对的人格类型适合的工作，则个体适应的可能性会比较小。霍兰德为了测量不同类型的人格，还编制了“职业偏好量表”（Vocational Preference Inventory，VPI）。该问卷通过对被试者在活动兴趣、职业爱好、职业特长及职业能力等方面的情况进行测验，以确定被试者的人格类型。霍兰德的人格职业匹配理论简单易懂，在国内外应用都比较广泛。

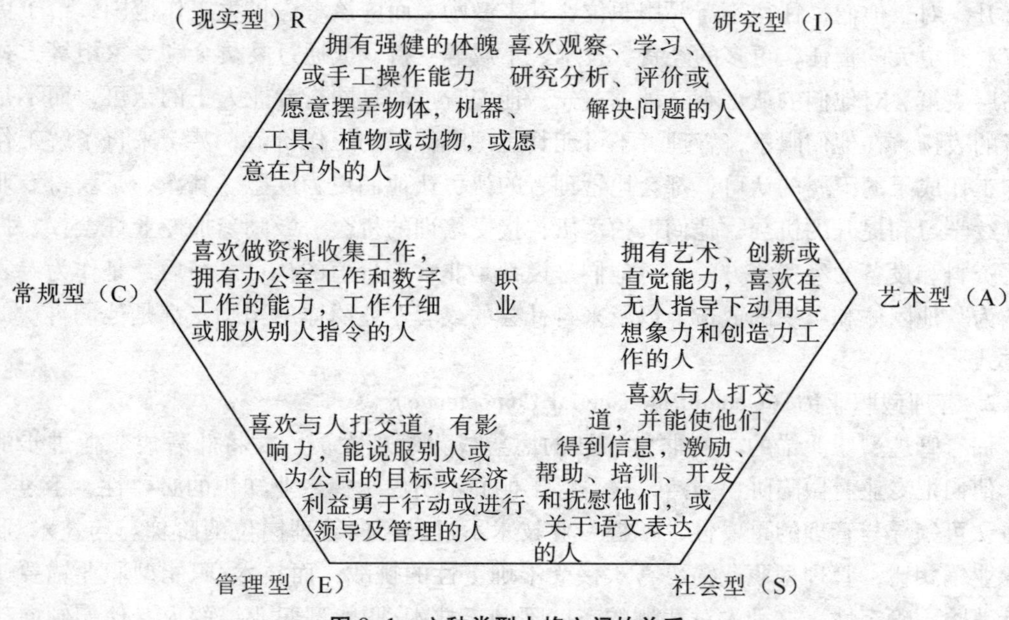

图 8-1　六种类型人格之间的关系

（三）沙因的职业锚理论

职业锚理论（Career Anchor Theory）是由职业生涯规划领域具有“教父”级地位的美国麻省理工学院斯隆管理学院教授、哈佛大学社会心理学博士埃德加 · H. 沙因最早提出来的。沙因教授通过面谈、跟踪调查、公司调查、人才测评、问卷等多种方式对斯隆管理学院的 44 名工商管理硕士毕业生进行了 12 年的职业生涯研究，经过分析总结，提出了职业锚理论。

所谓职业锚，是指个体在进行职业选择时，所不愿放弃的至关重要的东西或价值观；职业锚是个人经过持续不断的探索确定的长期职业定位。一个人的职业锚有三个组成部分：自己认识到的才干和能力、自我动机和需要、态度和价值观。职业锚通过个体的职业经验逐步稳定、内化下来，当个体再次面临职业选择时，就成为其最不能放弃的职业定位。经过长期的研究，沙因提出了八种职业锚：技术/职能型职业锚、管理型职业锚、自主/独立型职业锚、安全/稳定型职业锚、创造/创业型职业锚、服务型职业锚、挑战型职业锚、生活型职业锚。

1. 技术/职能型职业锚（Technical/Functional Competence）

拥有技术/职能型职业锚的人希望过专家式的生活。他们工作的动机来自有机会充分发挥自己的技术才能，并乐于享受作为某方面专家带来的满足感。在职业类型方面，他们喜欢从事的是在某一个专门领域中富有一定挑战性的工作。他们忠于某一组织，愿意参与组织目标的制定过程，确定目标之后，他们会抱着最大的热忱和独立性去实现目标。他们不喜欢管理工作，不愿意离开自己认可的专业领域，也不希望被提拔到管理岗位。在薪酬补贴方面，这类人更看重外在平等，他们希望组织能够按照教育背景和工作经验确定等级并支付相应的报酬，同行中具有同等技术水平者的收入是他们的参照系。他们需要从横向比较中获得心理平衡，即使他们属于组织中工资最高的收入群体，只要外部的同类人员收入更高，他们也会觉得不公平。在晋升方面，这类人更看重技术或专业水平，而不是职位的晋升。对于他们，往往不需要用职位晋升来激励，而应该考虑扩大工作范围，给予更多的资源和更大的责任，更多的经费、技术、下属等支持，或通过委员会和专家组等方式参与高层决策。对他们的认可有三种：首先，他们看重的是同行专业人士的认可，而不是管理者的表扬，在他们眼里，管理者不可能真正理解他们的工作价值，甚至来自了解工作过程和工作成果的下属的认可，都会比管理者的认可让他们更为欣慰。其次，是获得专业领域继续学习和提升的机会，他们惧怕落伍，接受培训的机会、鼓励参加专业性会议、提供购买资料和设备的经费等方式，对他们来说都是非常有价值的认可。最后，是作为专家被接纳为其他团体和组织的成员，以及来自社会的或者专业团体的奖励，都是他们喜欢的认可方式。

2. 管理型职业锚（General Managerial Competence）

拥有管理型职业锚的人有非常强烈的愿望成为管理人员，并将此看成职业进步的标准。他们把专业看做陷阱，当然，这不等于他们不明白掌握专业知识的必要性，不过，他们更认可领导与管理的重要性，掌握专业技术不过是通向管理岗位的阶梯。与技术/职能型职业锚相比，管理型职业锚更喜欢接受不确定性的挑战，而技术/职能型职业锚要千方百计消除不确定性。这种人对薪酬的态度不同于技术/职能型职业锚的人，他们倾向于纵向比较，只要他们的工资在整个组织中比他的下属高，他们就满足了，他们不会横向比较同行中的工资。他们对组织中的“金手铐”很热衷，股票期权等代表所有者和股东权益的奖励方式对他们来说非常具有吸引力。他们希望工作晋升基于个人的贡献、可量化的绩效和工作成就，他们认为达到目标的能力才是关键的晋升标准。对他们来说，最好的认可方式是提升到具有更大管理责任的职位上。他们希望得到上级主管的认可，同样，金钱形式的认可对他们来说也是重要的，他们喜欢加薪、奖励、股票期权，喜欢头衔和地位象征物（大办公室、象征地位的小汽车、某种特权等）。

3. 自主/独立型职业锚（Autonomy/Independence）

自主/独主型职业锚的人追求自主和独立，不愿意受别人的约束，也不愿意受程序、工作时间、着装方式以及在任何组织中都不可避免的标准规范的制约。即使面临职业选择时，他们也会为了保住自主权而权衡工作的利弊。他们注重培养自力更生、对自己高度负责的态度。他们倾向于专业领域内职责描述清晰、时间明确的工作。他们可以接受组织强加的目标，但希望独立完成工作。在职业选择方面，他们更愿意选择不受公司约束的咨询服务和培训工作；即便在公司里，他们也会倾向于选择独立性较强的部门或者岗位。他们最明显的特点是，不能忍受别人的指指点点，也不愿受规范性约束。这种人喜欢的薪酬方式是便捷的自选式收益，不在乎与别人比较，倾向于接受基于工作绩效并能即时付清的工资和奖金。他们惧怕“金手铐”的约束。他们期望的工作晋升是那种能够获得更多自主权的方式，任命他们更高的职务而减少自主权，反而会引发他们的窝火或者憋气。对他们的认可方式是直接的表扬或认可，证书、推荐信、奖品等奖励方式，对他们来说比晋升、加衔、金钱更有吸引力。

4. 安全/稳定型职业锚（Security/Stability）

这种类型的人选择职业最基本、最重要的需求是安全与稳定。只要有条件，他们就会选择提供终身雇佣、从不辞退员工、有良好退休金计划和福利体系、看上去强大可靠的公司。他们喜欢组织的“金手铐”，希望自己的职业跟随组织的发展而发展。只要获得了安全感，他们就会有满足感。他们愿意从事安全、稳定、可预见的工作。所以，政府机关、能够提供终身职务的大学和其他事业单位，是他们的首选。这种人适合直接加薪、改善收益状况的激励方式。对于薪酬补贴，只要按部就班、有基于工作年限、可预见的稳定增长就可以。他们喜欢基于过去资历的晋升方式，乐于见到明确晋升周期的公开等级系统。他们希望组织能够认可他们的忠诚，而且相信忠诚可以给组织带来绩效。

5. 创造/创业型职业锚（ Entrepreneurial/Creativity）

对于创造/创业型职业锚的人来说，最重要的是建立或设计某种完全属于自己的东西。他们有强烈的冲动向别人证明这一点。这种人希望通过自己的努力创建新的企业、产品或服务，以企业或者产品打上自己的名号而自豪。当在经济上获得成功后，赚钱便成为他们衡量成功的标准。自主/独主型职业锚的人也会去开创属于自己的事业，但他们创业的动力源于表现和扩大自主性的需要，而创造/创业型职业锚的人在创业的初期，会毫不犹豫地牺牲自己的自由和稳定以求得事业的成功。他们的工作动力在于不断地接受新挑战，不断创新。他们着迷于实现创造的需求，容易对过去的事情感到厌烦。在薪酬方面，他们看重的是所有权，通常他们并不会为自己支付数额巨大的工资，但是他们会控制自己公司的股票。如果他们开发出新产品，他们希望拥有专利权。对于工作晋升，他们希望职业能够允许他们去做自己想做的事，有一定的权力和自由去扮演满足自己不断进行创新的角色。创造财富、创建企业、拓展事业，就是对他们的认可方式。他们积累财富，只是用来向他人展示和证明自己的成功。

6. 服务型职业锚（Sense of Service，Dedication to a Cause）

服务型职业锚的人希望能够体现个人的价值观，他们关注工作带来的价值，而不在意能否发挥自己的能力。他们希望能够以自己的价值观影响雇用他们的组织或社会，只要显示出世界因为他们的努力而更美好，就实现了他们的价值。至于薪酬补贴，他们希望得到基于贡献的、公平的、方式简单的薪酬。钱并不是他们追求的根本。对于他们来说，晋升和激励不在于钱，而在于认可他们的贡献，给他们更多的权利和自由来体现自己的价值。他们需要得到来自同事以及上司的认可和支持，并与他们共享自己的核心价值。

7. 挑战型职业锚（Pure Challenge）

这类人认为他们可以征服任何事情或任何人，在他们眼里，成功就是“克服不可能超越的障碍，解决不可能解决的问题，战胜更为强硬的对手”。所谓“更高、更快、更强”，最对这种人的胃口。他们的挑战领域不局限于某一方面，而是所有可以挑战的领域。挑战型职业锚是不断挑战自我，呼唤自己去解决一个比一个困难的任务。对于他们来说，挑战自我、超越自我的机会比其他东西都更重要。如果他们缺乏挑战机会，就失去了工作的动力。这种人会看不起与其价值观不同的人，并不断给阻碍他挑战的人制造麻烦。这种人为竞争而生，没有竞争的世界会使他们失望。

8. 生活型职业锚（Life Style）

这类人似乎没有职业锚，他们不追求事业的成功，而是寻求合适的方式整合职业的需要、家庭的需要和个人的需要。所以，他们最看重弹性和灵活性。他们会为了工作的弹性和灵活性选择职业，这些选择包括在家庭条件允许的情况下出差，在生活需要的时候非全职工作，在家办公等。

沙因认为，他概括出的这八种职业锚已经可以涵盖绝大部分人的事业追求。一个人只能拥有一种职业锚。个人的内心渴望和追求可能是多种多样的，但总会有一个才能、动机和价值观组合排序，职业锚就处于这种组合排序中最优先的位置。如果一个人的职业锚不清晰，只能说是由于他不具备足够的社会生活经验来判断他最需要什么。必须注意的是，人的工作职业、职位可以多次变化转换，但职业锚是稳定不变的。由于组织职位设计的原因，相当多的人从事的职业很难与自己的职业锚完全匹配，这时，个人的潜能就难以充分发挥。不匹配的程度越高，个人能力发挥的余地就越小，工作中得到的愉悦就越少，这不等于个人不努力，恰恰相反，他有可能付出了更大的努力。

在现代社会，个人与组织的发展并不矛盾，作为个人，需要不断地进行自我探索，确认自己的职业锚，并将自己的认识与组织进行沟通。尽管实现职业锚与职业匹配的责任在组织，但不要指望组织能充分了解个人的内心隐秘。作为组织，需要建立起灵活的职业发展路径、多样化的激励体系和薪酬体系，以满足同一工作领域中拥有不同职业锚员工的需求。总之，不同类型职业锚的人具有不同的特点，他们在职业中看重不同的内容，所以应该选择能够满足其职业锚的工作，对其激励方式也应该有所区别。

五、职业生涯规划的步骤

为了更有效地对自己的职业生涯进行规划，使规划能够真正实现其指导性的作用，员工在制订职业生涯规划时应该遵循以下步骤：

（一）自我评估和职业定位

自我评估是对自身的一个审视和评价的过程，帮助个体更好地了解自己，从而为做出正确的职业选择打下基础。自我评估包括两个方面，一是自己的兴趣、价值观、爱好、特长、内在动机和需求等因素；二是自己的优势和劣势。只有综合考虑了两方面的因素，才能使职业目标具有吸引力和可行性。通过这一过程，个人对自己能够有更深入的了解，从而为后面的职业定位和职业目标的设定打下基础，帮助自己选定适合自己发展的职业生涯路线。在这一阶段，我们可以按职业选择理论，对自己作一个全面、深入的分析。自我评估可以采用多种测评工具，如 MBTI、16PF、霍兰德职业性向、艾克森人格等测评工具，还可以进一步做自己的智商、情商、各项能力测评等，尽可能深入地了解自己。

准确的职业定位是对自己未来职业发展方向的一个指引。职业定位分析就是在了解自己的工作价值观、职业兴趣、能力、优劣势后，选择自己感兴趣的行业。确定自己的职业方向以后，结合下面的职业生涯机会评估结果，个体就可以开始为自己的职业生涯发展设定目标及行动方案了。

（二）职业生涯机会评估

职业生涯机会评估主要是针对外界环境中存在的可能会影响自己职业选择、职业发展的因素所作的分析，包括社会的发展、市场的竞争、人才的数量、可获得的职业机会、企业地位和前景的分析、家庭中的影响因素等。外界环境的急剧变化，既会给人带来机会，也会带来不可预知的威胁和阻碍，只有充分了解这些环境因素，才能在复杂多变的环境中做到趋利避害，帮助自己实现职业生涯的成功。可以使用SWOT分析中的对外界机会和威胁的分析思路来评估职业生涯中的机会。职业生涯发展机会的评估主要包括以下几个方面：

1. 社会环境分析

对社会大环境进行分析，了解国家政治、经济、法制建设的发展方向。通常国家的政策能够在很大程度上影响某些行业的发展趋势，例如受国家政策扶持的行业，在未来一段时间内一般都会处于上升的发展周期中。

2. 行业环境分析

行业环境分析是对个体有志愿从事的某些目标行业的发展环境、发展前景等因素进行分析。个体的职业生涯一定是在特定的行业、企业中进行的，而行业的发展从长期来看，并不是平稳的，而是处于一定的周期之中，所以了解行业发展环境对选择正确的职业道路具有重要的意义。行业环境分析包括国内外重大事件对该行业的影响、目前行业的发展态势、未来的发展前景预测、国家政策导向的影响等。

3. 企业分析

企业分析包括企业在行业中的地位分析、企业的发展前景分析、企业的竞争优势分析等。企业的发展状况会极大地影响员工的职业生涯，企业倒闭会造成一批员工的职业生涯被迫中断，企业实力强大、发展良好，则能够提高员工的职业价值，为员工的履历表增添丰富的经验。

（三）职业定位

经过对自我的认识和对外界环境的分析，此时员工可以在自己理想的基础上初步确定职业生涯的目标。员工在确定职业目标时应该首先确定自己的理想或志向，将远大的志向与前两步对自我的评估和对外界环境的分析结果结合起来考虑，从中确定一个既具有挑战性又具有现实性的职业目标。

职业定位就是要为职业目标与自己的潜能以及主客观条件谋求最佳匹配。良好的职业定位是以自己的最佳才能、最优性格、最大爱好、最有利的环境等信息为依据的。职业定位过程中要考虑性格与职业的匹配、爱好与职业的匹配、特长与职业的匹配、专业与职业的匹配等。职业锚可以帮助员工做好职业定位，分析和确定自己的职业锚很关键。在做职业定位时应注重以下几点：①依据客观现实，考虑个人与社会、单位的关系；②比较鉴别，比较职业的条件、要求、性质与自身条件的匹配情况，选择条件更合适、更符合自己特长、更感兴趣、经过努力能很快胜任、有发展前途的职业；③扬长避短，看主要方面，不追求十全十美的职业；④审时度势，及时调整，要根据情况的变化及时调整择业目标，不能一成不变。

（四）职业选择

职业选择是个人对于自己就业的种类、方向的挑选和确定。它是人们真正进入社会生活领域的重要行为，是人生的关键环节。通过职业选择，有利于员工和劳动岗位的较好结合，使个人顺利进入社会劳动岗位，它有利于社会化的顺利进行与实现。通过职业选择，有利于取得经济利益、社会效益等多方面共赢，促进人的全面发展。

职业选择是员工在生活中经过深思熟虑后实际做出的选择行为，绝大多数员工的职业生涯发展都与特定的企业和特定的工作岗位相关联，职业生涯规划培训与管理有利于员工作出最终的职业选择。

员工所选的职业一定是要能够帮助个人实现职业目标的职业，否则只会做无用功，而且离自己的职业理想越来越远。据统计，选错职业的人中，有80%的人在事业上是失败者。那么如何才能选择正确的职业呢？职业选择通常需要考虑如下几个因素：自己的工作价值观、兴趣爱好、性格与职业的匹配性、自己的职业锚、内外部环境与职业的适应性等。其实，前面几步的工作也是在为自己的职业选择作铺垫。

（五）职业生涯策略的制定

在明确了职业生涯目标之后，还应该制定相应的策略作为目标和现实行为之间的桥梁。职业生涯策略是为了实现职业生涯目标而要采取的各种行为和措施。例如，为了提高自己的业务能力，需要提高哪些方面的能力？如果要提高自己的沟通能力，应该从哪些方面着手？参与哪种类型的培训？另外，职业生涯策略还包括为平衡职业目标与其他目标而作出的种种努力，如实现工作、生活的平衡等。职业生涯策略要具体、明确，以便定期检查落实情况。

（六）职业生涯规划的调整

由于自身和外部环境都是处于不断的变化之中的，而规划作为一种对未来情况的预期和指导，一定要随着环境和具体情况的变化而做出调整，否则只能成为制约现实发展的框架。调整职业生涯规划的过程也是个体对自己认识深化的过程，在参与具体工作以后，可能会发现很多情况都与自己原本料想的有较大差别，这时就应该及时调整职业生涯规划，与时俱进。

第二节 职业发展与员工培训

终身学习不再是时髦的口号，而是经营的需要，是当今市场竞争的关键要素。当代劳动力随着市场需求的提高而变化，众所周知，当今时代与十年前的员工工作价值观和期望值完全不同了。事实上，21世纪的雇主和员工之间有一种非书面的、非口头的心理契约，那就是雇主为员工提供学习和职业发展机会，而不是就业保障；员工只要能发展其技能，达到或是超过其对技能发展的期望值才会留下来。当今时代的员工激励与教育、培训、职业指导和发展机会紧密相关。哈罗德·温斯坦（Harold Weinstein）是一家国际心理评估和人力资源顾问公司评估督导部的首席运营官，他认为“能力就是财富。对员工而言，能力是能换来高薪资的资本”。许多员工对公司说：“如果不能为我提供终身工作的保障，最好是帮我发展可以伴随我终身的工作技能。”

在为美国劳动力提供培训的情况下，12%的员工会跳槽；如果不提供培训，41%的员工会离职。如果拥有1 000名员工，意味着每年的员工流动成本为1 450万美元。针对美国劳动力工作期望值的变化，公司纷纷增加教育经费。人力资源督导学会调查显示：94%的美国公司为员工提供职业发展培训，85%的美国公司将教育资助作为福利。5 000 人以上的大公司中，98%提供职业发展培训，93%提供教育资助。

提供职业发展培训和教育资助的公司在招聘中占据优势，并起到了良好的稳定员工队伍的作用。当前，我国企业长期经受员工流动率高的困扰，也愈发认识到员工队伍的稳定对服务质量的影响。招聘和稳定高素质员工队伍的竞争，使得培训不再是一种选择，而是生存与发展的手段。

一、职业发展的含义

职业发展（Career Development）是组织用来帮助员工获取目前及将来工作所需的技能、知识的一种方法。实际上，职业发展是组织对企业人力资源进行的知识、能力和技术的发展性培训、教育等活动。

具体来说，职业发展就是在自己选定的领域里，在自己能力所及的范围内，成为最好的专家。所谓专家并不一定是研究开发人员或技术顾问。专家是在某一领域有深入和广泛的经验，对该领域有深刻而独到的认知的人。至于行政管理能力、员工培养能力、团队建设能力、规划和沟通能力等，是个体在职业发展过程中必须培养的能力要素，它们是实现职业发展的重要工具，但不是职业发展的目标。

职业发展通道是进行职业生涯管理的基础条件之一，是通过整合企业内部各个岗位，设置多条职业发展系列并搭建职业发展阶梯；然后，通过岗位能级映射，探测岗位间的关联，为员工提供广阔的职业发展平台，如行政序列、技术序列、销售序列、管理发展序列等。

二、员工职业发展培训的必要性

从组织的观点看，职业发展能降低员工流动带来的成本。如果企业帮助员工制订职业计划，这些计划可能与组织密切相连，因此，员工就不大可能离开。热心于员工的职业发展同样能鼓舞士气，提高生产率，并帮助组织变得更有效率。事实上组织对员工的职业发展感兴趣对员工也有积极的影响，在这种情况下员工认为企业把它们看成整体计划的一部分而不仅仅是一些数字。重视职业发展对员工看待他们的工作和雇主的方式也有积极的影响。

三、职业发展培训的主体

（一）组织

组织有必要开发并在组织内部向员工通告职业选择权。要向员工传递组织内所存在的职业选择，组织应该把能实现员工职业目标的职业道路，向员工提出详细的建议。在新的职位出现和老的职位被淘汰时，人力资源管理部门一般负责使这些信息能马上被员工了解。

（二）员工

员工有了个人职业规划，就必须采取一系列的实际行动，如要虚心接受公司各方面专家和直接管理者的有关职业发展的指导和建议，要进行自我评价，选择一条正确的职业道路，接受公司组织的一系列的培训，并要加强各方面的学习等。

（三）直接管理者

直接管理者在推进下属的职业发展中发挥重要作用，他们应该引导员工如何进行职业发展，然后帮助员工评估结果。管理人员起到的作用应该包括充当顾问、评价者、教练和指导者等。

四、职业发展的实施

乔治·马肯托尼斯（George Markantonis）是一位对职业指导强有力的坚决拥护者。作为美国内华达州拉斯维加斯城凯撒宫殿（Caesar's Palace）饭店的高级经营副总裁，马肯托尼斯平均每年要指导五名来自拉斯维加斯市内华达州立大学（University of Nevada，Las Vegas）的饭店营业专业毕业生。凯撒宫殿饭店职业经理人每年要指导的学生超过100人，包括全方位的饭店经营和管理。

“职业指导给学生带来好处，当然，也提高了职业导师的专业素质，最终受益的还是饭店，”马肯托尼斯说，“职业导师给人的职业生涯带来变化，这对于整个行业很有好处。”

职业指导提供了对潜在员工的深度筛选过程，树立了积极的社会形象，接受过职业指导的人成为企业领导岗位的首选。

职业指导可以为职业经理人带来极大的个人满足感，以及对工作的新视角。“作为一名职业导师，您所能做的工作非常有建设意义。亲手培养员工，看着他们成长，体会到一种满足感。”马肯托尼斯说，“指导别人的同时自己也得到了进步。面对以前不曾遇到的问题和情况，要从新的视角审视自己的工作。这是一个大好的机会。”在马肯托尼斯20多年的饭店职业生涯中，正式或非正式的职业导师不下10人。他把职业指导形容成“职业大哥和职业大姐课程”。“人永远也不会失去自己的职业导师，就拿我自己来说吧，我至今仍然同20年前第一位职业导师保持着联系。”他说，“我自己也总能时不时地收到所指导的年青人的消息。他们让我了解到他们在哪里工作，征求我对职业变动的建议，想从我的建议中得到启发。”

“职业导师要有宽广的胸怀，要有耐心，能够聆听，准备每天24小时答疑解惑。”他解释说，“职业导师必须牢记，自己与受益人不是竞争关系，是为他人提供咨询和建议的。”对于受益人来说，职业指导是他们的饭店业教育所要补充的真实环境，内涵是学以致用。

“学生也许还不能深入了解事物本质、政治手腕、商务礼仪、人际交往的微妙之处，以及什么适宜什么不适宜，而职业导师可以给他们意见。”比如，有一次马肯托尼斯邀请4名所指导的学生参加客房部的工会辩论会。“这些学生没有想到工会事务如此复杂，客房部工作如此有趣，”他回忆说，“希望经历能激发他们的思路，考虑一些以前从未想过的行业。”

凯撒宫殿饭店职业指导课程针对的是大学生，但非正式的职业指导项目也在饭店内部开展。因为饭店是内部提升制，所有的职业经理人都要求采取措施培养自己的员工，为他们在企业内部的发展作好准备。“我们有一种所为‘职业交谈’活动，包括了各个层次的所有职业经理人在内，他们经常被邀请来讨论自己的工作如何，每几个月进行一次。他们不必与本部门经理交谈，可与任何人谈论自己的发展机遇、职业道路或在工作中遇到的问题。我们关注自己员工的职业发展。”

（一）员工自我评估

员工的自我评估指员工个人对自己的能力、兴趣、气质、性格以及自己职业发展的要求等进行分析和评价，以确定自己合适的职业生涯目标和职业生涯发展路线。

（二）组织评估

组织评估是要利用相应的信息对员工的能力和潜力做出客观公正的评估。这些信息主要来自对员工的绩效评估，也包括反映该员工的受教育状况和以前工作经历等信息的人员记录。组织对员工个人的评估通常应由人力资源人员和员工的直接管理者共同进行。

（三）职业信息的传递

员工要确立现实的职业发展目标，就必须知道可以获得的职业选择和职业发展机会，并获得组织内有关职业选择、职业变动和空缺的工作岗位等方面的信息。组织要及时为员工提供有关组织发展和员工个人的信息，增进员工对组织的了解，包括职位升迁机会与条件限制、工作绩效评估结果、训练机会等的信息，帮助员工了解自己的职业发展通道。

（四）职业咨询

职业咨询是指整合职业规划过程中不同步骤的活动。它是伴随着整个职业生涯发展过程的多次或连续性咨询活动。在职业发展过程中，有可能出现许多员工无法预测或必须面对的难题，如职位升迁、跳槽、职能转换、人际关系等。职业咨询可以为员工解决职业发展中的困惑，为员工做出明智选择提供参考意见和决策支持。

（五）职业道路引导

职业道路引导可定义为一系列包括正式与非正式教育、培训及工作体验的开发活动，这些开发活动有助于员工能够从事更高一级的职位。职业道路引导指明了组织内员工可能的发展方向及发展机会，组织内每一个员工可能沿着本组织的职业道路变换工作岗位。

第三节　组织对员工职业生涯的管理

人类有史以来一直在探究这样三个问题：我是谁？我从哪里来？我将走向何方？在员工职业生涯管理中，应帮助员工追问：我是谁？我能干什么？我适合干什么？企业需要什么？我将怎样去干？组织如何对员工职业生涯进行培训与管理？

组织职业生涯管理（Organizational Career Management）是指企业从员工个人的职业发展需求出发，有意识地将之与企业组织的人力资源需求和规划相联系、相协调、相匹配，为员工的职业提供不断成长和发展的机会，帮助、支持员工职业生涯发展所实施的各种政策措施和活动，以最大限度地调动员工的工作积极性。在实现员工个人的职业生涯目标同时，实现企业的生产经营目标和持续发展。开展职业生涯管理工作是满足员工与企业组织双方需要的极佳方式，它将两者的需要、目标、利益相结合，相匹配，以达动态均衡和协调，达到“双赢”的效果。

在企业中，员工既是职业生涯管理的对象，又是职业生涯管理的主体，员工的自我管理是职业生涯管理成败的关键；同时，个人职业生涯管理又离不开组织，个人的职业发展离不开组织提供的培训、经费、时间、机会、制度保障等条件。因此，员工的职业发展应服务于组织的发展战略，组织应成为员工职业生涯管理的主导。

西方国家对职业生涯管理的研究始于20世纪60年代，随着时代的变迁，职业生涯管理研究的侧重点也有所变化。20世纪60年代主要研究员工个人的职业理想和抱负，20世纪90年代开始追求在企业和员工个人之间的平衡，这意味着职业生涯管理开始被作为一种战略性步骤，将员工自我价值实现和企业战略发展有机结合起来，最大化地开发员工个人职业潜能，最终达到员工个人发展、自我实现与企业发展的双赢。

按照心理学家马斯洛的划分，人的需求从低到高共有五个层次，即生理需求、安全需求、社交需求、尊重需求、自我实现需求。当较低一级需求基本上得到满足之后，追求较高等级的需求就成为继续努力的主要动力，满足了的需求则不再是激励的因素。由于尊重和自我实现需求是永远得不到完全满足的，因而这些需求具有持久的激励作用。按照组织行为学近年的研究，提出外在性与内在性需要的概念，用这种分类法替代了传统的物质性需要和精神性需要这两种不够严格的分类方法。外在性与内在性需要的区别在于，外在性需要不能在工作活动本身中求得满足，能满足它们的资源存在于工作之外，控制在组织、领导和同事手中，因而工作是手段性的，如金钱与表扬。内在性需要则相反，它们的满足是通过工作活动中的体验才能实现，如领会工作活动中的趣味及任务完成时的成就感等，因而工作活动本身便具有目的性。满足此种需要的资源就存在于工作过程之中。作为组织职业生涯管理者应充分认识到员工的这种内在性需要，因为恰好是这种工作内部蕴含的资源，对员工的激励作用是强有力且不可替代的，是持久的、低成本的甚至是无成本的。

组织职业生涯管理的出发点应为“以人为本”，但要真正做到以人为本，一切本着人的需求出发却不是易事。组织作为职业生涯管理的主导者，应认真研究员工的心理发展特点，从尊重员工的权利和意见出发，切实围绕着调动员工的主动性、积极性和创造性来展开。

在职业生涯管理中，要满足组织和员工的双重需要，从根本上说，组织和个人的需要应当是一致的。一方面，员工个人的自我价值的提升和实现，离不开组织在人、财、物及时间上的保障，一旦职业生涯管理无法满足组织发展战略的需要，职业生涯管理活动必然要因为失去组织的支持而终止；另一方面，员工是职业生涯管理的主体和对象，缺乏员工的积极参与，职业生涯管理活动也必然逃脱不了失败的命运。所以职业生涯管理的难点，就是如何把企业发展战略和员工自我价值实现有机结合起来。在现实中，许多地方都面临着人才流失的问题，当然其原因是复杂多样的，但从企业职业生涯管理方面考察，其根本原因就是没有以“人”为中心，没有寻求“人”与“工作”相互适应的契合点，没有将“人”的发展与企业的发展有机地结合起来，没有在满足企业发展需求的同时满足“人”的需求。

因此，组织职业生涯管理在做好引进人才的同时，更迫切要做的是留住并利用好现有人才，为员工提供培训机会、岗位晋升和轮换机会，有效地激发员工学习与工作热情，有效地引导员工追求自我价值的实现，使员工的个人提高与企业的目标和发展计划相结合。把既有人才的潜能变成显能，然后转化为效能，实现价值增值，最终达到员工个人发展、自我实现与企业发展的双赢。

一、分阶段的职业生涯管理

心理学中有句名言："我们的需要是暂时的，我们的被需要是永久的。"人，总是在"被需要"的状态中才体会到自己的价值和成就感，所谓"士为知己者死"，也是这个道理。

甲：男性，在读博士，今年从大学副教授的位置上辞职，创办了一家私营教育辅导机构。

乙：男性，企业的行政人事副总，今年也从高位上辞职，去担任一家私立小学的校长。

丙：女性，一直在企业做人力资源管理，职位做到总监，但是平均一年换一家企业，以至于怕业内名声不好，要修改身份证上的信息。

丁：女性，单身，是企业分公司的老总，后来结婚生子，回家做了全职太太。

先不评论孰是孰非，从这四个中年高管的选择上，我们都可以看到一种需求，那就是"转型"。我们会发现即使给他们再高的职位、再多的薪水，可能也留不住他们的心。那么，他们在追求什么？我想，人，总是在追求自己还没有得到的东西。

著名的马斯洛的"需要层次论"。管理层在既有物质条件满足的情况下，他们最需要得到的是：尊重与自我实现。"尊重"是心理上的需求，是期望得到家庭、企业、社会的认可；"自我实现"是尝试成为自己所期望的人物，希望完成与自己的能力相称的一切事情。

管理层职业规划一般分为三个阶段：职业前期，进入职场后的3~5年；职业中期，30~50岁；职业晚期；50~65岁（某些人可能更长些）。

企业的管理层人员大多数以中年为主，他们普遍处在"职业中期"这个阶段。在这20年中，很多人要完成结婚、生子、买房、进修、晋升、转行等人生的重大事件。当管理层的人员拥有了一定的职位、不错的生活条件、良好的专业能力和管理实践经验后，我们真的需要思考：他们还想要什么？他们最在乎的是什么？他们将来想怎样发展？现在我们来谈谈管理层的职业生涯规划，我的观点是可以从两个方向入手：给予尊重，倡导合作；鼓励自我实现，完成"跨界"和"跨域"。

管理层人员不是老板的私有财产，也不是老板的发泄对象，很多老板对待管理层的人员虽然有利益上的分享，但是很难有精神上的尊重。尊重，是建立在合作的基础上的，所以我们要努力在企业人力资源管理中倡导和创设一种"合作共赢"的价值观，让每一位员工、每一个管理者都感觉自己受到尊重和重视；我们要努力为管理层创造发展的机遇和上升的空间，让他们有一种精神上的归宿感。

所谓"跨界"，"界"指的是行业，我们不是鼓励管理层跳槽到其他行业，而是要求他们多关注其他行业的信息，打通行业壁垒，拥有更开阔的眼界，可以将管理经验和心得实现跨行业的交流与分享。所谓"跨域"，"域"指的是领域，管理层人员除了自身的专业领域外，还需要掌握其他相关领域的知识，知识体系的融会贯通才能实现管理境界的通达与自然。

其实，企业的管理层人员都是比较有头脑的人，他们都会在心中为自己规划着职业发展的蓝图，我们所能做的就是如何让企业的发展与他们规划的蓝图有更多的重合点；如何在企业里创造一种温暖的、向上的、人性化的良好氛围，让他们在尊重、关爱与成就感的满足中，越来越不想离开。

每个人的职业生涯历程可以划分为不同的阶段，与此类似，员工在组织中的工作历程也可以划分为不同的阶段，每个阶段都有一些共同特点。企业可以依据这些特点，对员工进行分阶段的职业生涯管理。我们可以将一位员工在组织中的历程分为初进组织阶段、职业生涯初期、职业生涯中期、职业生涯后期。

（一）初进组织阶段

员工新加入一个组织，在各方面都处于不适应的阶段。这个时期，新员工会经过三个阶段来完成社会化的过程，即前期社会化、碰撞、改变与习得阶段。

前期社会化阶段，新员工会根据在招聘录用时所得到的信息以及其他各种与工作、组织有关的消息来源收集信息，在这些信息的基础上，初步形成自己的期望和判断。员工与企业之间的心理契约也从这个时候开始建立。碰撞阶段，员工会发现自己的期望和现实之间存在一定的差距，对任务角色、人际关系等都处于试探和适应的阶段。如果之前的期望过高，现在得不到满足，新员工甚至可能产生离职的想法。如果能够坚持下来，那么在改变与习得阶段，新员工逐渐开始掌握工作要求，慢慢适应了新的环境和同事关系，一切开始步入正轨。

针对新员工在这个时期会出现的一系列想法、感受，从组织的角度，可以采取一些策略帮助员工更好、更快地融入组织。①帮助新员工准确认识自己，制订初步的职业生涯发展规划。②提供系统的入职培训。入职培训主要包括两方面的内容：对未来工作的介绍以及对企业文化和规章制度的宣传，通过入职培训，让新员工尽快熟悉企业，适应环境和形势，减少碰撞所带来的负面影响。③为新员工提供职业咨询和帮助。公司可以为每位新员工配备一名有经验的老员工做其导师，向新员工提供指导、训练、忠告等，指导新员工更快地了解组织、更好地工作。④帮助员工寻找早期职业困境产生的原因及解决办法。早期职业失望的主要原因可能是早期期望过高、工作比较枯燥、人际关系不够融洽等。公司可以针对这些原因作出改善：为员工提供真实工作预览，以消除不现实的期望；工作扩大化、工作丰富化以增加工作的挑战性；帮助员工改善人际沟通的技能等。

（二）职业生涯初期

在成功度过早期的碰撞，适应公司的文化和工作任务之后，员工便进入了职业生涯初期。在这个阶段，员工更关注自己在组织中的成长、发展和晋升，他们开始慢慢寻求更大的职责与权力，设定他们的职业目标，调整自己的职业生涯规划，渴望在职场中获得成功。针对这一情况，公司应准确把握员工在这个时期的特点，为他们提供培训机会，帮助调整并实现员工的职业生涯规划，关注他们的发展意愿和发展方向，适时提供机会和平台，促成员工的成长。具体来说，企业应该：①建立员工的职业档案，详细掌握员工的学历、培训经验、工作经历、工作成果、绩效评价信息、他人反馈信息、未来发展目标等各种与员工职业发展有关的信息。②建立主管和员工的适时沟通制度或员工的个人申报制度。通过沟通或员工的自行申报，了解员工的工作、心情和感受、对担任职务的希望、对公司的要求、未来的发展意愿等，从而避免公司为员工制订的职业发展规划与员工意愿相悖的情况出现。

（三）职业生涯中期

在这一时期，员工经过前两阶段的发展和适应，已经逐步明确了自己在组织中的职业目标，确定了对企业的长期贡献区，积累了丰富的工作经验，开始走向职业发展的顶峰。但与此同时，员工也会意识到职业机会随着年龄的增长而受到限制，产生职业危机感；同时，家庭的负担也会在这个阶段凸显，如何平衡工作和家庭也成为这个阶段的员工面临的一项挑战。

针对这些情况，组织可以：①用满足员工心理成就感的方式来代替晋升实现激励效果。在员工无法继续在职位上得到晋升的情况下，组织可以利用其他方式激励员工的成就感，如提供培训机会、表彰成绩、物质奖励等。②安排员工进行职业轮换。当员工在纵向的职业发展上遇到瓶颈时，可以适当拓展员工的发展领域，从事其他职能领域的工作，能够帮助员工找到工作兴趣和新的发展机会。③扩大现有的工作内容。在员工现有的工作中增加更多的挑战性项目或更多的责任，如让员工适当承担团队管理职责等。④为员工提供接受正规教育的机会。步入稳定期的员工很可能在职业发展上也面临瓶颈，这时企业可以为员工提供一系列的培训开发机会，如让员工在不耽误正常工作的情况下，接受正规教育。这样可以挖掘员工的潜能，提高员工的素养和能力，从而可以继续职业生涯的发展。通过这些实践，组织可以有步骤地帮助处于职业高原期的员工积极应对这种不利局面，对工作始终保持热情和兴趣，继续职业生涯的发展。

（四）职业生涯后期

这个阶段是员工在组织中的最后阶段，员工开始逐渐步入退休阶段。经过前几个阶段的努力和奋斗，很多员工在职业上获得了一定的成就和地位。这个时期，大多数人对成就和发展的期望减弱，希望能够维持或保留自己目前的地位和成就。当然，也有一部分人这时候仍然保持高昂的劲头，希望能够百尺竿头，更进一步。对于大多数的前一种员工，组织这个时候应帮助他们做好退休前的各项心理和工作方面的准备，顺利实现向退休生活的过渡。针对这种情况，企业可以：①提供心理辅导。很多员工无法接受自己即将退休的事实，在心理上会产生冲击感和失落感。企业可以适时召开座谈会，进行深入的沟通交流，了解员工的想法，有针对性地做好思想工作。②发挥余热，让老员工培育新员工。处于退休阶段的员工都有丰富的工作经验，而且工作强度也不会太大，这时会有足够的时间和精力来辅导、带动新员工。企业可以充分利用这一特点，为老员工安排“学徒”，让老员工指导新员工，培养接班人。这样做既可以发挥老员工的余热，又能够帮助新员工更快适应组织。③对于有特殊技能、特殊贡献、企业又缺乏的员工，调查员工的意愿，如果他们也希望继续工作，组织可以返聘，让他继续为公司做出贡献。④做好退休后的计划和安排。针对大多数员工，企业应该帮助每位员工制订退休计划，尽可能使退休生活丰富、有意义，如鼓励员工进入老年大学、发展兴趣爱好等。

二、与职业生涯管理配套的人力资源管理基础

企业有关职业生涯管理的思路和规划必须通过实际的操作才能落到实处，而这种实际的操作就需要依靠组织一系列的人力资源实务来沟通和搭桥。具体而言，良好、顺畅的职

业生涯管理体系需要以下几个方面的工作作为支撑：详细的职位分析、员工素质的测评、与职业生涯管理相配套的培训开发体系、完备的人力资源规划、有序的职业生涯管理制度与方法等。

（一）职位分析

职位分析对各个职位的工作内容和任职资格都做出了明确的规定和要求，依据这些信息，一方面，企业可以安排员工到与他相适应的岗位上工作，同时为其安排后续的职业发展路径；另一方面，企业也可以结合员工未来的发展规划，为员工的培训开发提供根据。与职业生涯管理相匹配的职位分析，应包括员工的基本资料、职位描述和职位规范等几部分内容。

（二）员工素质的测评

通过对员工的素质测评，了解并记录员工的个性特点、智力水平、管理能力、职业兴趣、领导类型等各方面的信息，全面了解员工的长处和短处、优势和劣势，以便做好人岗匹配工作，实现职业发展路径的科学、合理。

（三）建立与职业生涯管理相配套的培训开发体系

不管组织是基于什么设计培训开发方案，组织的培训开发方案一定要与员工职业生涯管理体系相结合。培训和开发本身就是员工职业生涯发展的工具和支撑，如果两者相脱离，不仅培训和开发会失去其应有的激励作用，而且职业生涯管理也失去了依据和基础。企业应该建立一整套职业生涯管理和培训开发体系，对员工的培训经历进行详细记录和考核，将培训经验作为职业生涯发展中的一个环节和一种依据，从而最大限度地发挥培训开发和职业生涯管理的功效。

（四）制订完备的人力资源规划

企业的人力资源规划包括总体规划和业务规划，其中业务规划包括人员补充计划、人员配置计划、人员接替和提升计划、人员培训和开发计划、退休解聘计划等内容。这些内容都与员工在组织内的职业发展历程息息相关，直接影响着员工的职业发展。企业的人力资源规划应该与职业生涯管理一脉相承，两者之间要保持一致，以这些规划作为原则和指导，将一般的原则落实到每位员工身上，构建起一套相互衔接的人力资源规划和职业生涯管理体系。

（五）制定完整、有序的职业生涯管理制度与方法

没有规矩不成方圆，企业中的晋升、调动更是如此。为了保证企业的有序运作和内部的公平性，企业必须要制定完整、有序的职业生涯管理制度和方法。任何员工的升迁、调动等行为都要在制度的框架内运作，保证制度的权威性。在这方面，组织应该做到：①制定完备的员工职业生涯管理制度和管理规划，并且让员工充分了解单位的企业文化、经营理念和管理制度等。②通过各种方式让员工了解内部劳动力市场信息，如网上公布职位空缺信息，介绍职业阶梯或职业通道，建立职业资源、中心等。③提供丰富的内部晋升渠道，帮助员工实现职业的发展，如建立内部竞聘制度。

三、组织实施职业生涯管理的意义

（一）组织职业生涯管理的意义

1. 职业生涯管理是企业资源合理配置的首要问题

人力资源是一种可以不断开发并不断增值的增量资源，因为通过人力资源的开发能不

断更新人的知识、技能，提高人的创造力，从而使无生命的“物”的资源充分尽其所用，特别是随着知识经济时代的到来，知识已成为社会的主体，而掌握和创造这些知识的就是“人”，因此企业更应注重人的智慧、技艺、能力的提高与全面发展。因此，加强职业生涯管理，使人尽其才、才尽其用，是企业资源合理配置的首要问题。如果离开人的合理配置，企业资源的合理配置就是一句空话。

2. 职业生涯管理能充分调动人的内在的积极性，更好地实现企业组织目标

职业生涯管理的目的就是帮助员工提高在各个需要层次的满足度，使人的需要满足度从金字塔形向梯形过渡最终接近矩形，既使员工的低层次物质需要逐步提高，又使他们的自我实现等精神方面的高级需要的满足度逐步提高。因此，职业生涯管理不仅符合人生发展的需要，而且也立足人的高级需要，即立足于友爱、尊重、自我实现的需要。真正了解员工在个人发展上想要什么，协调其制订规划，帮助其实现职业生涯目标。这样就必然会激起员工强烈的企业服务的精神力量，进而形成企业发展的巨大推动力，更好地实现企业组织目标。

3. 职业生涯管理是企业长盛不衰的组织保证

任何成功的企业，其成功的根本原因是拥有高质量的企业家和高质量的员工。人的才能和潜力能得到充分发挥，人力资源不会虚耗、浪费，企业的生存成长就有了取之不尽、用之不竭的源泉。发达国家的主要资本不是有形的工厂、设备，而是他们所积累的经验、知识和训练有素的人力资源。通过职业生涯等管理努力提供员工施展才能的舞台，充分体现员工的自我价值，是留住人才、凝聚人才的根本保证，也是企业长盛不衰的组织保证。

（二）个人参与职业生涯管理的意义

对员工个人而言，参与职业管理的重要性体现在三个方面：

1. 对于增强对工作环境的把握能力和对工作困难的控制能力十分重要

职业计划和职业管理既能使员工了解自身长处和短处，养成对环境和工作目标进行分析的习惯，又可以使员工合理计划、分配时间和精力完成任务、提高技能。这都有利于强化环境把握和困难控制的能力。

2. 利于个人过好职业生活，处理好职业生活和生活其他部分的关系

良好的职业计划和职业管理可以帮助个人从更高的角度看待工作中的各种问题和选择，将各分离的事件联系，服务于职业目标，使职业生活更加充实和富有成效。它更能考虑职业生活同个人追求、家庭目标等其他生活目标的平衡，避免顾此失彼，两面为难的困境。

3. 可以实现自我价值的不断提升和超越

工作的最初目的可能仅仅是找一份养家糊口的差事，进而追求的可能是财富、地位和名望。职业计划和职业管理对职业目标的多次提炼可以使工作目的超越财富和地位之上，追求自我价值的实现。

四、职业生涯管理的方法

根据一些学者的观点，他们认为组织的职业生涯管理方法可以通过以下几种方式实现：

（一）举办职业生涯讨论会

职业生涯讨论会是由人力资源部组织的帮助员工通过有计划地学习和练习而制订职业生涯规划的活动。形式可以包括自我评估和环境评估、与成功人士交流和研讨、进行适当的练习活动等。通过举办这种职业生涯讨论会，可以提高员工参与职业生涯管理的积极性，提高职业生涯管理的效率和效果。需要注意的是，这样的活动要事先做好组织与准备工作，确保活动产生实际效果，还可以在讨论会之后，由人力资源工作人员与员工初步达成职业生涯规划表。规划表的内容可以根据各公司的实际情况自由决定，不过一般来说，主要包括员工的基本信息，学习培训情况，技能情况，工作经历，职业发展意愿，个人专长，个人长、中、短期的职业发展目标等。具体如表 8-1 所示。

表 8-1　　员工职业发展规划表

填表日期：　　年　　月　　日　　　　　　　　填表者：

<table>
<tr><td>姓名：</td><td>年龄：</td><td>部门：</td><td colspan="2">岗位名称：</td></tr>
<tr><td>教育状况</td><td>最高学历：</td><td>毕业时间：年 月</td><td colspan="2">毕业学校：</td></tr>
<tr><td rowspan="4">学习/培训情况</td><td colspan="2">1.</td><td colspan="2">5.</td></tr>
<tr><td colspan="2">2.</td><td colspan="2">6.</td></tr>
<tr><td colspan="2">3.</td><td colspan="2">7.</td></tr>
<tr><td colspan="2">4.</td><td colspan="2">8.</td></tr>
<tr><td rowspan="7">技能/能力情况</td><td colspan="2">技能/能力的类型</td><td colspan="2">证书/简要介绍此技能</td></tr>
<tr><td colspan="2"></td><td colspan="2"></td></tr>
<tr><td colspan="2"></td><td colspan="2"></td></tr>
<tr><td colspan="2"></td><td colspan="2"></td></tr>
<tr><td colspan="2"></td><td colspan="2"></td></tr>
<tr><td colspan="2"></td><td colspan="2"></td></tr>
<tr><td colspan="2"></td><td colspan="2"></td></tr>
<tr><td colspan="5">其他单位/部门工作经历简介</td></tr>
<tr><td></td><td>单位/部门</td><td>职务</td><td>对此工作满意之处</td><td>对此工作不满意之处</td></tr>
<tr><td>1.</td><td></td><td></td><td></td><td></td></tr>
<tr><td>2.</td><td></td><td></td><td></td><td></td></tr>
<tr><td>3.</td><td></td><td></td><td></td><td></td></tr>
<tr><td colspan="5">你认为对自己最重要的三种需要是</td></tr>
<tr><td colspan="5">□成为管理者 □报酬 □独立 □稳定 □休闲
□和家人在一起的时间 □挑战 □成为专家 □创造</td></tr>
<tr><td colspan="5">请详细介绍自己的专长</td></tr>
</table>

表8-1(续)

结合自己的需要和专长，你对目前的工作是否感兴趣，请详细说明原因
请描述自己希望的发展通道
请详细阐述自己的短期、中期和长期职业发展设想

（二）编制职业生涯手册

为了更好地对员工提供职业发展方面的指导，企业可以组织编写职业生涯手册。职业生涯手册可以很好地体现出员工职业生涯所需要的信息支持。主要内容可以包括职业生涯管理理论介绍、组织结构图、工作描述和工作说明书、评估方法和评估工具、组织环境信息、外部环境信息、职业生涯规划方法和工具以及案例分析与介绍等。编写职业生涯手册，可以寻求外部专家的支持。编写完毕后，该手册应该与公司内部的所有员工共享，并及时更新。

（三）开展职业生涯咨询

即使有了完备的职业生涯手册，仍然难以避免员工在制定职业生涯规划的过程中出现一些困惑和问题，所以组织有必要为员工提供一些专家诊断和咨询。这里的专家并非一定是外部的职业专家，也可以泛指一些组织中高层次的、经验丰富的成功人士。可以由他们定期不定期地听取员工在职业生涯规划上的问题，根据自己的经验提出一些忠告和建议，帮助员工解决其所遇到的问题。需要注意的是，在咨询结束后，组织应该及时对咨询经过和结果进行记录和总结，为被咨询者建立咨询档案，以供下次咨询时参考。另外，还应该及时寻求被咨询者的反馈信息，以确保其职业生涯规划的顺利进行。

（四）建立信息沟通平台

企业管理者同员工之间的信息不对称，会影响员工对企业的认同感；对企业内部劳动力市场信息的不了解，容易造成员工职业发展的困惑；员工的流失也往往是因为同管理者缺乏有效沟通。所以应该建立职业信息沟通机制，促进组织内部职业信息交流。

1. 建立开放的组织职业（位）信息系统

建立组织的职业信息系统可以为企业组织带来诸多益处：有利于组织管理者客观地选拔人才；有利于员工的自我职业生涯管理；有利于直接管理者制定符合员工实际的职业发展规划。

组织的职业信息系统里应公布一些组织的发展战略规划信息。与这种战略规划相对应，组织会制定相应的人力资源实施战略，这关乎员工对企业发展和个人职业发展前景的判断。组织职业信息系统的主要内容还是组织的职位空缺信息。职位空缺信息对于员工发展十分重要。然而，由于企业规模扩大，在许多情况下，这些信息流动、传播的速度比较慢，导致许多员工不知道出现了职位空缺，没有参与竞争的机会。

2. 建立员工电子档案系统

建立员工电子档案系统，是进行职业生涯管理的基础性工作，没有一个好的员工电子档案系统，就不可能有一个完备的职业生涯管理系统。员工个人信息系统可包括：个人的人口学信息部分；个人的职业属性和工作愿望，包括职业兴趣、职业价值观、气质、性格、一般能力和特殊能力，工作愿望是建立在工作素质基础上的个人理想；在组织内的工作状况，主要是工作业绩、工作态度，特别是近期的工作表现以及培养前途。

阅读案例

公司帮助员工进行职业规划

在草原兴发集团，人们对职业生涯发展有“四个阶段”的共识——起步期、成长期、成熟期和衰老期。在承认自然规律的前提下，职业生涯规划的最高目标是：缩短起步期，使人才快速成长；延长成熟期，防止过早衰老。

草原兴发集团人事部部长徐国庆对记者说，集团将起步期的规划视为核心。起步期年轻人最大的困惑是不容易找准自己的位置，在彷徨和徘徊中白费时间，对个人、企业都是极大的浪费。

打破企业内部人才流动壁垒的“内部跳槽”制度为“职业生涯规划”破了题。集团规定：起步期的年轻员工，通过一段时间直接感受后，对现有工作环境不满意，或觉得现有岗位不能充分发挥其个人才能，可以不经过主管领导直接向集团分管人事工作的最高权力机构——人事部提出相关要求，人事部负责在一个月内给予满意的答复。

为了引导青年用好这一全新的政策，在为期三个月的入厂教育中，集团首先安排5至7天的职业生涯规划，请中国人民大学等院校的专家讲人生规划的重要性和规划的要点，包括职业生涯道路选择、个人成才与组织发展的关系、系统学习与终身学习的必要性及如何根据自己的特长和兴趣规划自己的人生等，使员工一进企业就产生强烈的意识：把准方向、找准位置，尽快知道“我该在哪里”“我该怎样往前走”。下基层锻炼、自我认识、他人评价、考核……集团安排的一系列活动为“内部跳槽”孕育前提：迅速完成从学生到员工的过渡，结合自身特长和公司需求，有一个较明确的自我评价和他人评价。许多年轻人在目的明确的“跳槽”中尝试和寻找自己的位置。

集团总经理助理、北京分公司经理闫鸿志原在财务部工作，但他善于交际，希望发挥自己的特长，到市场上闯一番事业。经过协调，人事部在财务人员十分紧张的情况下，批准他到呼和浩特分公司担任业务员。得到公司的尊重，有了施展才华的机会，他努力工作，在市场开拓中屡立战功。1997 年，公司委以他担任北京市场开发总指挥的重任。

集团宣传部的小赵，生来性格内向，难以改变，便从销售公司调到宣传部从事文案工作。这正是学中文的他所擅长的。在小赵和同事们的共同努力下，宣传部连续被集团评为先进集体。

员工们准确的个人定位，使集团的系统培训更加有的放矢。负责宏观决策的“头脑型”人才、负责执行决策的“手臂型”人才、负责实际操作的“手指型”人才分别对口，接受相关的培训。

员工们对培训的态度也大为改变。过去送出去培训，有人不感兴趣偷偷往回溜；把专家请进来讲课，好不容易召集起来，可专心听讲的少。现在模糊的目的变成了清晰的追求，变成了“我要学”，积极参加培训成了公司风尚。

案例分析与讨论题：

运用所学知识，试评价草原兴发集团对员工职业生涯的培训与管理体系。

复习思考题

1. 什么是职业生涯规划？职业生涯规划应遵循哪些原则？
2. 如何进行职业生涯规划？
3. 什么是职业发展？职业发展与员工培训有什么关系？
4. 组织可以从哪几个方面来进行职业生涯管理？

参考文献

[1] [美] 杰弗里·H. 格林豪斯，等. 职业生涯管理 [M]. 王伟，译. 北京：清华大学出版社，2006.

[2] 董克用. 人力资源管理概论 [M]. 北京：中国人民大学出版社，2011.

[3] 周文霞. 职业生涯管理 [M]. 上海：复旦大学出版社，2008.